Achim Schlang

GRAND PRIX

Schumacher Superchamp

Motor
buch
Verlag

Einbandgestaltung: Andreas Pflaum, unter Verwendung eines Fotos von PS-Sport

Fotos im Innenteil:

PS-Sport: Seite 4, Seite 5, Seite 11, Seite 12, Seite 13, Seite 14, Seite 15, Seite 16, Seite 17, Seite 18, Seite 19, Seite 20, Seite 21, Seite 22, Seite 23, Seite 24, Seite 25, Seite 26, Seite 27, Seite 28, Seite 29, Seite 30, Seite 31, Seite 32/33, Seite 34, Seite 35, Seite 36, Seite 37, Seite 39, Seite 40, Seite 42, Seite 43, Seite 44, Seite 45, Seite 46, Seite 47, Seite 48, Seite 52, Seite 53, Seite 54, Seite 60, Seite 61, Seite 65, Seite 66, Seite 68, Seite 69, Seite 71, Seite 72, Seite 73, Seite 74, Seite 76, Seite 77, Seite 87, Seite 89, Seite 92, Seite 96, Seite 98, Seite 99, Seite 101, Seite 105, Seite 106, Seite 108, Seite 109, Seite 112, Seite 113, Seite 114, Seite 116, Seite 117, Seite 119, Seite 120, Seite 124, Seite 125, Seite 126, Seite 127, Seite 128, Seite 130, Seite 131, Seite 134, Seite 139, Seite 141, Seite 144, Seite 147, Seite 148, Seite 150, Seite 154, Seite 155, Seite 156, Seite 157, Seite 159, Seite 160, Seite 163, Seite 164, Seite 165, Seite 166, Seite 168, Seite 170, Seite 171, Seite 172, 173, Seite 174, Seite 175, Seite 176,

Wolfgang Groth: Seite 9, Seite 10, Seite 13, Seite 31, Seite 49, Seite 50, Seite 69, Seite 77, Seite 78, Seite 79, Seite 80, Seite 81, Seite 82, Seite 83, Seite 84, Seite 86, Seite 87, Seite 88, Seite 90, Seite 91, Seite 93, Seite 94, Seite 97, Seite 100, Seite 104, Seite 107, Seite 115, Seite 118, Seite 122, Seite 123, Seite 131, Seite 133, Seite 135, Seite 136, Seite 138, Seite 140, Seite 142, Seite 143, Seite 146, Seite 147, Seite 149, Seite 151, Seite 152, Seite 159, Seite 162, Seite 167,

Thomas Melzer: Seite 53, Seite 55, Seite 56, Seite 57, Seite 62, Seite 63,

Erich Müllender: Seite 139,

Unterstützung bei der Zusammenstellung der technischen Daten: Ing. Enrico BENZING
Redaktion und Statistik: Doris Schlang

ISBN 3-613-02058-0

1. Auflage 2000

Herstellung: PHG Lithos GmbH, Martinsried
Druck und Bindung: Fotolito Longo, I-39100 Bozen
Printed in Italy

Inhalt

Weltmeister 1950-2000

1950	Dr. Giuseppe Farina	Alfa Romeo
1951	Juan Manuel Fangio	Alfa Romeo
1952	Alberto Ascari	Ferrari
1953	Alberto Ascari	Ferrari
1954	Juan Manuel Fangio	Maserati/Mercedes
1955	Juan Manuel Fangio	Mercedes
1956	Juan Manuel Fangio	Ferrari
1957	Juan Manuel Fangio	Maserati
1958	Mike Hawthorn	Ferrari
1959	Jack Brabham	Cooper-Climax
1960	Jack Brabham	Cooper-Climax
1961	Phil Hill	Ferrari
1962	Graham Hill	BRM
1963	Jim Clark	Lotus-Climax
1964	John Surtees	Ferrari
1965	Jim Clark	Lotus-Climax
1966	Jack Brabham	Brabham-Repco
1967	Denis Hulme	Brabham-Repco
1968	Graham Hill	Lotus-Ford
1969	Jackie Stewart	Matra-Ford
1970	Jochen Rindt	Lotus-Ford
1971	Jackie Stewart	Tyrrell-Ford
1972	Emerson Fittipaldi	Lotus-Ford
1973	Jackie Stewart	Tyrrell-Ford
1974	Emerson Fittipaldi	McLaren-Ford
1975	Niki Lauda	Ferrari
1976	James Hunt	McLaren-Ford
1977	Niki Lauda	Ferrari
1978	Mario Andretti	Lotus-Ford
1979	Jody Scheckter	Ferrari
1980	Alan Jones	Williams-Ford
1981	Nelson Piquet	Brabham-Ford
1982	Keke Rosberg	Williams-Ford
1983	Nelson Piquet	Brabham-BMW
1984	Niki Lauda	McLaren-Porsche
1985	Alain Prost	McLaren-Porsche
1986	Alain Prost	McLaren-Porsche
1987	Nelson Piquet	Williams-Honda
1988	Ayrton Senna	McLaren-Honda
1989	Alain Prost	McLaren-Honda
1990	Ayrton Senna	McLaren-Honda
1991	Ayrton Senna	McLaren-Honda
1992	Nigel Mansell	Williams-Renault
1993	Alain Prost	Williams-Renault
1994	Michael Schumacher	Benetton-Ford
1995	Michael Schumacher	Benetton-Renault
1996	Damon Hill	Williams-Renault
1997	Jacques Villeneuve	Williams-Renault
1998	Mika Häkkinen	McLaren-Mercedes
1999	Mika Häkkinen	McLaren-Mercedes
2000	Michael Schumacher	Ferrari

Auszug aus dem technischen Reglement

Gültigkeit:
Bis 31. Dezember 2000

Zugelassene Fahrzeuge:
Einsitzige Rennwagen mit Viertakt-Hubkolbensaugmotoren mit max. 3000 ccm Zylinderinhalt; max. vier unverkleidete Räder; max. 12 (runde) Zylinder; Vierradantrieb ist verboten.; min. 4, max. 7 Vorwärtsgänge; profilierte Reifen, vorn und hinten je 4 Längsrillen.

Gewicht:
600 kg Mindestgewicht inkl. Fahrer, das bei jeder Kontrolle während des Qualifying und nach dem Rennen erreicht werden muß. Montierter Ballast ist erlaubt.

Sicherheitsbestimmungen:
Überlebenszelle (Monocoque nach FIA-Spezifikation); Feuerlöscher-System (Löschdauer 10 - 30 Sek. für Cockpit bzw. für Motor/Getriebe); 2 Überrollbügel (einer max. 25 cm vor dem Lenkrad, der zweite 3 cm hinter der Cockpit-Öffnung); der Fahrerhelm muß sich 7 cm unter der gedachten Verbindungslinie zwischen den zwei höchsten Punkten der Überrollbügel befinden; hinter dem Fahrerhelm muß ein Polster angebracht sein; seitlich sind zwei Polster vorgeschrieben, die von der Cockpitrückwand bis in Höhe Lenkrad reichen; zwei Stromkreisunterbrecher (einer im Cockpit, einer von außen zugänglich); Rückwärtsgang, Rückspiegel, Sicherheitsgurte, Rückleuchte; Crashtests für Wagenbug, -flanken, -heck und Überrollbügel sind ebenso vorgeschrieben wie ein Belastungstest von Lenkrad und -säule; Radrückhaltevorrichtungen, die das Abreißen der Räder erschweren; Sicherheitssitze, die erlauben, einen verunglückten Piloten mit dem Sitz zu bergen.

Karosserie- und Fahrgestellabmessungen:
max. Breite zwischen Vorder- und Hinterachse: 1400 mm
max. Bugüberhang: 1200 mm
max. Hecküberhang: 500 mm
max. Radbreite vorn/hinten: 355 mm/380 mm
min. Radbreite vorn/hinten: 305mm/365 mm
max. Raddurchmesser: 660 mm
max. Gesamtbreite: 1800 mm
max. Höhe: 950 mm
Skidblock auf Stufe (5 cm) an Wagenunterseite: min. 9 mm, max. 11 mm stark.

Abmessungen der aerodynamischen Hilfsmittel:
max. Frontflügelbreite: 1400 mm
max. Heckflügelbreite: 1000 mm
max. Heckflügelhöhe: 800 mm
Das Höhe/Breite-Verhältnis der Radaufhängungsteile darf die Relation 1:3,5 nicht überschreiten.
Mindeststärke der Flügelendplatten vorn: 10 mm
Exakt definiertes Verbot von Winglets im Bereich des Bottleneck.

Cockpitöffnung:
Mindestlänge 775 mm; Breite zwischen 350 und 520 mm; der Fahrer muß das Cockpit in längstens 5 Sekunden verlassen und das Lenkrad in weiteren 10 Sekunden wieder montieren können.

Zugelassener Kraftstoff:
max. 102 RON; max. 2,7 % Sauerstoff; max. 0,2 % Stickstoff (Gewichtsprozent); max. 0,005 g Blei pro Liter; Verwendung findet entweder Tankstellenbenzin oder Experimental-Sprit, der sich prinzipiell für den Handel eignet und allen Gesundheits- und Sicherheitsbestimmungen der EU entspricht. Das verwendete Benzin muß mit einer zuvor bei der FIA hinterlegten und von ihr freigegebenen Probe absolut identisch sein.

Kraftstoffmenge:
freigestellt; Tankgröße freigestellt; Nachtanken während des Rennens erlaubt.

Tank:
Gummi-Monosicherheitstank nach FIA/FT5-1999-Spezifikation.

Renndistanz:
305 km + 1 Runde (Start bis karierte Flagge).

Renndauer:
max. 2 Stunden – die laufende Runde muß beendet werden.

Triumph im fünften Anlauf

Seit 1996 setzt Ferrari im Kampf um das Fahrer-Championat auf Michael Schumacher. Jetzt ist die Rechnung aufgegangen: Der Rheinländer hatte am Ende einer atemberaubenden Saison die Nase deutlich vorn. Damit geht er als letzter Weltmeister des ausklingenden Jahrhunderts in die Grand Prix-Geschichte ein

Als sich Jody Scheckter am 9. September 1979 durch einen Sieg in Monza den WM-Titel sicherte, jubelten die Tifosi. Zum neunten Mal in der Championatsgeschichte hatte sich ein Ferrari-Pilot die meisten WM-Punkte geholt. Dank der starken Team-Leistung ging damals auch die Konstrukteurs-WM an die Scuderia aus Maranello.

In Kerpen bei Köln drehte in jenen Tagen ein zehnjähriges Kind fleißig Runden auf jener Gokart-Bahn, die die Region einem gewissen Wolfgang Graf Berghe von Trips zu verdanken hatte, der 1961 – den WM-Titel vor Augen – am Steuer seines Ferrari Tipo 156 tödlich verunglückt war. Der schnelle Knirps hieß Michael Schumacher. Wer 1979 prophezeit hätte, dass er der nächste F1-Champion für Ferrari sein würde, wäre mit Sicherheit ausgelacht worden.

21 Jahre sind seitdem vergangen, und Michael Schumacher hat den Roten aus Maranello tatsächlich den Seelenfrieden wiedergegeben. Und der Stil, in dem der Rheinländer triumphierte, war des Ereignisses würdig: Neun Siege bedeuten die Einstellung der bisherigen Bestleistung, die von Nigel Mansell (1992) und Michael Schumacher (1994) aufgestellt worden war. 108 WM-Punkte innerhalb nur einer Saison heimzufahren, das hatte bisher nur ein Pilot geschafft – Nigel Mansell. Damit nicht genug der Superlativen, denn vier GP-Siege in unmittelbarer Reihenfolge sind durchaus auch erwähnenswert. Dieses Kunststück gelang zuletzt 1994 – »natürlich« Michael Schumacher, der damals noch auf Benetton startete.

Neben diesen Fakten verrät ein Blick auf die Statistik auch durchaus Kurioses. Die neun Ferrari-Titel der Prä-Schumacher-Zeit wurden in den Jahren 1961 (Phil Hill), 1952 und 1953 (jeweils Alberto Ascari), 1964 (John Surtees), 1975 (Niki Lauda), 1956 (Juan Manuel Fangio), 1977 (Niki Lauda), 1958 (Mike Hawthorn) und 1979 (Jody Scheckter) geholt. Auffällig sind die Endziffern der Jahreszahlen – jede taucht nur einmal auf. Und von den insgesamt zehn unterschiedlichen Möglichkeiten fehlte bisher lediglich die Null. Jetzt fehlt sie nicht mehr.

Natürlich mangelte es nicht an kritischen Stimmen, die sich offenbar nicht mehr vorstellen konnten, dass jemals ein Ferrari-Pilot Champion werden kann. Der allgemeine Tenor der Opposition: Der Ausgang der WM werde durch F1-Guru Bernie Ecclestone manipuliert, und der – inzwischen 70jährige – habe deshalb auf den »roten Knopf gedrückt«... Der Vorwurf ist massiv und glücklicherweise nicht haltbar. Würde tatsächlich mit gezinkten Karten gespielt, dann wäre es ein Leichtes gewesen, Mika Häkkinen nach dessen Sieg in Österreich zu disqualifizieren. Der Regelverstoß seines Teams war minimal, aber eindeutig, wie der Abzug der Konstrukteurs-Punkte zeigt. Auch Ferrari-Sportchef Jean Todt argumentiert in diesem Zusammenhang schlüssig. Weshalb, fragt der Franzose, habe denn die FIA so lange mit der Einflussnahme gewartet, wenn sie unbedingt einen Ferrari-Champion sehen wolle...

Trotz der überzeugenden Leistung von Michael Schumacher – letztlich beendete er die Saison mit 19 Punkten Vorsprung – konnte Titelverteidiger Mika Häkkinen den Titelkampf bis in den Oktober offen gestalten. Der Finne erwies sich als ausgesprochen harter Gegner. Auch wenn er nach dem Frust zu Saisonbeginn – erst im dritten Grand Prix sah Häkkinen die Zielflagge – vorübergehend ausgebrannt schien, zeigte sich der Skandinavier in bestechender Form. Im Duell mit dem deutschen Rivalen unterlief ihm lediglich ein Schnitzer, als er seinen Silberpfeil in Spa aus der Kontrolle verlor. Und diesen Fehler bügelte er noch vor Ende des Rennens durch ein sehenswertes Überholmanöver wieder aus. Trotz des verpatzten Saisonstarts war McLaren-Mercedes erneut der Maßstab, an dem sich alle anderen orientieren mussten. Und »Häkkinen 2000« trat stärker auf als je zuvor.

Er klagte allerdings auch über den enormen physischen und psychischen Stress des gnadenlosen 14-Tage-Rhythmus und die zusätzliche Belastung durch Testfahrten und weitere Verpflichtungen. Auf diesem Sektor profitierte Michael Schumacher möglicherweise von einem Plus auf Umwegen: Aufgrund der Sturzverletzung, die sich der Kerpener 1999 in Silverstone zugezogen hatte, ging er sicherlich mit besser aufgeladenen »Batterien« in die zurückliegende Punkteschlacht. Die Zwangspause hatte auch ihre positive Seite.

Die übrigen eingesetzten Piloten spielten lediglich Nebenrollen mit unterschiedlichen Erfolgen. Weder Rubens Barrichello, der vor Saisonbeginn selbst von Experten als »Schumi-Schreck« verkauft worden war, noch David Coulthard konnten ernsthaft in den Titelkampf eingreifen. Der Silberpfeil-Schotte musste allerdings auch seelisch jenes schwere Flugzeugunglück verdauen, dass er wenige Tage vor dem WM-Lauf in Spanien mit relativ harmlosen Verletzungen überstand, während die beiden Besatzungsmitglieder des Jet starben.

Glimpflich verliefen auch die Unfälle auf den Pisten – was die Rennfahrer betrifft... Mika Salo kam nach einem Testcrash im Winter mit einem Handbruch davon, und Ralf Schumachers »Monaco-Wade« beeinflusste den Saisonverlauf nicht. Die Sicherheitsbestimmungen der Formel 1 bewährten sich ebenfalls bei einem Horror-Abflug von Ricardo Zonta, der bei Testfahrten in Silverstone in hohem Bogen über jene Absperrung bei Stowe flog, in der 1999 Michael Schumacher mit gebrochenem rechten Bein landete. Johnny Herberts Jaguar erwies sich gleichermaßen als ausgesprochen stabil, als sich der Brite zum Saisonende in Sepang nach 161 Grand Prix mit einem Abflug aus der Formel 1 verabschiedete.

Tödlich endete allerdings der Startrundenunfall in Monza, wo der Fire-Marshal Paolo Ghislimberti, völlig ungeschützt an der Leitplanke stehend, von einem abgerissenen Rad getroffen wurde. Der Streckenposten verhielt sich allerdings ausgesprochen leichtsinnig, ebenso wie ein Kollege Ghislimbertis, der sich unmittelbar vor dem Neustart auf der Gegengeraden am Pistenrand aufhielt und von Jenson Buttons Williams beinahe überrollt worden wäre.

Zu den positiven Überraschungen des Jahres zählt mit Sicherheit das unerwartet gute Abschneiden von Williams-BMW. Das Comeback des bayerischen Automobilherstellers nach zwölfjähriger F1-Abstinenz verlief perfekt. In puncto Power, ganz speziell aber in Bezug auf Zuverlässigkeit, wurde Bemerkenswertes geleistet. Unerwartet stark auch Arrows: Die Pfeile von »Major Tom« verblüfften wiederholt durch schnelle Rundenzeiten und respektloses Mitmischen im vordersten Mittelfeld. Aufsteiger des Jahres war allerdings eindeutig BAR-Honda. Ein Jahr nach dem katastrophalen Debüt von British American Racing kamen die Boliden aus Brackley nicht nur regelmäßig ins Ziel. Jacques Villeneuve kämpfte außerdem immer wieder aus eigener Kraft mit um die Punkte. Der erste Podestplatz für BAR lag in der Luft, und schließlich begeisterte der Kanadier durch seine beherzten »Raketenstarts«.

Als Absteiger müssen Jordan und Jaguar gesehen werden. Die »Gelben« konnten das Vorjahres-Niveau nicht halten und wurden von der Konkurrenz überrollt. Der Teamchef hatte es »versäumt«, seine Crew personell aufzustocken, und der Mugen-V10 war nicht effektiv genug, um weitere Siege heimfahren zu können. Bei Jaguar muss sich das Management die Frage gefallen lassen, ob nicht die Anzahl der Marketing-Mitarbeiter zugunsten von Ingenieuren und Mechanikern reduziert werden sollte...

Im Blickpunkt des Interesses standen auch die drei Rookies – weil er nur einmal antrat, wird Luciano Burti hier nicht erwähnt. Minardi-Neuling Gastón Mazzacane zog sich überraschend gut aus der Affäre und erwies sich als durchaus »Formel 1-würdig«. Eine zweite Chance hat sich der Argentinier sicherlich verdient. Star der Neulinge war eindeutig Jenson Button, dem von allen Experten das Potenzial zum Siegfahrer attestiert wird. Anders als der Brite verfügte Nick Heidfeld nicht über brauchbares Material. Der »vierte Deutsche« ging am Steuer des Prost-Peugeot barfuß durch die Hölle. Nur sporadisch konnte er sein Können aufblitzen lassen. Dabei wurde zu schnell vergessen, dass »Quick Nick« 1998 in der F3000 der einzige Pilot war, der Juan Pablo Montoya erfolgreich Paroli bieten konnte. Und der Kolumbianer, der 2001 bei Williams – den an Benetton ausgeliehenen – Jenson Button ersetzen wird, gilt als eines der größten Talente des Motorsports... 2001 wird nicht nur zeigen, was Montoya wirklich wert ist. Mit Kimi Räikkönen betritt ein weiterer »Wunderknabe« die Asphaltbühne der Formel 1. Was den Titelkampf angeht, wird allerdings mit »bewährten« Namen gerechnet.

Kaum jemand zweifelt daran, dass der Fight zwischen Michael Schumacher und Mika Häkkinen in eine weitere Runde geht. Außenseiterchancen werden Jacques Villeneuve eingeräumt, falls es BAR-Honda gelingt, die Formkurve weiter ansteigen zu lassen. Doch grau ist alle Theorie, denn durch das Engagement von Michelin steht erstmals seit 1998 wieder ein »Reifenkrieg« ins Haus, der die aktuelle Hackordnung gewaltig durcheinanderwirbeln könnte...

Rennställe

Arrows F1 Team	1999: Pedro de la Rosa, Toranosuke Takagi	2000: Pedro de la Rosa, Jos Verstappen
Benetton F1 Racing Team	1999: Giancarlo Fisichella, Alexander Wurz	2000: Giancarlo Fisichella, Alexander Wurz
British American Racing Ltd.	1999: Jacques Villeneuve, Ricardo Zonta (Mika Salo)	2000: Jacques Villeneuve, Ricardo Zonta
Jaguar Racing Ltd. (1999 Stewart Grand Prix Ltd.)	1999: Rubens Barrichello, Johnny Herbert	2000: Eddie Irvine, Johnny Herbert (Luciano Burti)
Jordan Grand Prix Ltd.	1999: Damon Hill, Heinz-Harald Frentzen	2000: Heinz-Harald Frentzen, Jarno Trulli
McLaren International Ltd.	1999: Mika Häkkinen, David Coulthard	2000: Mika Häkkinen, David Coulthard
Minardi Team S.p.A.	1999: Luca Badoer, Marc Gené (Stéphane Sarrazin)	2000: Marc Gené, Gastón Mazzacane
PP Sauber AG	1999: Jean Alesi, Pedro Diniz	2000: Pedro Diniz, Mika Salo
Prost Grand Prix	1999: Olivier Panis, Jarno Trulli	2000: Jean Alesi, Nick Heidfeld
Scuderia Ferrari	1999: Michael Schumacher, Eddie Irvine (Mika Salo)	2000: Michael Schumacher, Rubens Barrichello
WilliamsF1	1999: Alessandro Zanardi, Ralf Schumacher	2000: Ralf Schumacher, Jenson Button

( ) = gelegentlich eingesetzte Fahrer

Fahrer

(Piloten, die 2000 mindestens einen Grand Prix bestritten)

Jean Alesi, geb. 11.6.1964 in Avignon, Franzose,
184 GP seit 1989 auf Tyrrell, Ferrari, Benetton, Sauber und Prost,
2mal Trainingsschnellster, 1 Sieg

Rubens Barrichello, geb. 23.5.1972 in Sao Paulo, Brasilianer,
129 GP seit 1993 auf Jordan, Stewart und Ferrari,
3mal Trainingsschnellster, 1 Sieg

Luciano Burti, geb. 5.3.1975 in Sao Paulo, Brasilianer,
1 GP seit 2000 auf Jaguar

Jenson Button geb. 19.1.1980 in Frome, Engländer,
17 GP seit 2000 auf Williams

David Coulthard, geb. 27.3.1971 in Twynholm, Schotte,
107 GP seit 1994 auf Williams und McLaren,
10mal Trainingsschnellster, 9 Siege

Pedro Diniz, geb. 22.5.1970 in Sao Paulo, Brasilianer,
98 GP seit 1995 auf Forti, Ligier, Arrows und Sauber

Giancarlo Fisichella, geb. 14.1.1973 in Rom, Italiener,
74 GP seit 1996 auf Minardi, Jordan und Benetton,
1mal Trainingsschnellster

Heinz-Harald Frentzen, geb. 18.5.1967 in Mönchengladbach, Deutscher,
114 GP seit 1994 auf Sauber, Williams und Jordan,
2mal Trainingsschnellster, 3 Siege

Marc Gené, geb. 29.3.1974 in Sabadell, Spanier,
33 GP seit 1999 auf Minardi

Mika Häkkinen, geb. 28.9.1968 in Helsinki, Finne,
145 GP seit 1991 auf Lotus und McLaren,
26mal Trainingsschnellster, 18 Siege, Weltmeister 1998 und 1999 auf McLaren

Nick Heidfeld, geb. 10.5.1977 in Mönchengladbach, Deutscher,
16 GP seit 2000 auf Prost

Johnny Herbert, geb. 25.6.1964 in Romford, Engländer,
161 GP seit 1989 auf Benetton, Tyrrell, Lotus, Ligier, Sauber, Stewart und Jaguar, 3 Siege

Eddie Irvine, geb. 10.11.1965 in Newtownards, Nordire,
113 GP seit 1993 auf Jordan, Ferrari und Jaguar,
4 Siege

Gastón Mazzacane, geb. 8.5.1975 in La Plata, Argentinier,
17 GP seit 2000 auf Minardi

Pedro de la Rosa, geb. 24.2.1971 in Barcelona, Spanier,
32 GP seit 1999 auf Arrows

Mika Salo, geb. 30.11.1966 in Helsinki, Finne,
92 GP seit 1994 auf Lotus, Tyrrell, Arrows, BAR, Ferrari und Sauber

Michael Schumacher, geb. 3.1.1969 in Hermühlheim, Deutscher,
143 GP seit 1991 auf Jordan, Benetton und Ferrari,
32mal Trainingsschnellster, 44 Siege, Weltmeister 1994 und 1995 auf Benetton, 2000 auf Ferrari

Ralf Schumacher, geb. 30.6.1975 in Hürth, Deutscher,
66 GP seit 1997 auf Jordan und Williams

Jarno Trulli, geb. 13.7.1974 in Pescara, Italiener,
61 GP seit 1997 auf Minardi, Prost und Jordan

Jos Verstappen, geb. 4.3.1972 in Montfort, Niederländer,
74 GP seit 1994 auf Benetton, Simtek, Tyrrell, Stewart und Arrows

Jacques Villeneuve, geb. 9.4.1971 in St.Jean-sur-Richelieu, Kanadier,
82 GP seit 1996 auf Williams und BAR,
13mal Trainingsschnellster, 11 Siege, Weltmeister 1997 auf Williams

Alexander Wurz, geb. 15.2.1974 in Waithofen, Österreicher,
52 GP seit 1997 auf Benetton

Ricardo Zonta, geb. 23.3.1976 in Curitibá, Brasilianer,
29 GP seit 1999 auf BAR

Gesamtzahl der gefahrenen Grand Prix, inkl. nachträglicher Disqualifikation

McLaren-Mercedes

Wenn die Silberpfeile den Weltmeister nach zwei erfolgreichen Jahren nicht stellten, lag das keineswegs an einer abfallenden Formkurve. Im Gegenteil. McLaren-Mercedes war deutlich stärker als im Verlauf der Saison 1999. Mika Häkkinen konnte seinen Titel nur deshalb nicht erfolgreich verteidigen, weil Ferrari mit einem »ganzjährig einsetzbaren« Michael Schumacher überlegen war. Es darf nicht vergessen werden: Wenn sich der deutsche Ferrari-Star ein Jahr zuvor in Silverstone keine Verletzung zugezogen hätte, wäre er wohl bereits damals Champion geworden...
Als eines der beiden siegreichen Teams ging die Dennis-Crew aus Woking zwar mit einem Fehlstart in die Saison – erst nach dem vierten WM-Lauf durfte gefeiert werden –, aber die Boliden vom Typ MP4/15 erwiesen sich auf Anhieb als schnell. Und der Stil, in dem der Rennstall die Lücke zum scheinbar uneinholbar enteilten Michael Schumacher im Sommer schließen konnte, spricht für die Moral der Truppe.
Mercedes präsentierte dank des PS-Genies Mario Illien den kraftvollsten Motor des gesamten Feldes. Auch das Chassis verdiente Bestnoten, obwohl laut Aussagen einiger Piloten auf diesem Sektor bei Williams noch besser gearbeitet wurde. Mit Recht sagte Teamchef Ron Dennis nach dem entscheidenden Rennen in Suzuka, das Häkkinens Knockout im Titelkampf besiegelte: »Für uns war es keine perfekte Saison, allerdings ganz bestimmt auch keine schlechte. In der Stunde der Niederlage fällt es mir schwer, einen positiven Aspekt zu finden, aber ich bin davon überzeugt, dass wir stolz auf unsere Arbeit sein dürfen, die uns immerhin sieben Siege und sieben Pole-Positions einbrachte.« Richtig: McLaren-Mercedes konnte zwar keinen der beiden WM-Titel gewinnen, aber zweitklassig war das Team deshalb keineswegs. Tatsächlich ging es zwischen dem Titelverteidiger und seinem roten Herausforderer derart knapp zu, dass eventuell die taktische Weichenstellung entscheidend war. Hätte sich McLaren in Silverstone und Frankreich dazu entschließen können, David Coulthard zugunsten des Finnen zurückzupfeifen, hätte Michael Schumacher keinesfalls schon in Japan die Rückkehr auf den Champion-Thron feiern dürfen.
Da der Silberpfeil-Schotte – zumindest vorläufig – nicht die fahrerische Klasse seines Teamkollegen hat, wäre eine eindeutige Stallregie zugunsten des stärkeren Piloten das einzig richtige Rezept gewesen. DC war ein wertvoller Helfer, um dem Gegner wichtige Punkte wegzunehmen. Aber er hätte diese Zähler nicht auch dem Mann aus dem eigenen Lager wegschnappen dürfen...
Die beiden McLaren legten von 2148 möglichen Runden 1917 zurück. In der Zuverlässigkeitstabelle belegt der Rennstall damit Rang eins.

McLaren-Mercedes MP4/15

Mika Häkkinen

David Coulthard

Fahrgestell: Kohlefaser-Aluminium-Honeycomb-Composite-Monocoque; Radstand: ca. 3080 mm; Spurweite vorn/hinten: ca. 1456/1418 mm; Tankvolumen: ca. 145 Liter; Gewicht: 512 kg *); pushrod-Aufhängung vorn und hinten (je drei Dämpfer); Torsionsstab-Federung vorn und hinten; halbautomatisches, elektrohydraulisches, längsliegendes, sequentielles McLaren-Siebenganggetriebe; Dreischeiben-Kohlefaser-AP-Kupplung; Räder: Enkei; Bremsen: AP (vorn und hinten je sechs Kolben); Zubehör: Reifen Bridgestone, Stoßdämpfer McLaren/ Penske, Zündkerzen NGK, Benzin Mobil; Technischer Direktor: Adrian Newey; andere Ingenieure: Neil Oatley, Steve Hallam, Mark Slade, Pat Fry; sieben Chassis wurden gebaut.

Motor: Zehnzylinder-V-Motor im Winkel von 72 Grad; Aluminium-Block; Bohrung x Hub: ca. 93,00 x 44,11 mm; Verhältnis: 0,47; Kolbenoberfläche total: 679,3 qcm; Hubraum: 2996,0 ccm; Kurbelwellenlager-Anzahl: sechs; Kröpfungswinkel: 144 Grad; vier pneumatisch gefederte Ventile pro Zylinder; vier durch Zahnräder getriebene obenliegende Nockenwellen; Verdichtung: ca. 13,3:1; max. Kolbengeschwindigkeit: 40,9 m/Sek.; Literleistung: 272,0 PS; Zündung: TAG Electronic System (statisch); Motormanagement: TAG Electronic System 2000 (elektronisch); Kohin-Einspritzung;
Maße: 570 x 546 x 476 mm;
Gewicht: ca. 92 kg; kg pro PS: 0,113; Leistung: ca. 815 PS (Qual. ca. 825); max. Drehzahl: ca. 17300 U/min (Qual. ca. 17500).

*) Alle Wagengewichte ohne Fahrer, plus 20 Liter Benzin.

FO1 10/J

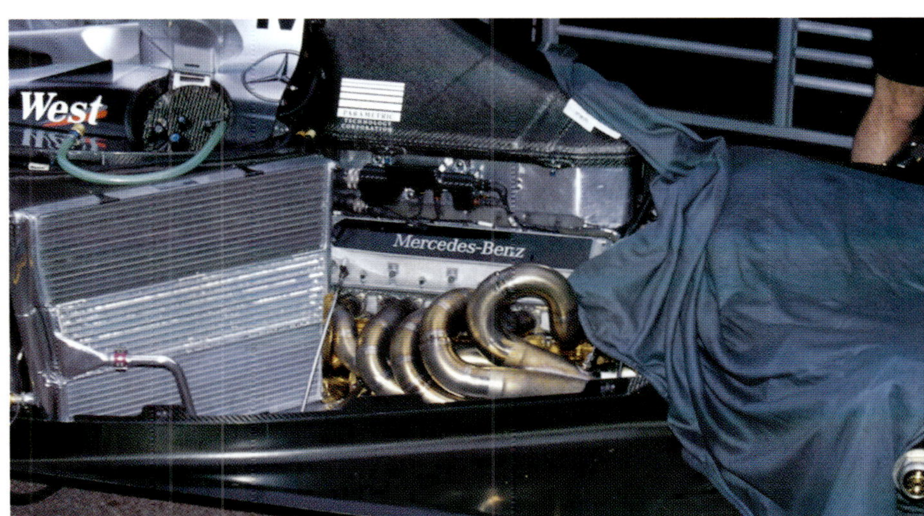

Ferrari

Im Vorjahr hatte sich die Scuderia mit dem Gewinn des »Trostpreises«, der Konstrukteurs-WM, begnügen müssen. Jetzt triumphierten die Roten auch im Fahrer-Championat – erstmals seit 21 Jahren. Damit hat laut Ross Brawn nicht nur das lange Warten ein Ende. Der Technische Direktor der Scuderia sieht Ferrari am Beginn einer Erfolgs-Ära. Unlogisch klingt seine Begründung für die optimistische Behauptung nicht: »Jetzt können wir in Ruhe arbeiten. Den Druck, die lange Durststrecke endlich beenden zu müssen, gibt es nicht mehr. Künftig können wir unser Potenzial besser einsetzen.«
Soweit die Spekulationen. Was die Fakten betrifft, präsentierte Ferrari bereits zu Saisonbeginn ein schnelles und zuverlässiges Rennauto. Den Tipo F1-2000 bezeichnete Michael Schumacher nach den ersten Testfahrten mit Recht als den »besten Formel 1-Ferrari«, den er jemals bewegte. Schwächen zeigte der Bolide nur im Umgang mit den Reifen. Ein Problem, das wohl auf die Tatsache zurückzuführen ist, dass Ferrari noch nicht so lange mit dem Pneu-Monopolisten Bridgestone zusammenarbeitet wie die silberne Konkurrenz.
Technisch – was Speed und Zuverlässigkeit betrifft – nahm Ferrari allerdings noch (?) nicht Platz eins in der Hierarchie des GP-Sports ein. Und ob es der Spannung gut tun würde, wenn der beste Pilot tatsächlich auch den stärksten Boliden fahren würde, muss bezweifelt werden...
Aber das »Gesamtpaket«, mit Michael Schumacher als wesentlichem Bestandteil, erwies sich 2000 als absolut konkurrenzfähig, wie die zehn Saisonsiege deutlich belegen. Und Qualitäten bewies die Scuderia auch auf dem Sektor, der bereits im Verlauf der letzten Jahre zu den positiven zählte: Als es darum ging, einen Rückstand aufzuholen, wurden alle Kräfte mobilisiert, um das Blatt noch einmal zu wenden. Dabei fehlte es Jean Todt und seinen Mannen auch nicht am notwendigen Quentchen Glück, als Häkkinen in Indianapolis durch einen Motorschaden gestoppt wurde. Doch Fortuna zahlte dort lediglich teilweise zurück, was zuvor – speziell in Monte Carlo, Zeltweg und Hockenheim – auf recht brutale Art kassiert worden war...
Mit Rubens Barrichello wurde ein neuer »Leutnant« für Michael Schumacher verpflichtet, der seine Gage redlich verdiente. Der Brasilianer rückte wiederholt ins Rampenlicht. In Silverstone, als er sich die Pole sicherte. Dann in Montreal, wo er, wenn auch zähneknirschend, zugunsten des deutschen Teamkollegen auf den möglichen Sieg verzichtete. Und schließlich in Hockenheim durch einen sensationellen Überraschungssieg.
Die beiden Ferrari legten von insgesamt 2148 möglichen Runden 1860 zurück. In der Zuverlässigkeitstabelle belegt das Team damit Rang zwei.

Ferrari F1-2000

Michael Schumacher

Rubens Barrichello

Fahrgestell: Kohlefaser-Honeycomb-Composite-Monocoque; Radstand: 3010 mm; Spurweite vorn/hinten: ca. 1460/1420 mm; Tankvolumen: ca. 140 Liter; Gewicht: 514 kg; pushrod-Aufhängung vorn und hinten (je drei Dämpfer); Torsionsstab-Federung vorn und hinten; halbautomatisches, elektrohydraulisches, längsliegendes, sequentielles Ferrari-Siebenganggetriebe; Dreischeiben-Kohlefaser-AP/ Sachs-Kupplung; Räder: BBS; Bremsen: Brembo (vorn und hinten je sechs Kolben); Zubehör: Reifen Bridgestone, Stoßdämpfer Sachs, Zündkerzen Champion, Benzin Shell; Technischer Direktor: Ross Brawn; andere Ingenieure: Rory Byrne, Ignazio Lunetta, Luca Baldisseri, Carlo Cantoni; acht Chassis wurden gebaut.

Motor: Zehnzylinder-V-Motor im Winkel von 90 Grad; Aluminium-Block; Bohrung x Hub: ca. 96,00 x 41,40 mm; Verhältnis: 0,43; Kolbenoberfläche total: 723,8 qcm; Hubraum: 2996,6 ccm; Kurbelwellenlager-Anzahl: sechs; Kröpfungswinkel: 144 Grad; vier pneumatisch gefederte Ventile pro Zylinder; vier durch Zahnräder getriebene obenliegende Nockenwellen; Verdichtung: ca. 13,2:1; max. Kolbengeschwindigkeit: 39,1 m/Sek.; Literleistung: 270,3 PS; Zündung: Magneti Marelli (statisch); Motormanagement: Magneti Marelli (elektronisch digital); Marelli-Einspritzung;
Maße: 609 x 530 x 378 mm;
Gewicht: ca. 99 kg; kg pro PS: 0,122; Leistung: ca. 810 PS (Qual. ca. 820); max. Drehzahl: ca. 17600 U/min. (Qual. ca. 17900).

Ferrari 049 B

Jordan-Mugen

Das Ziel für die Saison 2000 hatte Teamchef Eddie Jordan persönlich abgesteckt: »Wenn wir Platz drei in der Konstrukteurs-WM nicht erfolgreich verteidigen, wäre das eine Enttäuschung.« Und der Boss ging noch einen Schritt weiter, denn die Lücke zu den beiden Top-Teams sollte deutlich verkleinert werden.

Positive Taten folgten den großen Worten nicht. Als bestes Resultat des Jahres kam Jordan nicht über zwei dritte Plätze, die »HHF« in Sao Paulo und Indy herausfahren konnte, hinaus. Eines vorweg: An den beiden Piloten lag es nicht, wenn das Team nur sporadisch glänzte. Jordan-Star Heinz-Harald Frentzen, 1999 zweimal siegreich, wurde allerdings durch den Neuzugang Jarno Trulli wiederholt derart unter Druck gesetzt, dass er psychisch etwas verkrampfte und deshalb sein volles Potenzial nicht immer ausspielen konnte. Obwohl mit der Post AG ein zusätzlicher Sponsor gefunden wurde, versäumte es Eddie Jordan, das Personal seines Teams aufzustocken. Der Eigner der »Gelben« zog es vor, durch Anschaffung eines Jets und einer Yacht im privaten Bereich zu investieren.

Speziell als zu Saisonbeginn Probleme mit der elektronischen Getriebesteuerung auftraten, machte sich der Man power-Engpass negativ bemerkbar. Ein Geber sendete die falschen Signale. Was folgte, war Flickwerk. Der ab Mai verwendeten Interimslösung vertraute man derart wenig, dass sie nach jedem Training vorsichtshalber ausgewechselt wurde. In dieser Situation war es wenig hilfreich, dass Cheftechniker Mike Gascoyne im Sommer auf Eis gelegt wurde. Der Ingenieur hatte zum Saisonende gekündigt und musste deshalb von der Entwicklungsarbeit abgekoppelt werden, um kein zusätzliches Know-how zu Benetton, respektive Renault, mitnehmen zu können.

Da Eddie Jordan inzwischen längst zu den alten F1-Hasen gezählt werden darf, ist nicht auszuschließen, dass er bewusst eine einjährige »Pause« einlegte. Denn ohne Werksunterstützung stand er bei Licht betrachtet ohnehin auf verlorenem Posten. Diese Schwachstelle konnte der kluge Manager für die Zukunft ausmerzen, denn er einigte sich auf eine mehrjährige Zusammenarbeit mit Honda. Damit sind die Weichen für ein Ansteigen der Formkurve gestellt. Und die freiwerdenden Finanzen – die Mugen-V10 mussten bezahlt werden, während es die Honda-Aggregate gratis geben wird – werden in die Verpflichtung von mindestens 20 zusätzlichen Ingenieuren investiert. Mit Eghbal Hamidy wurde zum Saisonende auch vielversprechender Ersatz für Gascoyne gefunden. Und Honda wird sich – wie im Fall BAR – nicht auf die Lieferung der Kraftpakete beschränken.

Die beiden Jordan legten von 2148 möglichen Runden 1390 zurück. In der Zuverlässigkeitstabelle belegt der Rennstall damit Platz neun.

Jordan-Mugen EJ10

Heinz-Harald Frentzen

Jarno Trulli

Fahrgestell: Kohlefaser-Composite-Monocoque; Radstand: 3050 mm; Spurweite vorn/hinten: ca. 1460/1418 mm; Tankvolumen: ca. 157 Liter; Gewicht: 515 kg; pushrod-Aufhängung vorn und hinten (vorn und hinten je drei Dämpfer); Torsionsstab-Federung vorn, Schraubenfedern hinten; halbautomatisches, elektrohydraulisches, längsliegendes, sequentielles Jordan/Hewland-Sechsganggetriebe; Dreischeiben-Kohlefaser-Sachs-Kupplung; Räder: O.Z.; Bremsen: Brembo (vorn sechs, hinten vier Kolben); Zubehör: Reifen Bridgestone, Stoßdämpfer Penske, Zündkerzen NGK, Benzin elf; Technischer Direktor: Mike Gascoyne; andere Ingenieure: Tim Holloway, Sam Michael, Bob Bell, Dino Toso; sechs Chassis wurden gebaut.

Motor: Zehnzylinder-V-Motor im Winkel von 72 Grad; Aluminium-Block; Bohrung x Hub: ca. 93,00 x 44,14 mm; Verhältnis: 0,47; Kolbenoberfläche total: 679,3 qcm; Hubraum: 2998,4 ccm; Kurbelwellenlager-Anzahl: sechs; Kröpfungswinkel: 144 Grad; vier pneumatisch gefederte Ventile pro Zylinder; vier durch Zahnräder getriebene obenliegende Nockenwellen; Verdichtung: 13,2:1; max. Kolbengeschwindigkeit: 39,7 m/Sek.; Literleistung: 265,1 PS; Zündung: TAG Electronic System 300 (statisch); Motormanagement: TAG Electronic System 300 (elektronisch); Honda-Einspritzung;
Maße: 620 x 520 x 400 mm;
Gewicht: 110 kg; kg pro PS: 0,138;
Leistung: ca. 795 PS (Qual. ca. 810);
max. Drehzahl: ca. 16800 U/min.
(Qual. ca. 17200).

Mugen MF 301HE

Jaguar-Cosworth

Dem Trend der Zeit folgend, stieg im Juni 1999 mit Ford ein weiterer großer Automobilhersteller ins Formel 1-Business ein, als der amerikanische Branchen-Riese das Team Stewart Grand Prix übernahm. Interessanterweise verzichtete der neue Besitzer allerdings darauf, konsequent Flagge zu zeigen. Der Rennstall trat unter dem Namen der Ford-Tochter Jaguar an. Auch was den Motor betrifft, der offiziell als Cosworth firmierte, bekannte sich der Gigant nur auf Umwegen zu dem Multi-Millionen-Projekt.
Mit diesem »Versteckspiel« war Ford rückblickend nicht schlecht beraten... Denn unter neuem Management erfolgte nicht der erwartete Formanstieg, der aufgrund des überzeugenden Abschneidens während der vorausgegangenen Saison vorhergesagt worden war. Nur sporadisch konnten Eddie Irvine und Johnny Herbert positiv auffallen. Im Rampenlicht stand Jaguar lediglich in Silverstone, wo der Rennstall sein Prunk- Motorhome mit einem monströsen verchromten Wappentier schmückte...
Anfangs glaubte die Teamführung, die technischen Probleme würden sich auf den instabilen Ölkreislauf – der gleichermaßen Motor und Getriebe schmiert und kühlt – beschränken. Tatsächlich aber muss die Gesamtkonstruktion mit der Typenbezeichnung R1 als Flop bewertet werden. Über Irvines glücklichen vierten Platz in Monte Carlo kamen die grünen Katzen nicht hinaus.
Irvine, der als amtierender Vizemeister verpflichtet wurde und mit vier Punkten nur 5,4 Prozent seiner Vorjahresausbeute heimfahren konnte, stellte seinen neuen Arbeitgeber dennoch nicht an den Pranger: »Trotz des problematischen Saisonstarts ist es uns gelungen, das Auto permanent weiterzuentwickeln. Leider brauchten wir zu lange, um zu verstehen, wie der Wagen auf Änderungen des Set-up reagiert. Dieses Team kann den Champion stellen, aber das dauert vier, fünf Jahre. Aufgrund meiner Ferrari-Erfahrung kann ich das beurteilen.«
Die Konzernspitze erkannte allerdings, dass die Weichenstellung für die angestrebten Erfolge im organisatorischen Bereich gefunden werden muss, was neben dem Neuaufbau der internen Hierarchie auch die Infrastruktur betrifft. Als erster Schritt in diese Richtung wurde im September der Kanadier Bobby Rahal als neuer Teamchef verpflichtet, der seine Arbeit am 1. Dezember aufnahm. Ob der Ex-Rennfahrer, der 1978 zwei Grand Prix für das Team von Walter Wolf bestritt, eine glücklichere Hand als sein Vorgänger Neil Ressler haben wird, muss abgewartet werden. Die Saison 2001 kann vor diesem Hintergrund nicht mehr als ein »Übergangsjahr« werden.
Die beiden Jaguar legten von insgesamt 2148 möglichen Runden 1641 zurück. In der Zuverlässigkeitstabelle belegt der Rennstall damit Rang acht.

Jaguar-Cosworth R1

Eddie Irvine

Johnny Herbert

Luciano Burti

Fahrgestell: Kohlefaser-Composite-Monocoque; Radstand: ca. 3030 mm; Spurweite vorn/hinten: ca. 1464/1424 mm; Tankvolumen: 135 Liter; Gewicht: 512 kg; pushrod-Aufhängung vorn und hinten (vorn und hinten je drei Dämpfer); Torsionsstab-Federung vorn und hinten; halbautomatisches, elektrohydraulisches, längsliegendes, sequentielles Jaguar/X-Trac-Sechsganggetriebe; Dreischeiben-Kohlefaser-AP-Kupplung; Räder: BBS; Bremsen: AP (vorn und hinten je sechs Kolben); Zubehör: Reifen Bridgestone, Stoßdämpfer Jaguar/Penske, Zündkerzen Champion, Benzin Texaco; Technischer Direktor: Gary Anderson; andere Ingenieure: Andy Miller, John Russell, Lee Fleming, Robin Gearing; sechs Chassis wurden gebaut.

Motor: Zehnzylinder-V-Motor im Winkel von 72 Grad; Aluminium-Block; Bohrung x Hub: ca. 95,00 x 42,30 mm; Verhältnis: 0,45; Kolbenoberfläche total: 708,8 qcm; Hubraum: 2998,3 ccm; Kurbelwellenlager-Anzahl: geheim; Kröpfungswinkel: 144 Grad; vier pneumatisch gefederte Ventile pro Zylinder; vier durch Zahnräder getriebene obenliegende Nockenwellen; Verdichtung: 13,2:1; max. Kolbengeschwindigkeit: 39,0 m/Sek.; Literleistung: 263,5 PS; Zündung: Ford EED (statisch); Motormanagement: Ford Electronic Visteon (elektronisch); Einspritzung geheim
Maße: 569 x 506 x 492 mm;
Gewicht: 97 kg; kg pro PS: 0,123;
Leistung: ca. 790 PS (Qual. ca. 795);
max. Drehzahl: ca. 17200 U/min.
(Qual. ca. 17600).

Cosworth CR-2

Williams-BMW

Die Experten waren sich einig: Der Rennstall aus Grove stand vor einer frustrierenden Saison. An der Seite des neuen Motoren-Partners würde 2000 zu einem bitteren Lehrjahr werden. Die winterlichen Testfahrten hatten eine eindeutige Sprache gesprochen. Beim Comeback würden sich die Münchner hinten anstellen müssen.

Die gröbsten Probleme, die sich auf das Arbeiten des bayerischen Zehnzylinders in eingebautem Zustand – auf dem Prüfstand liefen die Aggregate zufriedenstellend – bezogen, konnten dann allerdings wenige Tage vor dem Saisonstart aussortiert werden.

Das Team flog in dem Bewusstsein nach Australien, dass man durchaus eine faire Chance habe, ins Ziel zu kommen. Bekanntlich endete das Debüt mit einer Sensation, als Ralf Schumacher auf Rang drei abgewinkt wurde! Bis zum Finale in Sepang sollte der kleine Bruder des Champions noch zwei weitere Mal auf dem Podest auftauchen.

Angepeilt wurde ursprünglich der fünfte Platz in der Konstrukteurs-WM. BMW-Motorsportdirektor Gerhard Berger gestand allerdings später, dass ihm bei der entsprechenden Ankündigung keineswegs »wohl« gewesen sei... Tatsächlich wurden diese optimistischen Erwartungen – das erfolgreiche Verteidigen der 99er-Position – deutlich übertroffen.

Aber für das Management des Erfolgsteams kann dieses Resultat nur ein Etappenziel sein. Frank Williams erklärte: »2001 müssen wir erste Siege heimfahren und die Lücke zu den Roten und den Grauen schließen. 2002 wollen wir mit um den Titel kämpfen.« Um dieses Ziel erreichen zu können, müsse allerdings ein »kleinerer, leichterer und stärkerer« Motor geliefert werden. Bergers Co-Direktor Dr. Mario Theissen machte bereits entsprechende Zusagen: »Natürlich haben wir viel Erfahrung gesammelt und der Nachfolgemotor wird ein deutlicher Schritt nach vorn sein.«

Das Chassis FW22 war hingegen bereits derart gut, dass es sich Bestnoten verdiente. Patrick Head braucht eine glückliche Hand, um 2001 einen vergleichbar guten Wurf zu landen. Aber die britisch-deutsche Vernunftehe stand nicht nur aufgrund des BMW-Comebacks und Ralf Schumachers sensationellen Erfolgen im Blickpunkt des Interesses. Jenson Button, das Supertalent aus der britischen Formel 3-Szene, wurde dem Vertrauen gerecht, das Williams und Head in ihn gesetzt hatten. Allgemeiner Tenor: Hier wächst ein neuer Champion heran. Zunächst jedoch wird der Neuling für zwei Jahre an Benetton ausgeliehen. Frank Williams hofft, dass Button 2003 »noch stärker und reifer« zurückkehren wird. Vorläufig aber muss er Juan Pablo Montoya Platz machen.

Die beiden Williams legten von 2148 möglichen Runden 1702 zurück. In der Zuverlässigkeitstabelle belegt der Rennstall damit Rang sechs.

Williams-BMW FW22

Ralf Schumacher

Jenson Button

Fahrgestell: Carbon-Aramid-Epoxy-Composite-Monocoque; Radstand: ca. 3070 mm; Spurweite vorn/hinten: 1460/1420 mm; Tankvolumen: ca. 145 Liter; Gewicht: 511 kg; pushrod-Aufhängung vorn und hinten (vorn drei, hinten zwei Dämpfer); Torsionsstab-Federung vorn, Schraubenfedern hinten; halbautomatisches, elektrohydraulisches, längsliegendes, sequentielles Williams/X-Trac-Siebenganggetriebe; Dreischeiben-Kohlefaser-AP-Kupplung; Räder: O.Z.; Bremsen: AP (vorn und hinten je sechs Kolben); Zubehör: Reifen Bridgestone, Stoßdämpfer Penske, Zündkerzen Champion, Benzin Petrobras; Technischer Direktor: Patrick Head; andere Ingenieure: Gavin Fisher, Geoff Willis, Tim Preston, James Robinson; sechs Chassis wurden gebaut.

Motor: Zehnzylinder-V-Motor im Winkel von 72 Grad; Aluminium-Block; Bohrung x Hub: ca. 96,00 x 41,42 mm; Verhältnis: 0,43; Kolbenoberfläche total: 723,8 qcm; Hubraum: 2998,0 ccm; Kurbelwellenlager-Anzahl: sechs; Kröpfungswinkel: 144 Grad; vier pneumatisch gefederte Ventile pro Zylinder; vier durch Zahnräder getriebene obenliegende Nockenwellen; Verdichtung: 13,2:1; max. Kolbengeschwindigkeit: 37,7 m/Sek.; Literleistung: 261,8 PS; Zündung: BMW-Elektronik (statisch); Motormanagement: BMW-Elektronik (elektronisch); BMW-Einspritzung;
Maße: 638 x 542 x 395 mm;
Gewicht: ca. 119 kg; kg pro PS: 0,152;
Leistung: ca. 785 PS (Qual. ca. 800);
max. Drehzahl: ca. 17000 U/min.
(Qual. ca. 17300).

BMW E41/4

Benetton-Playlife

Die Tage des »Mode-Teams« in der Formel 1 sind gezählt. Mitte der 80er Jahre war der Rennstall aus der Toleman-Truppe hervorgegangen. Jetzt wurde er von Renault gekauft und soll ab 2002 unter neuem Namen antreten. Als sich Renault zum Kauf eines eigenen Teams entschloss, wurde zunächst auch mit Arrows verhandelt, bevor man sich für die – im englischen Enstone angesiedelte – italienische Scuderia entschied. Erste Konsequenzen der veränderten Besitzverhältnisse nahmen sofort Konturen an, als Teamchef Rocco Benetton seinem Landsmann Flavio Briatore weichen musste. Parallel begann die Konstruktion eines Renault-V10 für 2001.

Briatore, bekannt als »eiserner Besen«, verschaffte sich zunächst einen Überblick über das Team, das er vor wenigen Jahren zu drei WM-Titeln – zwei im Fahrer-, einen im Konstrukteurs-Championat – geführt hatte. Seine Bilanz fiel erschreckend aus. Untypisch war es dann, wie sich der neue alte Chef an der Demontage des Benetton-Piloten Alexander Wurz beteiligte. Offiziell stellte sich Briatore zwar immer wieder hinter den Österreicher, als Gerüchte auftauchten, Wurz würde noch vor Saisonende ausgemustert. Diesen Lippenbekenntnissen folgten allerdings keine Taten, um dem Piloten psychologische Unterstützung zu geben. Als »Wurz-Witze« – wer den Schaden hat, braucht für den Spott nicht zu sorgen – kursierten, spielte Briatore das böse Spiel munter mit: »Der größte Witz ist er doch selbst.« Ein Blick auf die Qualifying-Zeiten beweist jedoch: Was den Speed betrifft, muss sich »Alexander der Große« keineswegs hinter seinem Teamkollegen verstecken.

Insgesamt aber schnitt Alex Wurz letztlich deutlich schlechter als Giancarlo Fisichella ab. Doch der Italiener hatte mit voller Rückendeckung durch den Chef auch vergleichsweise leichtes Spiel. Aber auch auf diesem Sektor galt: Keine Regel ohne Ausnahme – in Indianapolis, knapp 14 Tage nachdem Wurz in Monza zwei WM-Punkte geholt hatte, kanzelte Briatore seinen Landsmann öffentlich brutal ab.

Schelte dieser Art war keineswegs berechtigt. Aber der Rennfahrer verdaute die kalte Dusche ebenso wie eine Serie schwerer Unfälle, die er in Valencia, Spa und Monza überstehen musste. »Fisico« sicherte sich im Verlauf der Saison den einzigen zweiten Platz, der nicht an einen der Ferrari- oder McLaren-Piloten ging! Insgesamt durfte er dreimal auf das Siegerpodest. Doch der B200 zeigte eine extrem schwankende Formkurve. Selbst Pat Symonds, der Technische Direktor, stand vor einem Rätsel. Neuzugang Mike Gascoyne soll 2001 die Antworten auf die vielen offenen Fragen finden. Die Benetton legten von 2148 möglichen Runden 1707 zurück. In der Zuverlässigkeitstabelle belegt der Rennstall damit Rang fünf.

Benetton-Playlife B200

Giancarlo Fisichella

Alexander Wurz

Fahrgestell: Kohlefaser-Composite-Monocoque; Radstand: ca. 3080 mm; Spurweite vorn/hinten: ca. 1457/1417 mm; Tankvolumen: ca. 145 Liter; Gewicht: 509 kg; pushrod-Aufhängung vorn und hinten (vorn drei, hinten zwei Dämpfer); Torsionsstab-Federung vorn, Schraubenfedern hinten; halbautomatisches, elektrohydraulisches, längsliegendes, sequentielles Benetton/X-Trac-Sechsganggetriebe; Dreischeiben-Kohlefaser-AP-Kupplung; Räder: BBS; Bremsen: Brembo (vorn und hinten je sechs Kolben); Zubehör: Reifen Bridgestone, Stoßdämpfer: Bilstein/ Dynamics, Zündkerzen Champion, Benzin Agip; Technischer Direktor: Pat Symonds; andere Ingenieure: Tim Densham, Ben Agatangelou, Christian Silk, Alan Permane; sechs Chassis wurden gebaut.

Motor: Zehnzylinder-V-Motor im Winkel von 71 Grad; Aluminium-Block; Bohrung x Hub: ca. 96,00 x 41,40 mm; Verhältnis: 0,43; Kolbenoberfläche total: 723,8 qcm; Hubraum: 2996,6 ccm; Kurbelwellenlager-Anzahl: sechs; Kröpfungswinkel: 144 Grad; vier pneumatisch gefederte Ventile pro Zylinder; vier durch Zahnräder getriebene obenliegende Nockenwellen; Verdichtung: 13,0:1; max. Kolbengeschwindigkeit: 37,3 m/Sek.; Literleistung: 251,9 PS; Zündung: Magneti Marelli (statisch); Motormanagement: Magneti Marelli (elektronisch); Marelli-Einspritzung;
Maße: 623 x 517 x 393 mm;
Gewicht: 118 kg; kg pro PS: 0,156;
Leistung: ca. 755 PS (Qual. ca. 770);
max. Drehzahl: ca. 16800 U/min.
(Qual. ca. 17000).

Supertec FB-02

Prost-Peugeot

Für die Blauen wurde die Saison 2000 zum Alptraum. Während der Testfahrten vor Saisonbeginn stellten sich schwere Mängel des Typs AP03 heraus. Unter anderem war der Motor nur unzureichend an das Monocoque angeflanscht. Damit lief der Zeitplan von »Professor« Alain Prost zwangsläufig völlig aus dem Ruder. Parallel führten interne Querelen und Eifersüchteleien zur Trennung von Ingenieur Alan Jenkins.

Leitragende waren natürlich nicht nur der zunehmend verzweifelte Patron, sondern auch die beiden Fahrer. Nur sporadisch – wie zum Beispiel in Monte Carlo – konnte der Routinier Jean Alesi sein großartiges Kämpferherz spektakulär in Szene setzen. Und Rookie Nick Heidfeld, dessen F1-Karriere aufgrund des schlechten Wagenmaterials gefährdet schien, hatte keine Chance, sich mit Jenson Button, dem anderen Neuling der Extraklasse, messen zu können. Aber im direkten Vergleich mit seinem Teamkollegen, dem einzigen realistischen Maßstab, brauchte sich der Mönchengladbacher erwartungsgemäß nicht zu verstecken.

Für die Equipe aus Guyancourt spitzte sich die Lage weiter zu, als Peugeot zum Saisonende den Rückzug aus der Formel 1 bekanntgab. Verzweifelt bemühte sich Alain Prost um Motoren für 2001. Es hagelte Absagen. Auch Mercedes beantwortete eine entsprechende Anfrage mit einem klaren »Nein«. Prost – »Ich kenne den Ausweg aus der Misere, weiß aber nicht, ob ich ihn finde« – stand vor dem Aus. Es sickerte nämlich durch, dass die Motorenfrage durchaus gelöst werden kann – falls das Team von einem neuen Chef geführt wird... In dieser Phase setzte sich Heidfeld von Prost ab, indem er für die kommenden Jahre bei Sauber unterschrieb. Auch Alesi schaute sich nach neuen Arbeitgebern um. Gern wäre er zu Sauber zurückgekehrt, und auch der schweizer Teamchef zeigte Interesse. Aber Hauptsponsor Petronas legte Einspruch ein. Die Malaysier haben es dem Hitzkopf nicht verziehen, dass er 1999 ungeniert über das Team aus Hinwil gelästert hatte...

Wenig später konnte der Chef das Motoren-Problem trotz des unfreundlichen Umfeldes lösen. Durch eine Finanzspritze des brasilianischen Diniz-Clans, der inoffiziell einen Anteil des Teams übernahm, wurde Prost »flüssig« und konnte so ein Ferrari-Angebot über die Lieferung von Zehnzylindern aus Maranello annehmen. Das Zustandekommen des Power-Deals geht maßgeblich auf die persönliche Freundschaft zwischen Alain Prost und Jean Todt zurück, der angeblich bei Luca di Montezemolo ein »gutes Wort« einlegte. Der positiven Nachricht folgte prompt eine negative, als Sponsor Gauloises seinen Ausstieg ankündigte. Die beiden Prost legten von 2148 möglichen Runden 1252 zurück. In der Zuverlässigkeitstabelle belegt der Rennstall damit Rang elf.

Prost-Peugeot AP03

Jean Alesi

Nick Heidfeld

Fahrgestell: Kohlefaser-Composite-Monocoque; Radstand: ca. 3070 mm; Spurweite vorn/hinten: ca. 1460/1420 mm; Tankvolumen: 135 Liter; Gewicht: 512 kg; pushrod-Aufhängung vorn und hinten (vorn drei, hinten zwei Dämpfer); Torsionsstab-Federung vorn, Schraubenfedern hinten; halbautomatisches, elektrohydraulisches, längsliegendes, sequentielles Prost/X-Trac-Siebenganggetriebe; Dreischeiben-Kohlefaser-AP-Kupplung; Räder: BBS; Bremsen: Brembo (vorn und hinten je sechs Kolben); Zubehör: Reifen Bridgestone, Stoßdämpfer Penske, Zündkerzen NGK, Benzin Total; Technischer Direktor: Loic Bigois; andere Ingenieure: John Barnard, Alan Jenkins (bis GP Europa), Jean-Paul Gausset, Eric Barbaroux, Vincent Gaillardot; fünf Chassis wurden gebaut.

Motor: Zehnzylinder-V-Motor im Winkel von 72 Grad; Aluminium-Block; Bohrung x Hub: ca. 91,00 x 46,10 mm; Verhältnis: 0,51; Kolbenoberfläche total: 650,4 qcm; Hubraum: 2998,0 ccm; Kurbelwellenlager-Anzahl: sechs; Kröpfungswinkel: 144 Grad; vier pneumatisch gefederte Ventile pro Zylinder; vier durch Zahnräder getriebene obenliegende Nockenwellen; Verdichtung: 13,2:1; max. Kolbengeschwindigkeit: 40,5 m/Sek.; Literleistung: 260,2 PS; Zündung: TAG Electronic System (statisch); Motormanagement: TAG Electronic System 2000 (elektronisch); TAG 300-Einspritzung;
Maße: 584 x 544 x 376 mm;
Gewicht: 109 kg; kg pro PS: 0,140;
Leistung: ca. 780 PS (Qual. ca. 790);
max. Drehzahl: ca. 16400 U/min.
(Qual. ca. 16600).

Peugeot A20

Sauber-Petronas

Vor Saisonbeginn machte sich das Team aus Hinwil berechtigte Hoffnungen, im Verlauf der Saison 2000 eine starke Rolle im Mittelfeld spielen zu können. Diese Erwartungen erfüllten sich in Melbourne, wo Mika Salo im »D-Zug« des Mittelfeldes ausgezeichnet mithalten konnte. Angriffslustig und voll motiviert gelang dem Finnen in der Schlussphase sogar ein spektakuläres Überholmanöver gegen Ricardo Zonta.

Belohnt wurde der gute Auftritt nicht. Die Endplatten des Frontflügels stimmten nicht mit den strengen Richtlinien des Reglements überein – Salo wurde disqualifiziert. Teamchef Peter Sauber ließ sich trotz des Frustes nicht aus der Ruhe bringen: »Hauptsache ist, dass wir tatsächlich wettbewerbsfähig sind.« Dieser Zufriedenheitslevel sollte bis zum Ende des Rennjahres nicht mehr erreicht werden...

In Sao Paulo folgte der Absturz. Die Boliden vom Typ C19 erwiesen sich aus Sicht der Teamführung als Sicherheitsrisiko. Sauber zog beide Rennwagen nach dem Qualifying zurück. Die peinliche Panne entwickelte sich für den Rennstall zum Teufelskreis: Weil »nachgerüstet« werden musste, geriet die notwendige Weiterentwicklung ins Hintertreffen. Der im Winter gefundene Anschluss ans Mittelfeld ging zwangsläufig verloren.

Mika Salo, das neue »Zugpferd«, verlor aufgrund der Enttäuschungen an Dampf. Der Skandinavier: »Die Schwierigkeiten, die wir hatten, waren enorm. Auch eins der großen Teams hätte sicherlich Mühe gehabt, einen Ausweg zu finden. Aber grundsätzlich gilt ebenso, dass die Mannschaft zu klein ist, um schnell reagieren zu können. Wenn sich bei Testfahrten herausstellt, dass ein neues Teil gebraucht wird, dauert die Entwicklung und Herstellung zu lange. Ferrari reagierte in solchen Fällen innerhalb von ein, zwei Tagen.«

Unterm Strich konnte der Finne den Wechsel von Ferrari zu Sauber und den damit verbundenen »Kulturschock« nicht verkraften. Hinter den Kulissen einigte er sich bereits im Juni mit Toyota. Innerhalb der Sauber-Crew wurde Salo im weiteren Saisonverlauf mehrfach wegen seiner »Passivität« gerügt. So wurde in Indianapolis gespottet, als sich der 35jährige von der Piste gedreht hatte: »Gut so, vermutlich ist er jetzt endlich aufgewacht...«

Was die Piloten betrifft, wird 2001 ein Neuanfang gemacht. Nick Heidfeld unterschrieb bereits Ende August und ist davon überzeugt: »Für mich geht es aufwärts. So schlimm wie bei Prost kann´s nicht noch einmal kommen.« Mit dem finnischen Wunderknaben Kimi Räikkönen, der bisher lediglich 23 Autorennen bestritt, einigte sich Peter Sauber kurz nach Saisonende.

Die beiden Sauber legten von 2148 möglichen Runden 1649 zurück. In der Zuverlässigkeitstabelle belegt der Rennstall damit Rang sieben.

Sauber-Petronas C19

Mika Salo

Pedro Diniz

Fahrgestell: Kohlefaser-Kevlar-Composite-Monocoque; Radstand: 3020 mm; Spurweite vorn/hinten: 1460/1410 mm; Tankvolumen: 138 Liter; Gewicht: 516 kg; pushrod-Aufhängung vorn und hinten (vorn drei, hinten wahlweise zwei oder drei Dämpfer); Torsionsstab-Federung vorn und hinten; halbautomatisches, elektrohydraulisches, längsliegendes, sequentielles Sauber/Ferrari-Siebenganggetriebe; Dreischeiben-Kohlefaser-Sachs-Kupplung; Räder: O.Z.; Bremsen: Brembo (vorn und hinten je sechs Kolben); Zubehör: Reifen Bridgestone, Stoßdämpfer Sachs, Zündkerzen Champion, Benzin Shell; Technischer Direktor: Willy Rampf; andere Ingenieure: Sergio Rinland, Seamus Mullarkey, Mark Hennings, Gabriele Delli Colli, Osamu Goto; sieben Chassis wurden gebaut.

Motor: Zehnzylinder-V-Motor im Winkel von 80 Grad; Aluminium-Block; Bohrung x Hub: ca. 96,00 x 41,40 mm; Verhältnis: 0,43; Kolbenoberfläche total: 723,8 qcm; Hubraum: 2996,6 ccm; Kurbelwellenlager-Anzahl: sechs; Kröpfungswinkel: 144 Grad; vier pneumatisch gefederte Ventile pro Zylinder; vier durch Zahnräder getriebene obenliegende Nockenwellen; Verdichtung: 13,1:1; max. Kolbengeschwindigkeit: 37,7 m/Sek.; Literleistung: 262,0 PS; Zündung: Magneti Marelli (statisch); Motormanagement: Magneti Marelli (elektronisch digital); Marelli-Einspritzung;
Maße: 618 x 538 x 378 mm;
Gewicht: 110 kg; kg pro PS: 0,140;
Leistung: ca. 785 PS (Qual. ca. 790);
max. Drehzahl: ca. 17000 U/min.
(Qual. ca. 17300).

Petronas SPE 04A (Ferrari 048)

Arrows-Supertec

Aus dem Nichts sind die »Pfeile« im Jahr 2000 wieder auferstanden. Noch 1999 lag die einzige Motivation der Arrows-Mitarbeiter im Bemühen, im Kellerkinder-Duell gegen Minardi zu bestehen.

Das Fundament für den Aufstieg war die Umrüstung auf Supertec-Motoren und die Verpflichtung des Ingenieurs Eghbal Hamidy, der im Vorjahr maßgeblich für die guten Auftritte der Stewart-Ford verantwortlich war.

Es war deshalb keine Überraschung, dass der Techniker von der Konkurrenz umworben wurde. Letztlich machte Eddie Jordan das Rennen im Kampf um Hamidy. Arrows-Boss Tom Walkinshaw reagierte entsprechend verstimmt: »Es sollten Regelungen gefunden werden, die den Transfer von Ingenieuren kontrollieren. Eigentlich hatten wir eine längerfristige Vereinbarung mit Hamidy getroffen, die jetzt nicht erfüllt wird.«

Die Saison-Eröffnung in Melbourne wurde für Arrows zwar zum Desaster, weil die vorderen Pullrod-Aufhängungen nicht richtig dimensioniert waren. Aber bereits in Sao Paulo machte der Rennstall ausgesprochen positiv auf sich aufmerksam. Jos Verstappen fuhr ein großartiges Rennen, brach im Verlauf des letzten Renndrittels jedoch konditionell ein und musste sich deshalb mit Platz sechs begnügen. Die Probleme konnten bereits vor dem WM-Lauf in Imola behoben werden: Walkinshaw verordnete seinem Piloten einige Trainingstage mit den Spielern des Rugby-Vereins, den »Major Tom« nebenbei besitzt. Die Fans gewöhnten sich schnell an das neue Bild: Immer wieder drangen Arrows-Piloten in die Top-Ten ein. Was zunächst wie ein glücklicher Zufall aussah, war in Wahrheit das Resultat intensiver Arbeit. Dabei wurde allerdings versäumt – insofern war der Auftakt-GP symptomatisch –, den Boliden die notwendige Standfestigkeit zu verleihen. Mit zuverlässigen Pfeilen hätte Walkinshaw deutlich mehr WM-Punkte abschießen können.

2001 wird es einen Neuanfang geben, denn die Rennwagen vom Typ A22 werden von AMT-Motoren angetrieben. Hinter diesen Zehnzylindern des Hauses Asian Motor Techniques verbirgt sich keineswegs eine fernöstliche Einsteiger-Firma, sondern primär die »Erbmasse« der Peugeot-Formel 1-Abteilung. Die bestehende Ingenieurs-Crew der Löwentruppe bleibt weitgehend erhalten. Die Aggregate werden auch künftig im Pariser Werk gewartet und weiterentwickelt. Die entsprechende finanzielle Grundlage ist vorhanden. Gerüchten zufolge, will AMT 25 Prozent des Teams übernehmen und die Motoren gratis zur Verfügung stellen. Für die Supertec-V10 mussten 2000 umgerechnet immerhin stolze 36 Millionen Mark berappt werden.

Die beiden Arrows legten von 2148 möglichen Runden 1294 zurück. In der Zuverlässigkeitstabelle belegt der Rennstall damit Rang zehn.

Arrows-Supertec A21

Pedro de la Rosa

Jos Verstappen

Fahrgestell: Kohlefaser-Kevlar-Composite-Monocoque; Radstand: 3030 mm; Spurweite vorn/hinten: 1465/1410 mm; Tankvolumen: 130 Liter; Gewicht: 511 kg; pullrod-Aufhängung vorn, pushrod-Aufhängung hinten (vorn drei, hinten zwei Dämpfer); Torsionsstab-Federung vorn, Schraubenfedern hinten; halbautomatisches, elektrohydraulisches, längsliegendes, sequentielles Arrows/X-Trac-Sechsganggetriebe; Dreischeiben-Kohlefaser-AP-Kupplung; Räder: BBS; Bremsen: Brembo (vorn und hinten je sechs Kolben); Zubehör: Reifen Bridgestone, Stoßdämpfer Dynamics, Zündkerzen Champion, Benzin Repsol; Technischer Direktor: Mike Coughlan; andere Ingenieure: Eghbal Hamidy, Eric Lacotte, John Davis; sechs Chassis wurden gebaut.

Motor: Zehnzylinder-V-Motor im Winkel von 71 Grad; Aluminium-Block; Bohrung x Hub: ca. 96,00 x 41,40 mm; Verhältnis: 0,43; Kolbenoberfläche total: 723,8 qcm; Hubraum: 2996,6 ccm; Kurbelwellenlager-Anzahl: sechs; Kröpfungswinkel: 144 Grad; vier pneumatisch gefederte Ventile pro Zylinder; vier durch Zahnräder getriebene obenliegende Nockenwellen; Verdichtung: 13,0:1; max. Kolbengeschwindigkeit: 37,3 m/Sek.; Literleistung: 251,9 PS; Zündung: Magneti Marelli (statisch); Motormanagement: Magneti Marelli (elektronisch); Marelli-Einspritzung;
Maße: 623 x 517 x 393 mm;
Gewicht: 118 kg; kg pro PS: 0,156;
Leistung: ca. 755 PS (Qual. ca. 770);
max. Drehzahl: ca. 16800 U/min.
(Qual. ca. 17000).

Supertec FB-02

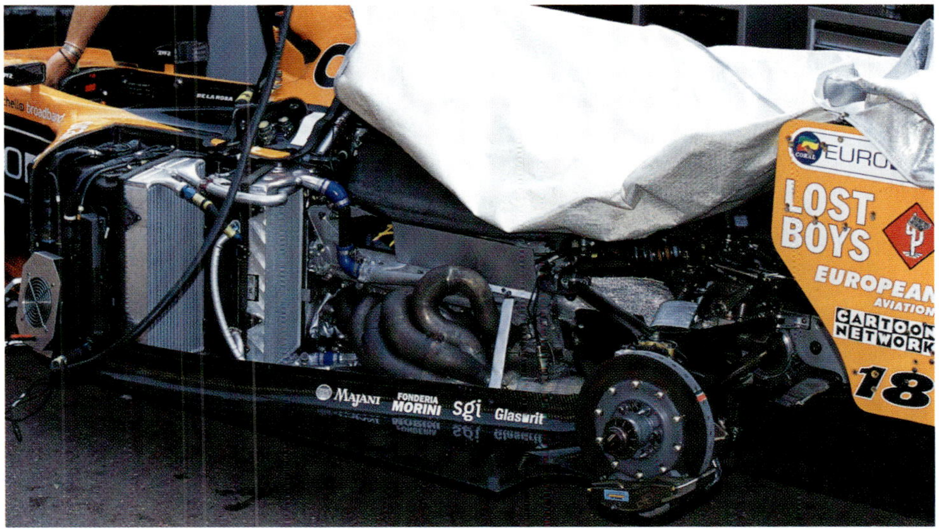

Minardi-Fondmetal

Auf den ersten Blick mag das Abschneiden der Scuderia aus Faenza enttäuschen. Gemessen an seinen finanziellen Möglichkeiten zog sich das Team allerdings erneut achtbar aus der Affäre. Dem routinierten österreichischen Konstrukteur Gustav Brunner gelang es erneut, ein gutes Chassis auf die Räder zu stellen. Brunner: »Offenbar ist es der Konkurrenz aufgefallen, dass wir ein sehr gutes Auto haben, sonst hätte ich bestimmt nicht so viele Angebote für 2001 bekommen...« Sicherlich wäre es interessant gewesen zu beobachten, wie der Minardi M02, mit einem stärkeren Motor bestückt, abgeschnitten hätte. Mit dem Fondmetal-V10, dahinter verbirgt sich nichts anderes als ein Uralt-Ford, war jedenfalls kein Blumentopf zu gewinnen. Ford hatte sich ursprünglich geweigert, die »Museumsstücke« zu liefern. Erst aufgrund des diplomatischen Einwirkens von Bernie Ecclestone kam der Deal dann doch noch zustande. Unter einer Bedingung: Der Name Ford durfte nicht verwendet werden. Im nächsten Jahr sollen Aggregate aus dem Haus Supertec für mehr Power sorgen. Man darf den Italienern wünschen, dass sich der Einsatz der französischen Motoren ebenso positiv auswirkt, wie in der Saison 2000 beim Konkurrenten Arrows.

Mit Marc Gené stand ein Pilot zur Verfügung, der immerhin derart überzeugend auftrat, dass er bei Saisonende von Williams-BMW als Testpilot für die Saison 2001 verpflichtet werden sollte. Über Gastón Mazzacane wurde zunächst lediglich gelächelt, und selbst innerhalb der Minardi-Belegschaft gab es Bedenken gegenüber dem Argentinier, der sich in der Formel 3000 eigentlich nicht für höhere Aufgaben empfohlen hatte. Nach 17 Rennen lächelte niemand mehr – der Südamerikaner hatte seinen Job mit Anstand erledigt.

Doch Hauptanteilseigner Gabriele Rumi, der millionenschwere italienische Großindustrielle, musste im Verlauf der zurückliegenden Saison trotz einiger Lichtblicke einsehen, dass der Rennstall aus eigener Kraft nicht über die Nachzüglerrolle hinauskommt, solange sich nichts Grundlegendes ändert. Rumi klagte verbittert: »Der Geist, der in der Formel 1 herrscht, entspricht immer weniger meinen Vorstellungen.« F1-müde entschloss sich Rumi zum Verkauf seiner Anteile, 68,68 Prozent, an die argentinische Firma Pan American Sports Network, kurz PSN. Giancarlo Minardi, er hält unverändert 15 Prozent der Scuderia, würde sich von diesem Besitz jederzeit trennen, wenn ein großer Automobilhersteller anklopfen sollte. Zum Saisonende musste der Schock verdaut werden, dass sich der Hauptsponsor Telefonica aus dem GP-Sport zurückzieht. Die beiden Minardi legten von 2148 möglichen Runden 1756 zurück. In der Zuverlässigkeitstabelle belegt der Rennstall damit Rang vier.

Minardi-Fondmetal M02

Marc Gené

Gastón Mazzacane

Fahrgestell: Kohlefaser-Aluminium-Honeycomb-Composite-Monocoque; Radstand: 3020 mm; Spurweite vorn/hinten: 1452/1420 mm; Tankvolumen: ca. 145 Liter; Gewicht: 519 kg; pushrod-Aufhängung vorn und hinten (vorn und hinten je drei Dämpfer); Torsionsstab-Federung vorn und hinten; halbautomatisches, elektrohydraulisches, längsliegendes, sequentielles Minardi/X-Trac-Sechsganggetriebe; Dreischeiben-Kohlefaser-AP-Kupplung; Räder: Fondmetal; Bremsen: Brembo (vorn und hinten je sechs Kolben); Zubehör: Reifen Bridgestone, Stoßdämpfer Sachs, Zündkerzen Champion, Benzin elf; Technischer Direktor: Gustav Brunner; andere Ingenieure: Gabriele Tredozi, George Ryton, Gianfranco Fantuzzi, Jean-Francois Sinteff; vier Chassis wurden gebaut.

Motor: Zehnzylinder-V-Motor im Winkel von 72 Grad; Aluminium-Block; Bohrung x Hub: ca. 91,00 x 46,10 mm; Verhältnis: 0,51; Kolbenoberfläche total: 650,4 qcm; Hubraum: 2998,3 ccm; Kurbelwellenlager-Anzahl: geheim; Kröpfungswinkel: 144 Grad; vier pneumatisch gefederte Ventile pro Zylinder; vier durch Zahnräder und Zahnriemen getriebene obenliegende Nockenwellen; Verdichtung: 12,8:1; max. Kolbengeschwindigkeit: 40,3 m/Sek.; Literleistung: 238,5 PS; Zündung: Magneti Marelli (statisch); Motormanagement: Magneti Marelli (elektronisch); Marelli-Einspritzung; Maße: 605 x 520 x 450 mm; Gewicht: 128 kg; kg pro PS: 0,179; Leistung: ca. 715 PS (Qual. ca. 720); max. Drehzahl: ca. 16300 U/min. (Qual. ca. 16500).

Fondmetal V10 (Ford Zetec R VJM2)

BAR-Honda

Nur mit Grauen erinnert sich Teamchef Craig Pollock an die erste Saison des Teams British American Racing. Zwölf Monate nachdem er die vernichtende Niederlage eingestanden hatte, durfte der Boss eine positive Bilanz ziehen: »Platz fünf in der Konstrukteurs-WM – punktgleich mit dem Vierten – das übertrifft unsere kühnsten Erwartungen.« Keine Frage, BAR ist der Aufsteiger des Jahres.
Der Grundstein des Erfolges war die Zuverlässigkeit der Boliden vom Typ 002. 1999 kamen die bunten Bomber nur in Ausnahmefällen ins Ziel. Jetzt blieben sie nur selten defektbedingt stehen. Jacques Villeneuve, Weltmeister der Saison 1997, fand wieder Freude an seinem Job, auch wenn er die Rennen in Montreal und Monza wegen außergewöhnlichen Pechs in unangenehmer Erinnerung behalten wird. Unterm Strich beflügelte es den kanadischen Fighter, dass er aus eigener Kraft mit um die Punkte fahren konnte. Aber er, der immerhin auf 13 Pole-Positions und elf Siege zurückblickt, will mehr. Deshalb fällt sein Fazit keinesfalls euphorisch aus. Einen großen Schritt habe das Team getan, aber 2001 sei ein ebenso großer notwendig, um die Lücke zu Ferrari und McLaren zu schließen. Villeneuve: »Die Saison 2000 werde ich in Erinnerung behalten, weil mir einige gute Starts gelangen. Außerdem war ich mit meinen Auftritten bei Regen zufrieden.«
Wenn der Haussegen trotzdem manchmal schief hing, lag das an den Gerüchten um Veränderungen im Top-Management. Mal hieß es, BAR-Partner Adrian Reynard werde den Rennstall komplett übernehmen, dann wiederum sollte Pollock durch Barry Green abgelöst werden. Das letzte Wort im Streit hinter den Kulissen scheint noch nicht gesprochen zu sein. Ärger gab es auch in Zusammenhang mit Ricardo Zonta, der im August kurz vor seiner Ablösung durch den Franzosen Olivier Panis stand. Mit einer stärkeren Nummer zwei, da ist sich Pollock sicher, hätte sich BAR im Jahr 2000 als vierte Kraft hinter Ferrari, McLaren und Williams etablieren können.
Die für 2001 prophezeite Fortsetzung des Aufwärtstrends ist vor dem Hintergrund der Versprechungen von Honda durchaus realistisch. Takefumi Hosaka, der Sportchef des japanischen Konzerns, kündigte an, eigenes Know-how in den Bau des Chassis einfließen zu lassen. 2000 beschränkte sich das Engagement der Asiaten auf diesem Sektor auf circa fünf Prozent. Künftig, so wird gemunkelt, sollen es 40 sein. Villeneuve verabschiedete sich mit der Hoffnung in die Winterpause, dass die für Platz fünf im Konstrukteurs-Championat gewonnenen Gelder tatsächlich in die Forschungs- und Entwicklungsarbeit für den Typ 003 fließen werden. Die beiden BAR legten von 2148 möglichen Runden 1806 zurück. In der Zuverlässigkeitstabelle belegt der Rennstall damit Rang drei.

BAR-Honda 002

Jacques Villeneuve

Ricardo Zonta

Fahrgestell: Kohlefaser-Honeycomb-Composite-Monocoque; Radstand: 3020 mm; Spurweite vorn/hinten: 1452/1421 mm; Tankvolumen: 147 Liter; Gewicht: 518 kg; pushrod-Aufhängung vorn und hinten (vorn und hinten je zwei Dämpfer); Torsionsstab-Federung vorn und hinten; halbautomatisches, elektrohydraulisches, längsliegendes, sequentielles Reynard/X-Trac-Sechsganggetriebe; Dreischeiben-Kohlefaser-AP-Kupplung; Räder: O.Z.; Bremsen: AP (vorn und hinten je sechs Kolben); Zubehör: Reifen Bridgestone, Stoßdämpfer Koni, Zündkerzen NGK, Benzin Nisseki Mitsubishi; Technischer Direktor: AdrianReynard; andere Ingenieure: Malcolm Oastler, Andy Green, Jock Clear, Steve Farrell; neun Chassis wurden gebaut.

Motor: Zehnzylinder-V-Motor im Winkel von 80 Grad; Aluminium-Block; Bohrung x Hub: ca. 93,00 x 44,14 mm; Verhältnis: 0,47; Kolbenoberfläche total: 679,3 qcm; Hubraum: 2998,4 ccm; Kurbelwellenlager-Anzahl: sechs; Kröpfungswinkel: 144 Grad; vier pneumatisch gefederte Ventile pro Zylinder; vier durch Zahnräder getriebene obenliegende Nockenwellen; Verdichtung: 13,3:1; max. Kolbengeschwindigkeit: 40,7 m/Sek.; Literleistung: 268,5 PS; Zündung: Honda PGM-IG (statisch); Motormanagement: Honda PGM-FI (elektronisch); Honda-Einspritzung; Maße: 625 x 525 x 445 mm; Gewicht: ca. 98 kg; kg pro PS: 0,122; Leistung: ca. 805 PS (Qual. ca. 815); max. Drehzahl: ca. 17200 U/min. (Qual. ca. 17400).

Honda RA000E

PETRON
Formula 1
YAHOO!
GAULOISES
PEUGEOT
TOTAL
PlayStation
AGFA
sparco
JAGUAR
WORLDCOM
BECK'S
HSBC
MILD SEVEN
Agip
UNITED COLORS OF BENETTON
Marconi
West
BOSS
SIEMENS
WARSTEINER
Coulthard
Hakkinen
Red Bull
PETRONAS MALAYSIA
parmalat
chello
orange

S MALAYSIAN GRAND PRIX
KUALA LUMPUR 2000

werdender
VATER
bitte lassen Sie
mich vor!

Im zehnten Anlauf: Schumi

Optimismus beherrscht die Szene – Niemand trauert Damon Hill nach – Qualifying: Alles wie gehabt – Nick Heidfeld schnellster Rookie – Moss, grundsätzlich gegen jedes Limit – Doppel-K.o. der Silberpfeile – Frühes Aus der grünen Katzen – Schumacher trotzt »bad vibrations« – BMW sensationell: von Null aufs Podest – Jenson Button: Zu jung fürs Lenkrad

Das Gefühl ist keineswegs unbekannt: Scheinbar nahtlos knüpft die neue Saison an die des Vorjahres an. Es ist, als hätte es die – mit Testfahrten gespickte – »Winterpause« – gar nicht gegeben, wenn in der Boxengasse der Piste von Melbourne die Container ausgepackt werden. Einen Tag vor Trainingsbeginn im Albert Park verdunsten die letzten Stunden der Vorbereitungszeit auf die neue Herausforderung in der australischen Spätsommerhitze.

Allgemein beherrscht Optimismus die Szene. Zweifel an den möglichen Leistungen des eigenen Teams entsprechen nicht den Gesetzen der political correctness und werden offenbar als ein Mix aus Nestbeschmutzung und Verrat gewertet. Ausnahmen bestätigen die Regel. Ohne die geringsten Hemmungen zieht Gustav Brunner, seines Zeichens Technischer Direktor des Teams Minardi, über den argentinischen F1-Lehrling Gastón Mazzacane her: »Er ist recht schnell, aber überhaupt nicht fit. Ich befürchte, er wird nach ein paar Runden zusammenbrechen.«

Aber weil sich ein möglicherweise kollabierender Neuling nicht gut verkaufen lässt, werden ganz andere Themen gepusht. Das Training für den ersten Grand Prix der neuen Saison hat noch nicht begonnen, da wird BAR-Pilot Jacques Villeneuve schon als Silberpfeil-Pilot des nächsten Jahres gehandelt… Einige wollen bereits vom Vollzug der Transaktion wissen. Der kanadische Ex-Champion bleibt cool: »Ich habe mit niemandem von McLaren gesprochen. Aber wenn bei denen zum Jahresende ein Cockpit frei wird, dann ist es wohl sehr wahrscheinlich, dass mein Name bei ihnen auf dem Einkaufszettel steht.« Tatsächlich wird er erst im Juli einen Vertrag unterzeichnen, und der hat mit McLaren nicht das Geringste zu tun…

Andere machen Gerüchte um einen »Beinahe-Transfer« von Eddie Irvine zu McLaren zur Staatsaktion. Der Nordire streut die Story, er habe nur deshalb nicht bei Ron Dennis unterschrieben, weil der ihm nicht genügend Geld geboten hätte. Im Restaurant »Stoke House« am Strand des Stadtteils St. Kilda, wohin McLaren-Mercedes zum inzwischen traditionellen Lunch ein-

Werdender Vater, bitte lassen Sie mich vor! In Zeiten immer schwieriger werdender Überholmanöver lässt sich Heinz-Harald Frentzen den Emanzipations-Trick einfallen…

Neue Gesichter in der Formel 1: Die drei Rookies Gastón Mazzacane, Jenson Button und Nick Heidfeld

Start in die Saison 2000. Vor ausverkauftem Haus setzen sich Mika Häkkinen und David Coulthard durch Blitzstarts vom Rest der Welt ab

geladen hat, steht das Thema »Irvine« ganz oben auf der Smalltalk-Tagesordnung. Dennis begegnet der Behauptung des Jaguar-Piloten spöttisch lächelnd. Er habe, sagt er, David Coulthard tatsächlich nur deshalb behalten, weil der Schotte billig zu haben war. Dann schimpft Mister Perfect: »Das ist doch alles Unfug. Wir haben an David festgehalten, weil er der beste Pilot ist, der für uns verfügbar war.«

Einer glänzt durch Abwesenheit: Damon Hill, Ex-Champion, 22facher Grand Prix-Sieger und seit 1992 Mitglied des GP-Zirkus, ist nicht mehr mit von der Partie. Dass der Brite seine Karriere vor gut vier Monaten in Suzuka beendete, ist kein Geheimnis. Trotzdem ist eines überraschend: Niemand vermisst Hill! Da ist nicht die Spur einer Lücke, die der Mann mit seinen 115 GP-Starts hinterlässt...

Im Arrows-Lager hoffen die Verantwortlichen auf eine Einigung mit Renault, dem F1-Giganten des zurückliegenden Jahrzehnts. Aber die Franzosen haben sich längst gegen Tom Walkinshaw entschieden – sie werden Benetton kaufen und diesen Deal schon innerhalb weniger Tage bekanntgeben. Niemand braucht sich also über mangelnden Gesprächsstoff zu beklagen, als die Mitglieder des Grand Prix-Tross abends über den Yarra-River hinweg in die Restaurants downtown Melbourne ziehen...

Freitags ist die Silly Season endgültig vorüber. Die ersten Runden werden gedreht. Noch ticken die Stoppuhren nur zum Spaß, noch haben die Zeiten keine Auswirkungen auf die Qualität des Startplatzes. Trotzdem: Niemand kommt darum herum, die Karten aufzudecken. Einer legt sie etwas zu hektisch auf den Tisch: Michael Schumacher verliert seinen Ferrari aus der Kontrolle und knallt in die Absperrung. Der Aufprall ist heftig und löst sorgenvolle Gesichter in der Ferrari-Box aus. Aber als sich der Staub legt und sich das verbrannte Reifengummi verflüchtigt, gibt es Entwarnung: Schumachers »Silverstone-Bein« hat den Zwischenfall unbeschadet überstanden. Der Rheinländer gesteht: »Kurz schoss mir durch den Kopf – hoffentlich tust du dir nicht wieder weh.« Er ist nicht der einzige, der am ersten Tag der neuen Saison Fehler macht: Mika Häkkinen und David Coulthard drehen sich. Aus dem Spitzen-Quartett bleibt allein Barrichello cool. Die Leistung des Brasilianers beeindruckt, denn er ist eigentlich derjenige, der – als Neuling bei Ferrari – Grund zur Nervosität hätte.

In der Nacht auf Samstag, dem Tag des Qualifying, darf noch einmal geträumt werden. Die Wirklichkeit ist ernüchternd: Die besten Startplätze gehen an Mika Häkkinen, David Coulthard, Michael Schumacher, Rubens Barrichello und Heinz-Harald Frentzen. Die alten Hasen stutzen: In derselben Reihenfolge einigten sich die Asse vor Jahresfrist in den ersten Reihen auf die Rangfolge. Die Herzen von Ordnungsfanatikern schlagen höher. Auf den ersten fünf Plätzen stehen die Startnummern eins bis... fünf!

Damit darf die erste Standortbestimmung diskutiert werden. Bleibt alles beim Alten, wenn man davon absieht, dass das »Geläuf« der deutschen Hoffnung Michael Schumacher wieder intakt ist? Ein Blick auf die Zeiten zeigt: Die Formel 1 ist schneller geworden. Die vielen Stunden vor den Computern, in den Windkanälen und auf den Teststrecken haben sich bezahlt gemacht. 1999 betrug die Durchschnittszeit im Melbourne-Qualifying 1.33,206 Minuten. Jetzt liegt das rechnerische Mittel bei 1.32,358. Und noch etwas ist anders als vor zwölf Monaten. Zwar haben die beiden McLaren-Piloten erneut die erste Startreihe erobern können, aber die Silberpfeile sind übers Jahr langsamer geworden und entsprechend liegen sie nicht mehr »Lichtjahre« vor der Konkurrenz. 1999 hatte der Pole-Finne ein Zeitpolster von satten 1,319 Sekunden, das ihn vom drittplatzierten Michael Schumacher trennte. Jetzt sitzt ihm der Deutsche mit lediglich 0,520 Sekunden Rückstand im Nacken.

Jaguar wagt den Sprung in den Grand Prix-Sport. Aber die grünen Katzen haben zunächst weder Krallen noch Zähne. Hier erlebt Johnny Herbert, dass es für Eleganz keine WM-Punkte gibt

Und diese halbe Sekunde verdankt Häkkinen seinem Teamkollegen David Coulthard... Denn Michael Schumacher war eindeutig auf Bestzeitkurs, als sich der Schotte drehte, gegen eine Begrenzungsmauer knallte und damit den Rennleitungsbefehl zur Temporeduzierung auslöste.

Doch das Ergebnis der Sitzung geht in Ordnung, denn Häkkinen erwischte keineswegs einen Glückstag. Morgens war er wegen eines Motordefekts – das System der pneumatischen Ventilfedern versagte – aus dem Rhythmus geworfen worden. Mit gemachten »Hausaufgaben« wäre er im Qualifying mit Sicherheit schneller gefahren, vermutlich sogar schneller als im Vorjahr. Und weil auch Coulthard morgens durch einen identischen Schaden gestoppt wurde, darf McLarens Rückschritt gegenüber ´99 nicht auf die Goldwaage gelegt werden.

Ein solcher Formverlust muss eher Prost bescheinigt werden, dem zweiten Team, das nicht an seine 99er-Zeiten herankommt. »Professor« Prost erklärt kleinlaut: »Uns fehlt die Vorbereitungszeit. Nach den ersten Testfahrten mussten wir derart viele Teile bauen, dass unser Programm zeitlich aus dem Ruder lief. Wir hängen um Wochen hinter dem Zeitplan zurück.« Um so erstaunlicher ist es, dass sich Nick Heidfeld Startplatz 15 erobern kann. Damit steht der Mönchengladbacher deutlich besser da, als die zwei anderen Debütanten, die sich gemeinsam in der letzten Startreihe wiederfinden...

Jenson Button führt das schlechte Abschneiden auf technische Pannen während der freien Sitzungen zurück. Und auch Mazzacane hätte eine bessere Platzierung verdient. Der Südamerikaner stolperte über seine Unerfahrenheit. Seit Freitag überraschend schnell, hatte er sich vom Qualifying mit Recht einiges versprechen dürfen. Dann aber verirrte sich der Rookie im Set-up-Labyrinth: Als es im Verlauf der 60 Minuten immer wärmer wurde – und die Piste entsprechend immer weniger Grip hatte –, ließ Mazzacane seinen Boliden wiederholt härter abstimmen... Gustav Brunner erklärt: »Seine Entscheidung war natürlich falsch, aber ich griff nicht ein. Er muss das lernen, und jetzt wird er diesen Fehler nicht noch einmal machen.«

Schneller als 1999 sind die neun anderen Teams: Ferrari steigert sich um 0,706 Sekunden, Jaguar – vormals Stewart – um 0,634, Jordan um 0,917, Benetton um 0,548, Williams um 0,471,

BAR um 0,920, Sauber um 1,556, Arrows um 1,859 und Minardi sogar um 2,055 Sekunden. Der Autor diskutiert die Situation gerade mit dem britischen Experten Nigel Roebuck, als sich Ex-Rennfahrer Frank Gardner einmischt: »Ihr könnt debattieren, bis ihr schwarz werdet. Im Rennsport läuft es unterm Strich immer wieder auf das eine hinaus. Wer schneller ist, der steht mehr auf dem Gas und weniger auf der Bremse.«

Als moralischer Gewinner des Qualifying wird Arrows gefeiert. Konstrukteur Eghbal Hamidy ist mit dem A21 ein guter Wurf gelungen. Wurden die Zeiten von Pedro de la Rosa während der Wintertests noch als untergewichtige Schummelei belächelt, so wird jetzt Respekt gezollt. Platz zwölf für den schnellen Spanier, unmittelbar dahinter das niederländische »Stehaufmännchen« Jos Verstappen – so weit vorn hatte wohl niemand die schwarz-orange-farbenen »Pfeile« erwartet.

Abends beginnt das Rätselraten um die Pit-Stop-Strategie. Welche Auswirkungen wird die Regeländerung bringen, die das Speedlimit in der Boxengasse von 120 km/h auf jetzt 80 reduziert? Wertvolle Sekunden gehen so bei jedem Service verloren. Überraschend sprechen sich die Piloten nicht gegen das Bummeltempo aus. Sechs Jahre ist es jetzt her, dass zuletzt mit Vollgas – meist deutlich mehr als 200 km/h – zum Depot gejagt wurde. Lammfromm geworden, spricht sich sogar der alte Haudegen Stirling Moss, seines Zeichens viermal Vizeweltmeister und bester Pilot seiner Epoche, für die Speed-Drosselung aus: »Ich bin zwar grundsätzlich gegen jedes Limit, aber aus Sicherheitsgründen sollte man das neue Tempo widerspruchslos akzeptieren.« Niemand kann ahnen, dass es schon in wenigen Wochen zu Pit-Stop-Zwischenfällen kommen wird, die allerdings nicht auf die Tempoproblematik zurückzuführen sind.

Das Rennen beginnt mit einem fehlerfreien Start des Silberpfeil-Duos. Mika Häkkinen beschleunigt, als sei der Weg zum dritten WM-Titel ein Spaziergang ohne Gegner. Teamkollege Coulthard hängt sich in den Windschatten des Finnen. Hinter den beiden halten sich die zwei Ferrari-Fahrer nicht ans Drehbuch. Behäbig lösen sich die roten Boliden von ihren Startplätzen, und nur mit Glück kann Michael Schumacher es verhindern, von seinem Landsmann Heinz-Harald Frentzen überrannt zu werden. Häkkinen, Coulthard, »Schumi I«, Frentzen, Barrichello und Trulli belegen die Punkteränge, als sich das Feld erstmals in die Rechts-Links-Schikane am Ende der Startgeraden einbremst. Schlusslicht ist Jean Alesi, der aus der Boxengasse starten musste.

Nach nur einer Runde ist der Arbeitstag von Johnny Herbert beendet. Die Kupplung seines Jaguar streikt – die Disharmonie zwischen Anreiseweg und Renndauer ist unübersehbar...

Die zweite grüne Katze verschwindet im Verlauf der siebten Runde von der Bildfläche. Ursache für den Abgang ist weder die Technik noch ein Fahrfehler von Eddie Irvine. Die Schuld tragen die Ingenieure des Teams Arrows! Weil die vordere Aufhängung am Auto de la Rosas kollabiert, knallt der Südeuropäer in die Leitplanken. Trümmerteile fliegen umher. Irvine will ausweichen. Das Manöver misslingt und der Vize-Champion kreiselt von der Bahn. Fast zeitgleich lässt »Jos the Boss« die vordere Aufhängung seines Boliden an den Boxen checken. Wenig später wird Verstappen aufgeben und durch diesen klugen Schritt dem Schicksal de la Rosas entgehen.

Nachdem sich McLaren-Chef Ron Dennis noch vor drei Tagen im »Stoke House« optimistisch zu der Standfestigkeit der MP4/15 geäußert hat, muss er jetzt eine bittere Pille schlucken. In Runde elf verliert Coulthards Auto an Tempo – der Motorschaden ist irreparabel. Michael Schumacher und alle anderen rücken um einen Rang auf. 2,6 Sekunden trennen den Ferrari-Star von Mika Häkkinen. Kann er die Lücke zufahren? Nein. Innerhalb von nur drei Umläufen fällt der Deutsche um weitere 0,8 Sekunden zurück.

Die Gründe für die Passivität Schumachers sind zu diesem Zeitpunkt nur der Ferrari-Crew bekannt. Der Pilot hat per Sprechfunk gemeldet, dass die vorderen Räder Vibrationen auslösen. Die Ursache: Die Reifen wandern auf der Felge! Aber trotz dieser »bad vibrations« ist Häkkinens Vorsprung auf 2,7 Sekunden abgeschmolzen, als plötzlich eine Rauchwolke am Heck des Silberpfeils den Ausfall des Finnen ankündigt.

Damit scheint der Grand Prix zu Michael Schumachers sicherer Beute zu werden. 16,5 Sekunden trennen ihn vom zweitplatzierten »HHF« – Tendenz steigend. Wenn der Ferrari F1-2000 den Strapazen standhält, wird der Kerpener den fünften Kontinent mit zehn WM-Punkten im Handgepäck verlassen.

Aber noch ist es ein weiter Weg bis ins Ziel. Als Michael Schumacher seinen Boxenstopp einlegt, fällt er vorübergehend hinter Frentzen und Barrichello auf Rang drei zurück. Ferrari-Chefstratege Ross Brawn konzentriert sich nun voll auf »Rubinho«, den er per Pitstop-Taktik gern an »HHF« vorbei manövrieren möchte. Er greift zum »Imola-Trick«, den er 1999 beim GP von San Marino anwendete, um »Schumi« im Duell gegen Coulthard zu unterstützen: Brawn polt Barrichello auf zwei Stopps um! Aber weil beim Losfahren ein Schaltproblem auftritt,

Was Atmosphäre und Flair betrifft, bekommt die Piste im Albert Park alljährlich Bestnoten

reiht sich der Südamerikaner nicht als Fünfter oder Sechster – wie Brawn hochgerechnet hatte – sondern als Zehnter wieder ins Geschehen ein.

Aber Ferrari steht das Glück zur Seite. Weil der Tankschlauch klemmt, muss Frentzen 20 Sekunden an den Boxen ausharren. Anschließend quälen ihn bis zum Ausfall Getriebeprobleme. Auch Trulli, der Auspuff seines Jordan bricht, kommt nicht mehr weit. Sechs weitere Plätze macht Barrichello aufgrund von gegnerischen Boxenstopps gut – jetzt folgt er dem Teamkollegen und Spitzenreiter. Die Schlacht scheint geschlagen. Vorn die beiden Ferrari, dann als Solist überraschend Ralf Schumacher.

Die Fans auf den Tribünen konzentrieren sich jetzt verstärkt auf den Fight der Verfolger: Villeneuve, Fisichella, Button, Zonta, Salo und Wurz kämpfen Rad an Rad und schenken sich keinen Zentimeter. Der bunte Sechserpack sorgt für Stimmung auf den Rängen. Doch plötzlich wird es auch vorn wieder elektrisierend spannend. Der führende Ferrari wird langsamer. Sollte »Schumi« in Melbourne erneut nicht siegen? Runde 45 bringt den Wechsel an der Spitze – kampflos überlässt Michael Schumacher seinem Stallgefährten den Vortritt.

Doch dann wird auch den Beobachtern klar, dass Barrichello einen weiteren Stopp einlegen muss, der Schumacher ab Runde 46 wieder vorn sieht. In der McLaren-Box schimpft Ron Dennis: »Barrichello ist das Lamm, das Ferrari opfert, um Shuey zehn Punkte zu servieren. Die Zweistopp-Taktik hat den Brasilianer um den Sieg gebracht – sie bringt hier, wo die Reifen nicht verschleißen, nur Nachteile... Wenn Ross Brawn das anders sieht, dann versteht er nichts von Mathematik.« Jordan-Cheftechniker Mike Gascoyne argumentiert ähnlich: »Ohne die Probleme von Heinz wäre Rubens nie an ihm vorbeigekommen.«

Runde 47 bringt den Ausfall von Jenson Button. BMW-Motorsportdirektor Dr. Mario Theissen: »Es gab keinerlei Vorwarnung, bevor der Motor hochging.« Aber der Mann aus Monschau in der Eifel kann sich trösten: Ralf Schumacher ist unverändert auf Podestkurs. Drei Umläufe später wird die letzte Positionsveränderung registriert, als Mika Salo das Unmögliche möglich macht und sich an Ricardo Zonta vorbei auf Rang Sechs quetscht. Mit einem Punktgewinn für den Finnen und sein schweizer Team ist die mutige Aktion allerdings nicht verbunden...

Familientreffen in down under – im Park fermé freuen sich Ralf Schumacher und sein roter Bruder

Dann hat es Michael Schumacher geschafft! Australien ist kein weißer Fleck mehr auf der Sieges-Landkarte des Rheinländers. Zehn WM-Punkte für ihn selbst, dank »Rubinho« insgesamt 16 für Ferrari. Das i-Tüpfelchen auf dem Triumph ist Schumachers psychologisch geschicktes Fazit: »Das war unser fünfter Versuch, dieses Rennen zu gewinnen und damit erfolgreich in eine neue Saison zu starten. Ich bin hochzufrieden. Als ich im Februar die ersten Testrunden mit dem F1-2000 drehte, wusste ich – mit diesem Auto wirst du es schaffen. Der heutige Tag hat mir Recht gegeben. Als Mika gestern seine Pole feierte, dachte ich, soll´ er sich doch freuen – morgen bin ich an der Reihe. Schade, dass Mika und David ausgefallen sind. Ich hätte mir beide gern auf der Piste geschnappt.«

Von diesem Plädoyer, das den Rivalen verbal den Nerv rauben soll, zeigt sich Ron Dennis unbeeindruckt: »Das ist doch heiße Luft. Wir sparten Sprit und fuhren relativ langsam. Trotzdem fiel Michael zurück. Er soll mir doch nicht vorgaukeln, er habe den Anschluss aus taktischen Gründen verloren... Das ist bullshit, ich kaufe es ihm einfach nicht ab.« Diesem Konter fehlt es keineswegs an Logik, aber WM-Punkte werden nicht aufgrund des Ausgangs von Rededuellen vergeben. Und die Schärfe der Antwort verrät, dass Dennis trotz der überlegenen Qualifying-Demonstration mit dem Rücken an der Wand steht.

Dieses Gefühl scheint Mika Häkkinen zu teilen: »1999 kam ich hier nicht ins Ziel. Aber auf dem Rückweg nach Europa war ich happy, weil wir ein tolles Auto hatten. Dieser Vorsprung ist jetzt aufgezehrt, und wir haben Michael zehn WM-Punkte geschenkt.«

Dann sickert die Nachricht durch, Salos Sauber-Petronas entspräche nicht dem Reglement. Die beteiligten Personen werden zur Sache vernommen, die Stewards des Meetings verhandeln. Der Vorwurf der Funktionäre betrifft die Endplatten der Frontflügel. Satte zwei Zentimeter reichen sie zu nahe an die Vorderreifen heran. Dann das Urteil: Mika Salo wird disqualifiziert. Teamchef Peter Sauber macht aus seiner Enttäuschung kein Geheimnis. Aber unzufrieden reagiert er nicht: »Wir können mithalten, das Auto hat Potential.« In 14 Tagen erwartet ihn eine Prüfung, die er nicht so leicht wegstecken kann, wie den Verlust des wertvollen WM-Punktes... Nutznießer des Regelverstoßes sind Ricardo Zonta und das Team British American Racing, dem mit Rang Vier für Villeneuve und Platz Sechs für den Brasilianer wahrlich ein »lucky strike« gelungen ist. So richtig freuen kann sich Zonta allerdings nicht: »Ich möchte meine Erfolge auf der Piste herausfahren und nicht von Entscheidungen am grünen Tisch profitieren.«

Abends wird gefeiert, dass sich die Balken biegen. Speziell bei Ferrari und Williams herrscht Sektlaune. Ralf Schumacher, der Überraschungsdritte, konsumiert ausnahmsweise reichlich Alkohol, was er anderntags gar nicht mehr so lustig findet. Auch Jenson Button schaut tief ins Glas. Rücksicht auf die australischen Gesetze braucht er dabei nicht zu nehmen: Um sich einen Leihwagen mieten zu dürfen, ist der Rookie mit seinen 20 Lenzen nicht alt genug.

GROSSER PREIS VON AUSTRALIEN (Albert Park Circuit)

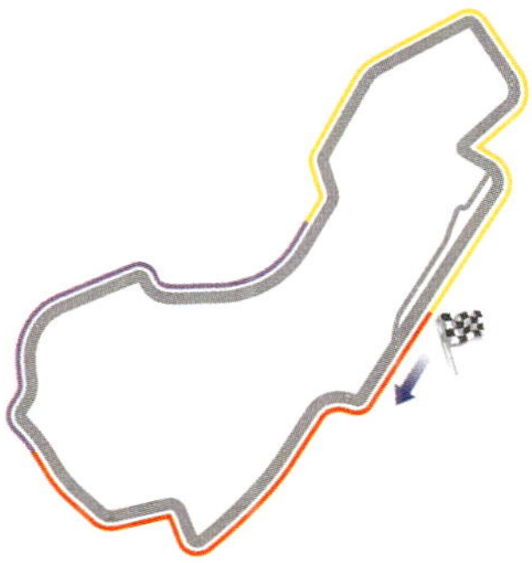

STRECKE

Ort und Datum	Melbourne, 12. März
Wetter	sonnig, sehr warm
Streckenlänge	5,303 km
Runden	58
Renndistanz	307,574 km
Bestehender Rundenrekord	1.30,585 = 210,710 km/h Heinz-Harald Frentzen, Williams-Renault FW19; GP 1997
GP-Sieger 1999	Eddie Irvine, Ferrari F399 1:35.01,659 = 190,852 km/h

ERGEBNISSE UND AUSFÄLLE:

1. Michael Schumacher	Ferrari F1-2000	1:34.01,987 = 196,254 km/h
2. Rubens Barrichello	Ferrari F1-2000	11,415 Sekunden zurück
3. Ralf Schumacher	Williams-BMW FW22	20,009 Sekunden zurück
4. Jacques Villeneuve	BAR-Honda 002	44,447 Sekunden zurück
5. Giancarlo Fisichella	Benetton-Playlife B200	45,165 Sekunden zurück
Mika Salo	Sauber-Petronas C19	45,624 Sekunden zurück/disqualifiziert
6. Ricardo Zonta	BAR-Honda 002	46,468 Sekunden zurück
7. Alexander Wurz	Benetton-Playlife B200	46,915 Sekunden zurück
8. Marc Gené	Minardi-Fondmetal M02	1 Runde zurück
9. Nick Heidfeld	Prost-Peugeot AP03	2 Runden zurück

Jenson Button	Williams-BMW FW22	47. Runde, Motor
Pedro Diniz	Sauber-Petronas C19	42. Runde, Getriebe
Gastón Mazzacane	Minardi-Fondmetal M02	41. Runde, Getriebe
Heinz-Harald Frentzen	Jordan-Mugen EJ10	40. Runde, Getriebe
Jarno Trulli	Jordan-Mugen EJ10	36. Runde, Auspuff
Jean Alesi	Prost-Peugeot AP03	28. Runde, Hydraulik
Mika Häkkinen	McLaren-Mercedes MP4/15	19. Runde, Motor
Jos Verstappen	Arrows-Supertec A21	17. Runde, Aufgabe
David Coulthard	McLaren-Mercedes MP4/15	12. Runde, Motor
Pedro de la Rosa	Arrows-Supertec A21	7. Runde, Unfall
Eddie Irvine	Jaguar-Cosworth R1	7. Runde, Unfall
Johnny Herbert	Jaguar-Cosworth R1	2. Runde, Kupplung

SCHNELLSTE RUNDE: (41. Rd.) – Rubens Barrichello, Ferrari F1-2000
1.31,481 = 208,685 km/h

STARTAUFSTELLUNG:

1 Mika Häkkinen
McLaren-Mercedes MP4/15-1
1.30,556

2 David Coulthard
McLaren-Mercedes MP4/15-2
1.30,910

3 Michael Schumacher
Ferrari F1-2000 200
1.31,075

4 Rubens Barrichello
Ferrari F1-2000 199
1.31,102

5 Heinz-Harald Frentzen
Jordan-Mugen EJ10/004
1.31,359

6 Jarno Trulli
Jordan-Mugen EJ10/003
1.31,504

7 Eddie Irvine
Jaguar-Cosworth R1-04
1.31,514

22 Jacques Villeneuve
BAR-Honda 002/03
1.31,968

11 Giancarlo Fisichella
Benetton-Playlife B200/02
1.31,992

17 Mika Salo
Sauber-Petronas C19-02
1.32,018

9 Ralf Schumacher
Williams-BMW FW22-3
1.32,220

18 Pedro de la Rosa
Arrows-Supertec A21-01
1.32,323

19 Jos Verstappen
Arrows-Supertec A21-02
1.32,477

12 Alexander Wurz
Benetton-Playlife B200/03
1.32,775

15 Nick Heidfeld
Prost-Peugeot AP03-02
1.33,024

23 Ricardo Zonta
BAR-Honda 002/04
1.33,117

14 Jean Alesi *
Prost-Peugeot AP03-03
1.33,197

20 Marc Gené
Minardi-Fondmetal M02-03
1.33,261

16 Pedro Diniz
Sauber-Petronas C19-04
1.33,378

8 Johnny Herbert
Jaguar-Cosworth R1-01
1.33,638

10 Jenson Button
Williams-BMW FW22-1
1.33,328

21 Gastón Mazzacane
Minardi-Fondmetal M02-02
1.34,705

* Start aus der Boxengasse

Marlboro
Marlboro
tic tac

Marlboro in aller Munde ...

Verbale Salven zum Auftakt – Aktion Marder wird angekündigt – »Schumi, Schumi, du hast ein Problem...« – Nelson & Nelson mit Kurs in Richtung Formel 3 – Das gefährliche Werbetafeldrama: Schlamperei oder Sabotage? – Red Bull verliert Flügel – Taktik Rot contra Taktik Silber – Verstappen groggy – Coulthard stolpert über zwei Millimeter

Die Zeit seit dem GP von Australien wurde nicht ausschließlich für die Weiterentwicklung der Rennwagen genutzt. Während Melbourne-Sieger Michael Schumacher munter das Potential der Neukonstruktion F1-2000 unterstreicht, bleibt Ron Dennis bei seinen »Warte-Freundchen-dir-werden-wir's-noch-zeigen-Antworten«. Den Deutschen lässt das kalt: »Es weiß doch jeder, dass der mit dem Verlieren Probleme hat.« Vorbei sind die Tage, als sich jeder mit der Länge der Saison tröstete und das Übersee-Hors d'Oeuvre nicht überbewertete. Jetzt umfasst das Rennjahr stolze 17 WM-Läufe – diese Rekordzahl wurde zuvor nur 1977, 1995 und 1997 registriert –, und »Schumis« Zehn-Punkte-Vorsprung vor Titelverteidiger Häkkinen wird bereits als uneinholbar dargestellt...
Während auf dem Sektor »psychologische Kriegsführung« verbale Salven ausgetauscht werden, stellt die FIA hinter den Kulissen die Weichen auf Abrüstung. FIA-Präsident Max Mosley sagt den offenen und verdeckten elektronischen Fahrhilfen den Kampf an. Der britische Kabelfeind, dessen Initiative schnell den Spitznamen »Aktion Marder« erhält, kündigt rasches Handeln an. Tatsächlich wird schon in Silverstone gemäß des neuen Reglements gefahren. Noch aber wird verhandelt, und Ferrari stellt sich demonstrativ auf Mosleys Seite. Benetton-Konstrukteur Pat Symonds lästert: »Die haben gut reden, die haben ja auch Michael Schumacher...«
Aber trotz der vielen Reibungspunkte auf und neben der Strecke hat die Formel 1 auch immer noch eine private Seite, als sei die Zeit seit den Tagen von Rudolf Caracciola stehengeblieben. Corinna Schumacher, Weltmeister-Gattin und zweifache Mutter, berichtet von Geschehnissen aus dem trauten schweizer Heim: »Gina-Maria kam neulich zu mir und fragte, wer ist denn eigentlich Schumi? Ich antwortete ihr, dass viele Leute den Papa so nennen würden. Das gefiel ihr. Daraufhin begann sie zu singen – »Schumi, Schumi, du hast ein Problem – dein Auto ist vorn viel zu breit...« Es ist unglaublich, was die Kleine so aufschnappt – vermutlich war dieser Song

Gut gelaunter »Schumi« – geht es dort nach Imola? Während der Frühjahrs-Offensive von Ferrari wird das Punktesammeln zum Kinderspiel

Kleiner Gipfel der deutschen Motorenhersteller. Mercedes-Sportchef Norbert Haug im Sandwich zwischen den BMW-Motorsportdirektoren Dr. Mario Theissen (links) und Gerhard Berger

eine verspätete Reaktion auf den GP von Malaysia mit dem Disqualifikations-Theater.«
Bei Benetton regiert ein neuer Chef. Renault, der neue Eigentümer des Rennstalls, hat Flavio Briatore an die Spitze des Teams gesetzt. Der stets braungebrannte Italiener verschafft sich zunächst einen Überblick über die Situation. Als er Benetton im September 1997 verließ, war die Truppe bereits auf dem absteigenden Ast. Jetzt befindet sie sich im freien Fall. Das Abschneiden von Giancarlo Fisichella in Melbourne wird allgemein als jenes Korn angesehen, das zuweilen auch von einem blinden Huhn gefunden wird. »Was ist hier los?«, fragt Briatore den deutschen Manager von Alexander Wurz, »als ich Alex 1997 ins Team holte, war er ein guter Pilot. Und jetzt?« Peter Cramer antwortet mit einer Empfehlung: »Da musst du Alex selbst fragen.« Mit dem Problem konfrontiert, reicht der Österreicher den »Staffelstab« weiter: »Da musst du dich bei Pat Symonds erkundigen.« Briatore wäre nicht Briatore, wenn er jetzt entnervt das Handtuch werfen würde. Also wird der Technische Direktor herbeizitiert, um das Rätsel zu lösen, und er bemüht sich tatsächlich um eine Erklärung: »Unser Auto ist weit davon entfernt, perfekt zu sein. Es gibt da einige Schwachstellen.« Briatore will wissen, weshalb diese nicht abgestellt werden und erhält die Antwort, das läge an den Kosten – das Budget reiche nicht aus. Ohne auch nur mit einem Gesichtsmuskel zu zucken, kommandiert der neue alte Chef: »Kümmere du dich um die Technik. Mach dir keine Gedanken um das Budget – das ist mein Ressort.« Innerhalb der nächsten Wochen macht »FB« Bilanz. Am Nürburgring wird er ein vernichtendes Urteil fällen...
Auch ein ehemaliger Pilot Briatores schaut in Interlagos wieder einmal vorbei: Nelson Piquet. Dass der dreifache Ex-Champion bei seinem Home-GP den alten Kumpels Guten Tag sagt, hat bereits Tradition. Diesmal geht das Gespräch über small-talk hinaus. »Im Jahr 2002 werde ich wieder regelmäßig Rennen fahren«, kündigt der Brasilianer an. Dabei handelt es sich keineswegs um einen seiner üblichen Scherze. Piquet erklärt: »Es ist wohl die schwierigste Entscheidung meiner Karriere. Eigentlich habe ich nämlich gar keine Lust – wegen des Fitness-Trainings und der ganzen Reiserei. Ich mache es nur, um meinem Sohn zu helfen. Ich gründe ein F3-Team, und gemeinsam werden wir an der südamerikanischen Meisterschaft teilnehmen.« Die Rede ist von Nelson Junior, der im Juni 16 Jahre alt wird. Der 47jährige ehemalige F1-Star will den Filius so aufbauen, dass er 2003 in Europa starten kann. Nelson Senior kann sich auf ein längeres Karriere-

Warten in der Boxengasse. Vorn »Schumi II« im Cockpit des Williams-BMW FW22, dahinter der Postbote h.c. Heinz-Harald Frentzen

Kapitel vorbereiten, denn der elfjährige Laslo, ein weiterer Sohn, hat gerade ernsthaft mit dem Kartsport begonnen und will sicherlich ebenfalls eines Tages in Daddy´s Fußstapfen treten.

Flügellahm. Nachdem Teamchef Peter Sauber seine Boliden aus Sicherheitsgründen an die Kette gelegt hat, kehrt in der schweizer Box Ruhe ein

Niemand ist überrascht, als sich während der freien Trainingssitzungen eine Fortsetzung der Dauerfehde Silber contra Rot ankündigt. Aber an den verstaubten Mauern rings um die inzwischen fast 60jährige Anlage zeichnet sich ein weiteres Menetekel ab: Mika Salo verliert im freien Samstagstraining am Ende der Start-und-Zielgeraden den Heckflügel seines C19. Der Finne hat noch gar nicht begriffen, was passiert ist, da schießt er auch schon von der Piste. Der Zwischenfall löst bei Chef Peter Sauber und dessen Ingenieuren nachdenkliche Gesichter aus. Vermutlich sind es die brutalen Schläge, die den Chassis auf den Bumps der langen Geraden verpasst werden, die den Flügel »weichgeklopft« haben. Im Abstand weniger Meter sind auf dem Asphalt die Schleifspuren der Plastikplanken erkennbar, mit denen die Boliden rhythmisch aufsetzen.

Natürlich ist es unmöglich, in der Kürze der Zeit bis zum Beginn des Qualifying die Defektursache zu ermitteln. Noch glauben die Verantwortlichen an einen einmaligen Vorfall, als die Jagd auf die besten Startplätze beginnt.

Die Sitzung wird in die Geschichte des Formel 1-Sports eingehen. Bemerkenswert ist nicht die Tatsache, dass gleich dreimal die roten Abbruchflaggen geschwenkt werden müssen. Bemerkenswert ist die Ursache für die wiederholten Stopps: Zweimal droht eine Werbetafel von Hauptsponsor Marlboro, montiert gegenüber der Jordan-Box, auf die Piste zu segeln. Eine weitere Tafel löst sich tatsächlich und bringt den Prost-Piloten Jean Alesi in Not. »Ich sah, wie die Tafel flatterte«, berichtet der Franzose später, »und dachte, die fällt gleich ´runter. Damit lag ich goldrichtig.« Der blaue Bolide jagt mit einem Tempo von knapp 300 km/h heran, als das Malheur passiert. Es sind Bruchteile von Sekunden, die darüber entscheiden, ob das Schild für den Piloten zur Guillotine wird, oder den Prost-Peugeot rasiert. Das Schicksal entschließt sich für den Sachschaden... Als Ursache für die Zwischenfälle werden die Turbulenzen der Rennwagen vermutet. Dann keimen Gerüchte auf, die Befestigungen der Reklametafeln seien angesägt worden! Sofort wird spekuliert, ob Interlagos auch im Jahr 2001 im F1-Kalender auftauchen wird. 1997 hatte die FIA den Kurs von Jerez nur deshalb geächtet, weil der Bürgermeister der spanischen Gemeinde während der Siegerehrung eigenmächtig auf das Podium geklettert war... Jetzt darf eigentlich nur der Hauptsponsor zufrieden sein, denn Marlboro ist plötzlich in aller Munde – die Nichtraucher eingeschlossen.

Zunächst ist es Ricardo Zonta, der hier im Vorjahr so schwer verunglückte, der mit 1.17,134 Minuten einen Bestwert markiert. Doch lange kann sich der Brasilianer der Top-Platzierung nicht erfreuen: Fisico verdrängt ihn mit einer Zeit von 1.16,066, dann drückt Barrichello den Pole-Wert vorübergehend auf 1.15,710. Zur Erinnerung: 1999 stand Mika Häkkinen mit 1.16,568 Minuten auf dem besten Startplatz... Die Boliden sind deutlich schneller geworden, denn auf den neuen Asphalt ist die Steigerung nicht zurückzuführen. Die Bemühungen der Dampfwalzen-Kolonnen gehören, das hat sich schnell herausgestellt, in die Kategorie »Verschlimmbesserungen«. Und Barrichellos Zeit ist noch nicht das letzte Wort, das während des Qualifying mit dem Gasfuß gesprochen wird. Nun ist »Schumi« an der Reihe. Große

Nach dem Start führt Mika Häkkinen das Feld in die Bergab-Passage »Senna's S«. Michael Schumachers ersten Angriff kann der Finne abwehren, aber lange wird er sich nicht an der Spitze halten können

Chancen werden ihm nicht eingeräumt, denn morgens verlor er wertvolle Runden. Weil sich der Motor seines Ferrari »so merkwürdig anfühlte«, hatte er sein Rennauto in den Boxen geparkt. Obwohl er sich nicht richtig »einschießen« konnte, markiert er eine Zeit von 1.14,955 Minuten. Erzrivale Häkkinen antwortet mit 1.14,434. Der weitere Verlauf der Sitzung wird zeigen, dass dem Finnen die Pole damit nicht mehr genommen werden kann.

Zu diesem Zeitpunkt hat das Team Sauber bereits sämtliche Aktivitäten eingestellt. Auch Pedro Diniz »wehte« der Heckflügel davon – Peter Sauber will kein weiteres Risiko eingehen und legt seine Autos an die Kette. Und der verantwortungsbewußte Schweizer wird letztlich noch einen Schritt weiter gehen.

Natürlich gibt sich Michael Schumacher so schnell nicht geschlagen. Er greift Häkkinens Zeit an und... landet in Kurve 5 im Gras. Der Rückweg zur Piste wird zum Hindernislauf: Beim Überqueren einer Drainagerinne knackst das Monocoque des roten Renners. Prompt lässt sich der Rheinländer im T-car angurten und wagt einen weiteren Versuch. Schnell ist er unterwegs, doch er bricht die Runde ab. Rückblickend wird er sagen: »Das war ein Fehler. Aber ich dachte, mit einigen kleinen Set-up-Modifikationen kann ich mich ohnehin deutlich steigern.«

Doch daraus wird nichts. Während sich Häkkinen auf 1.14,111 verbessern kann und Coulthard auf Platz zwei vorrückt, findet »Schumi« wegen der Rotlicht-Einlagen keine freie Runde mehr, bevor Regen niedergeht und weitere Steigerungen unmöglich macht. Pole-Setter Häkkinen freut sich: »Ich fand zwar nicht die ideale Balance, aber das Auto ist zuverlässig und schnell. Ich weiß nicht, was uns

hier im Rennen am Sieg hindern sollte.« Der zweitplatzierte DC überrascht mit seiner Aussage: »Ich kann mich nicht erinnern, hier jemals ein derart gut ausbalanciertes Auto gefahren zu haben.« Und Michael Schumacher? Der lächelt und sagt: »Meine Ausgangsposition ist ideal – in Melbourne habe ich auch von Startplatz drei aus gewonnen.«
Tatsächlich ist die Reihenfolge auf den ersten vier Rängen mit der Melbourne-Hackordnung identisch. Und noch etwas fällt auf: Die schnellsten 18 Piloten haben die Pole-Zeit des Vorjahres unterbieten können. Mit seiner Leistung von 1.17,112 hätte Nick Heidfeld am Steuer des belächelten Prost-Peugeot 1999 den drittbesten Startplatz erobert!
Die eigentliche Sensation des Qualifying hat einen Namen: Jenson Button. Der Grünschnabel hat es geschafft, den Senior-Driver des Teams Williams, Ralf Schumacher, zu schlagen. Button lächelt zufrieden, während sein Vater so auftritt, als sei er seit Jahrzehnten der Besitzer des Fahrerlagers. Einem schmeckt die Show des Youngsters natürlich gar nicht – »Schumi II«. Angefressen erklärt der Melbourne-Dritte: »Auf der Bremse war das Heck meines Autos zu nervös. Mir fehlte das Vertrauen, ans Limit zu gehen.« Bevor eine neue Set-up-Variante wichtige Zehntel bringen konnte, setzte der Regen ein.
Während sich Häkkinen und Coulthard über die Plätze in der ersten Startreihe freuen und die Teamführung von McLaren-Mercedes davon träumt, die Scharte von Melbourne auswetzen zu können, gibt Peter Sauber den Startverzicht seiner beiden Fahrer bekannt: »Wir wollen nicht das Risiko eingehen, dass sich Mika, Pedro oder irgendjemand anderes verletzt. Vor Ort können wir die Ursache für die Schäden nicht ermitteln. Die Entscheidung fiel mir nicht leicht, aber es gibt keine Alternative.« Leo Ress, der als Technischer Direktor schon in wenigen Tagen durch Willi Rampf abgelöst wird, erklärt: »Die Ursache eines Flugzeugabsturzes zu ermitteln, dauert oft monatelang. Deshalb ist es unmöglich vorherzusagen, wie lange wir für die Diagnose brauchen werden.« Pedro Diniz verzichtet nur widerstrebend auf den Auftritt vor heimischem Publikum, teilt dann aber die Meinung seines Chefs: »Es wäre zu gefährlich für Mika und mich. Und wenn bei Tempo 290 ein Hintermann durch einen Flügel getroffen wird, kann das weh tun...« Damit verzichtet erstmals seit 1979 ein Rennstall aus technischen Gründen auf den Start. Damals, in Long Beach, gab Renault auf, weil im Training die Gelenkwellen brachen.

HHF (links), daneben Jarno Trulli – unter Teamkollegen wird die Vorfahrtsfrage friedlich geklärt

Jos Verstappen gibt seinem Arrows spektakulär die Sporen. Der blockierte rechte Vorderreifen löst sich partiell in Rauch auf

Die mutige Sauber-Entscheidung findet Respekt und Beifall. Allgemeiner Tenor: Das Rückgrat des Teamchefs ist stabiler als die Heckflügel seiner Boliden. Viele Beobachter erinnern an das 24-Stunden-Rennen von Le Mans 1999 und die Beinah-Katastrophe, die Mercedes auslöste, weil wiederholte Hinweise des Schicksals ignoriert wurden. Als sich sonntags im Warm-up auch der Heckflügel an Alesis Prost selbständig macht, steht die blaue Equipe mit dem Rücken an der Wand: Müsste Alain Prost jetzt eigentlich nicht auch die Koffer packen lassen? Nein, die Franzosen blasen nicht zum Rückzug, weil sie glauben, die Gründe für den Defekt zu kennen und eine Wiederholung ausschließen.

Bevor den 20 Rennwagen auf ihren Startplätzen eine letzte Verschnaufpause gegönnt wird, heizt bei Start-und-Ziel eine Samba-Truppe dem Publikum ein. Seit den frühen Morgenstunden – schon um sieben Uhr in der Frühe hatte sich vor dem Haupteingang eine Menschenschlange von mehr als zwei Kilometern Länge gebildet – wird die Open-Air-PS-Party gefeiert. Die Vollblutmusiker bringen die Fans, die dank Rubens Barrichello erstmals seit den unvergessenen Senna-Tagen realistisch auf den Sieg eines Landsmanns hoffen dürfen, jetzt in Ekstase. Bei Claus Cramer fruchten die rhythmischen Trommelklänge nicht so recht. Der Wurz-Manager befürchtet für seinen Schützling das Schlimmste: »Die Kupplung des Benetton ist eine Zumutung. Sie greift in einem Bereich von circa zwei Millimetern. Ich würde mich nicht wundern, wenn Alex beim Start den Motor abwürgt...« Die Stimmung im Wurz-Lager ist ohnehin nicht die beste. Der Österreicher fuhr im Qualifying nur 0,3 Sekunden langsamer als sein Teamkollege Fisichella, der in den Wirren der Rotphasen ein glückliches Timing fand. Und die Bedeutung dieser drei Zehntel ist gewaltig: Fisico steht auf Platz fünf, Wurz auf Rang 13 in der siebten Reihe.

Soweit die Theorie. Tatsächlich startet er wegen Motorproblemen mit 45 Sekunden Verspätung aus der Boxengasse.

Bereits die ersten Minuten nach dem Start lüften das Geheimnis der Pit-Strategie der beiden Top-Teams. Auf dem kurzen Sprint zum Eingang von »Senna´s S« vernascht Michael Schumacher den Silberpfeil-Schotten. Beinahe kann er auch Häkkinen niederkämpfen, doch der Finne stürzt sich als Spitzenreiter in das Bergab-Geschlängel. Aber der rote Jäger gibt sich deshalb keineswegs geschlagen. Zu Beginn des zweiten Umlaufs fliegt »Schumi« mit nur 0,074 Sekunden Rückstand durch die Lichtschranke bei Start-und-Ziel. Dann schert er nach links aus und sticht am Ende der Gera-

den innen an Häkkinen vorbei. Damit steht fest: Die Silberpfeile sind schwer unterwegs, das heißt, sie werden nur einen Stopp einlegen. Die leichten Ferrari werden hingegen zweimal tanken. Deshalb ist niemand überrascht, als Lokal-Matador Barrichello in Runde zwei an Coulthard vorbeizieht.
Während der Spitzenreiter unaufhaltsam Boden gutmachen kann und nach zehn Runden bereits einen 10,9-Sekunden-Vorsprung hat, beißt sich Rubinho an Weltmeister Häkkinen zunächst die Zähne aus. Offensichtlich kassiert der Kerpener mit Recht eine höhere Gage als sein Teamkollege.
Erst während des 15. Umlaufs rückt Barrichello auf Rang zwei vor. Sofort beginnt der Brasilianer, sich von Häkkinen abzusetzen. Zu Vordermann Schumacher klafft inzwischen allerdings bereits eine 16,8-Sekunden-Lücke. Noch steht keineswegs fest, welche der beiden unterschiedlichen Strategien die bessere ist. Und die Antwort auf diese Frage wird es auch niemals geben. Nach 20 Runden bremst sich Michael Schumacher erstmals zwischen seinen Mechanikern ein. 17,9 Sekunden trennen ihn von Barrichello, 21,1 von Häkkinen. Der Service der flinken Crew dauert 6,7 Sekunden. Weil auch die An- und Abfahrt im vorschriftsmäßigen FIA-Bummeltempo Zeit kostet, findet sich Michael Schumacher auf Rang drei wieder.
Zwei Umläufe später stoppt der zweite Ferrari. Als auch der sich wieder in das Getümmel auf der Holperpiste einreiht, heißt die neue Reihenfolge an der Spitze: Häkkinen vor »Schumi I«, Coulthard und Barrichello.
Was nun geschieht, weicht vom offiziellen Ferrari-Fahrplan ab: Schumacher kann das Tempo von Häkkinen nicht mitgehen. Aus 6,7 Sekunden Rückstand nach 23 Runden werden 7,1 – 8,6 – 9,2 – 11,1... Später wird der Deutsche sagen: »Langsam wurde es eng. Wir hatten einkalkuliert, dass Mika mir Zeit wegnimmt – aber nicht soviel! Ich kann nicht beschwören, dass unsere Rechnung heute aufgegangen wäre.« Norbert Haug wird die Meinung vertreten: »Mika hätte gewonnen. Wir hatten heute keine Probleme mit dem Speed, sondern mit dem Motor.«
Inzwischen braucht sich Ferrari-Chefdenker Ross Brawn nur noch wegen eines Piloten den Kopf zerbrechen. Aufgrund eines Hydraulik-Schadens

Formel 1 in Interlagos – der Stadtteil zählt nicht zu den vornehmsten der Gemeinde Sao Paulo

hat Barrichello nur 27 Runden geschafft. Mika Häkkinen kommt nicht viel weiter. Den 30. Umlauf beendet er saft- und kraftlos in Schleichfahrt. An den Boxen kommt das Aus – Öldruckprobleme haben dem Zehnzylinder den Garaus gemacht.
Damit ist der Weg für Michael Schumacher erneut frei. Eddie Irvine, der in Runde 17 crashte, kann sich freuen. Der Nordire hat vor Saisonbeginn 1000 Pfund gewettet, dass der Deutsche Champion wird...
David Coulthard ist kein Gegner für den Ferrari-Star. Schon früh im Rennen verabschiedeten sich die Gänge eins, zwei und drei seines Getriebes. Der Grand Prix wird für den Schotten zur Qual, denn einige der Infield-Kurven verlangen den zweiten und dritten Gang. Aber DC macht einen tollen Job. Gemessen an den Schwierigkeiten, mit denen er kämpfen muss, können sich seine Rundenzeiten durchaus sehen lassen.
Mit »Schumi I«, Coulthard, Fisichella, Trulli, Frentzen, »Schumi II«, Verstappen und Button scheint die Reihenfolge auf den ersten acht Plätzen nach knapp 50 Runden gefunden zu sein. Der Spitzenreiter lässt es jetzt ruhig angehen, denn per Funk wurde er davon unterrichtet, dass der Öldruck seines Ferrari in Linkskurven zu kollabieren droht. Dann gibt es doch noch zwei Positionsverschiebungen auf der Piste, bevor weitere durch die Funktionäre ausgesprochen werden: Weil Trulli noch einmal an die Boxen muss, fällt der Italiener hinter seinen Teamkollegen Frentzen zurück. Und Jenson Button kämpft Jos Verstappen im Duell um Platz sieben nieder. Patrick Head nennt das Manöver des Greenhorns »excellent«. Bei Licht betrachtet ist es weniger gigantisch: Jos the Boss ist – nach einer sensationellen ersten Rennhälfte – stehend k.o. Mangelnde Fahrpraxis lässt ihn in den Gurten hängend gegen einen Kollaps ankämpfen. Die schwarzweiß-karierte Flagge fällt! Das Ergebnis steht allerdings erst spät am Abend fest. Die Endplatten des Frontflügels an DCs Auto enden 43 Millimeter über dem Asphalt. Vorgeschrieben sind 50 mm, dank der Toleranz kommen Sünder auch mit nur 45 mm ungeschoren davon. Dieser rettende Wert wird um zwei Millimeter verfehlt...
Coulthard wird disqualifiziert. Weil die Abweichung auf Verschleiß zurückzuführen sei, fordert McLaren eine Berufungsverhandlung. Das Team hofft vergeblich. Die FIA-Richter werden hart bleiben.
Norbert Haug beschließt den Tag mit einem philosophisch anmutenden Satz: »Es ist nicht leicht, Ferrari zu schlagen. Aber sobald wir zuverlässig sind, wird es für die Scuderia nicht leicht, uns zu schlagen.«
Offiziell endet der Grand Prix nicht mit der FIA-Berufungsverhandlung, sondern erst zwei weitere Tage darauf, als bei Aufräumarbeiten auf dem Siegerpodest Michael Schumachers Pokal gefunden wird. Der Sieger hatte den großen Silberteller hinter den Kulissen des Podests abgestellt und dann vergessen. Auf dem Postweg wird die Trophäe nachgesandt.

Kopf hoch! Nachdenklich blicken die beiden BMW-Motorsportdirektoren Dr. Mario Theissen (links) und Gerhard Berger von der pitwall in Interlagos in Richtung Boxen

GROSSER PREIS VON BRASILIEN (Autodromo José Carlos Pace)

STRECKE

Ort und Datum	Interlagos, 26. März
Wetter	bedeckt, warm
Streckenlänge	4,309 km
Runden	71
Renndistanz	305,939 km
Bestehender Rundenrekord	1.18,397 = 197,089 km/h Jacques Villeneuve, Williams-Renault FW19; GP 1997
GP-Sieger 1999	Mika Häkkinen, McLaren-Mercedes MP4/14 1:36.03,785 = 192,994 km/h

ERGEBNISSE UND AUSFÄLLE:

1. Michael Schumacher	Ferrari F1-2000	1:31.35,271 = 200,403 km/h
David Coulthard	McLaren-Mercedes MP4/15	4,302 Sekunden zurück/disqualifiziert
2. Giancarlo Fisichella	Benetton-Playlife B200	39,898 Sekunden zurück
3. Heinz-Harald Frentzen	Jordan-Mugen EJ10	42,268 Sekunden zurück
4. Jarno Trulli	Jordan-Mugen EJ10	1.12,780 Minuten zurück
5. Ralf Schumacher	Williams-BMW FW22	1 Runde zurück
6. Jenson Button	Williams-BMW FW22	1 Runde zurück
7. Jos Verstappen	Arrows-Supertec A21	1 Runde zurück
8. Pedro de la Rosa	Arrows-Supertec A21	1 Runde zurück
9. Ricardo Zonta	BAR-Honda 002	2 Runden zurück
10. Gastón Mazzacane	Minardi-Fondmetal M02	2 Runden zurück

Johnny Herbert	Jaguar-Cosworth R1	52. Runde, Getriebe
Marc Gené	Minardi-Fondmetal M02	32. Runde, Motor
Mika Häkkinen	McLaren-Mercedes MP4/15	31. Runde, Öldruck
Rubens Barrichello	Ferrari F1-2000	28. Runde, Hydraulik
Eddie Irvine	Jaguar-Cosworth R1	21. Runde, Unfall
Jacques Villeneuve	BAR-Honda 002	17. Runde, Getriebe
Jean Alesi	Prost-Peugeot AP03	12. Runde, Elektronik
Nick Heidfeld	Prost-Peugeot AP03	10. Runde, Motor
Alexander Wurz	Benetton-Playlife B200	7. Runde, Motor

SCHNELLSTE RUNDE: (48. Rd.) – Michael Schumacher, Ferrari F1-2000
1.14,755 = 207,509 km/h
Neuer Rundenrekord

STARTAUFSTELLUNG:

1 Mika Häkkinen
McLaren-Mercedes MP4/15-1
1.14,111

2 David Coulthard
McLaren-Mercedes MP4/15-2
1.14,285

3 Michael Schumacher
Ferrari F1-2000 201
1.14,508

4 Rubens Barrichello
Ferrari F1-2000 199
1.14,636

11 Giancarlo Fisichella
Benetton-Playlife B200/02
1.15,375

7 Eddie Irvine
Jaguar-Cosworth R1-04
1.15,425

5 Heinz-Harald Frentzen
Jordan-Mugen EJ10/004
1.15,455

23 Ricardo Zonta
BAR-Honda 002/04
1.15,484

10 Jenson Button
Williams-BMW FW22-1
1.15,490

22 Jacques Villeneuve
BAR-Honda 002/03
1.15,515

9 Ralf Schumacher
Williams-BMW FW22-2
1.15,561

6 Jarno Trulli
Jordan-Mugen EJ10/003
1.15,627

12 Alexander Wurz *
Benetton-Playlife B200/03
1.15,664

19 Jos Verstappen
Arrows-Supertec A21-01
1.15,704

14 Jean Alesi
Prost-Peugeot AP03-01
1.15,715

18 Pedro de la Rosa
Arrows-Supertec A21-03
1.16,002

8 Johnny Herbert
Jaguar-Cosworth R1-01
1.16,250

20 Marc Gené
Minardi-Fondmetal M02-03
1.16,380

15 Nick Heidfeld
Prost-Peugeot AP03-02
1.17,112

21 Gastón Mazzacane
Minardi-Fondmetal M02-02
1.17,512

* Start aus der Boxengasse

Pedro Diniz, Sauber-Petronas C19, 1.17,178 und Mika Salo, Sauber-Petronas C19, 1.18,703
Startverzicht nach dem Qualifying

GAULOIS
PEUGEOT
PETRONAS
LOST BOYS
REPSOL
orange
BOYS
Telefonica

Hattrick für Schumacher

Eddie Irvine und das lokale italienische Team – Am Limit, vielleicht sogar darüber hinaus – Michael Schumacher verärgert – Jenson wird das lernen – Waagrecht in der Luft – Dennis sieht ein übereifriges Manöver – Was ist bloß mit Barrichello los? – Traumduell an der Spitze – Kein Glück beim Hundertsten – Vier Extrarunden für »Schumi« – Wie blau sind blaue Flaggen?

Vor der Haustür des Ferrari-Werks gelegen, hatte die Piste von Imola immer schon eine ganz besondere Bedeutung für die Scuderia aus Maranello. Und selbst in den Jahren, in denen es für die Roten nicht gut lief, trumpften sie hier immer wieder auf. Jetzt, mit den beiden Übersee-Siegen im Rücken, wird Ferrari selbstverständlich als erklärtes Favoriten-Team gehandelt. Die letzten Tickets wurden nach dem Triumph in Sao Paulo verkauft, und nun steht einem Volksfest scheinbar nichts mehr im Weg.

Aber zunächst beherrscht die Sportpolitik die Szene. FIA-Präsident Max Mosley – selten genug ist das der Fall – marschiert höchstpersönlich auf und verkündet Skandalöses: »Im Vorjahr hat ein Team gegen die technischen Regeln verstoßen. Was wir im Winter bei Routine-Untersuchungen ermittelten, ist inakzeptabel! Hier geht es nicht um einen Grenzfall, nicht um unterschiedlich interpretierte Paragraphen. Nein, es handelt sich eindeutig um einen Bruch des Reglements. Leider fehlt uns der hundertprozentige Beweis. Aber was wir entdeckten, zwingt uns zum Handeln.« Die Folge: Um zu unterbinden, dass illegale Software in den Bordcomputern zum Einsatz kommt, werden ab Silverstone neue Bestimmungen gelten. Sogar die Speedlimiter, die in der Boxengasse ein Überschreiten der vorgeschriebenen Höchstgeschwindigkeit verhindern, sollen verboten werden. Den elektronischen Hilfsmitteln – speziell der Traktionskontrolle – soll es endgültig an den Kragen gehen. 14 Tage später werden die neuen Vorschriften unspektakulär eingeführt. Nur das Verbot der Speedlimiter werden die Piloten, mit Blick auf das Sicherheitsrisiko, vereiteln. Wer die Sünder des Vorjahres sind, bleibt ein Geheimnis. Es werden sogar Stimmen laut, die behaupten, die Story sei erfunden worden, um die Techniker der Rennställe einzuschüchtern…

Aber es gibt auch heitere Themen. So erinnert sich Jaguar-Star Eddie Irvine daran, dass er hier in Imola während der letzten Jahre für ein »lokales italienisches Team« an den Start ging. Das italienische National-Heiligtum Ferrari wurde vermutlich nur selten

Trainingsalltag in der Boxengasse. Die einen kommen, die anderen gehen. Das Rückwärtseinparken übernehmen freundliche Helfer per Muskelkraft

Am Ende der Boxengasse wartet Weltmeister Mika Häkkinen hinter seinem Herausforderer Michael Schumacher mit ungeduldigem Gasfuß

mit derart ironischen Worten umschrieben.
Nach 210 freien Trainingsminuten ist der Kampf um die Pole-Position völlig offen. Niemand empfiehlt sich als klarer Favorit für den besten Startplatz. Am Vortag erlebte Mika Häkkinen einen schwarzen Freitag. Weil sein McLaren nicht korrekt ausbalanciert war, rangierte er nur auf Platz sechs. Samstags ist der Bolide des Finnen dann wie verwandelt. Häkkinen vor dem Zeittraining: »Mein Auto funktioniert aufgrund nächtlicher Arbeiten hervorragend. Jetzt kann ich endlich auch auf den Kerbs Dampf machen.«
Und das tut er im Qualifying. Der Titelverteidiger sichert sich seine dritte Pole in Folge, die 24. seiner F1-Karriere. Stolz auf den Erfolg in der Höhle des Löwen, gesteht der Finne: »Ich fuhr absolut am Limit – vielleicht sogar darüber hinaus. Die Kerbs werden hier an vielen Stellen in die Linie integriert. Wenn du zu wild fährst, kann das böse enden. Wenn du es aber gut machst, gewinnst du viel Zeit.«
Michael Schumacher bleibt nur der zweite Platz, was ihn säuerlich stimmt. Der Kerpener macht sich Vorwürfe. Im vorletzten Versuch lag er aufgrund der Zwischenzeiten bereits vier Zehntelsekunden vorn, als ihm in der Rivazza ein Schnitzer unterlief, der die Rundenzeit ruinierte. »Es wäre heute so einfach gewesen, Schnellster zu sein«, grummelt der Rheinländer, »ich ärgere mich über mich selbst. Erst der Patzer im dritten Versuch und dann eine Serie von Flüchtigkeitsfehlern zum Abschluss.« Keine Zehntel fehlt ihm auf Häkkinens Bestzeit. Tatsächlich ist »Mikele« der heimliche Sieger des Qualifying. In allen drei Sektoren fuhr er Tagesbestzeit – allerdings nicht innerhalb einer Runde. Was den Zeitverlust in der Rivazza betrifft, kursieren im Fahrerlager Gerüchte. Angeblich, so heißt es, habe »Schumi« versehentlich den Knopf für das Boxengassen-Speedlimit gedrückt... Jetzt muss er sich mit dem zweiten Platz zufriedengeben. Und das ist in Imola ähnlich bitter wie in Monte Carlo. Überholen? Fehlanzeige! Morgen wird alles von der Boxenstopp-Strategie abhängen und davon, wie flink seine Mechaniker beim Service wirbeln.
Auch David Coulthard »stolpert« in der Rivazza. Offen sagt der Schotte: »Ich habe das heute alles nicht auf die Reihe gekriegt. Die Kerbs sind unberechenbar, und deshalb ist es hier sehr tricky. Wenn man ausgangs der Rivazza zu weit nach rechts getragen wird, macht sich das bis zur folgenden Schikane negativ bemerkbar.«
Rubens Barrichello ist als Vierter enttäuscht. Einen schlecht ausbalancierten Ferrari macht er für das beschei-

Das Feld kehrt im Gänsemarsch auf der »sauberen Linie« aus der Formationsrunde zurück zu Start-und-Ziel. Michael Schumacher schert aus, um seinen Startplatz einzunehmen

Berufsverkehr in der Tamburello-Schikane. Nach dem Start fädeln sich Häkkinen, »Schumi I«, Barrichello, Coulthard, Villeneuve und der Rest des Feldes durch das Nadelöhr

dene Abschneiden verantwortlich. Und er hat sogar noch Glück im Unglück. Obwohl er seine schnellste Zeit unter gelben Flaggen fährt, wird ihm die Runde nicht gestrichen. Ferrari genießt in Imola offenbar eine Sonderstellung mit beneidenswerten Privilegien… Unterm Strich spricht jedenfalls so gar nichts dafür, dass der Südamerikaner Häkkinens Pole-Serie schon in zwei Wochen unterbrechen wird.

Hinter dem silbern-roten Quartett an der Spitze hat sich eine rein deutsche dritte Startreihe formiert. Platz Fünf geht an Ralf Schumacher – das Staunen über Williams-BMW hält an. Auch Jenson Button kann als 18. den guten Eindruck des britisch-deutschen Rennstalls nicht schmälern. Rookie Button zeigt unerwartete Schwächen. »Ich habe«, gesteht er freimütig ein, »wahnsinnige Schwierigkeiten mit den Kerbs. Ich kriege das einfach nicht in den Griff.« BMW-Sportdirektor Gerhard Berger zeigt Verständnis: »In Imola hängt alles von den Kerbs und den Bremspunkten ab – die liegen viel näher an den Kurven, als man denkt. Jenson wird das lernen, er braucht mehr Erfahrung. Wegen technischer Probleme kam er auch ausgerechnet im freien Samstagstraining wenig zum Fahren.«

Schräg rechts hinter »Schumi II« positioniert, wird Heinz-Harald Frentzen ins Rennen gehen. Immerhin, sein Minimalziel ist erreicht: Der Mönchengladbacher hat seinen Teamkollegen Jarno Trulli hinter sich gelassen. Eddie Irvine, der Spezialist für siebte Startplätze, trennt das gelbe Pärchen.

Der Renntag beginnt für Michael Schumacher mit einer Schrecksekunde. Als er während des Warm-up zum Pit-Stop-Training an die Boxen kommt, tippt er das Bremspedal einen Sekundenbruchteil zu spät an. Dem Zwischenfall fehlt es nicht an unfreiwilliger Komik. Die Situation erinnert an Werke der Stummfilm- Mimen Laurel und Hardy: Mit der Nase seines Ferrari hebt Schumacher den Mechaniker aus den Angeln, der mit dem vorderen Wagenheber bereitsteht. Einige Augenblicke schwebt der Mann 80 Zentimeter über dem Asphalt waagrecht in der Luft. Dann gehorcht er den Gesetzen der Schwerkraft… Kopfschüttelnd sitzt Schumacher im Cockpit – läuft diesmal für ihn in Imola denn alles schief? Glücklicherweise bleibt der Mechaniker unverletzt. In vier Wochen wird ein Vorfall in der Boxengasse nicht ohne Personenschaden ablaufen – und wieder wird der Ferrari-Star im Cockpit sitzen.

Wer glaubt, nach diesem Malheur wende sich Fortuna beim Start mitleidig Michael Schumacher zu, der irrt. Zu stark drehen die Antriebsräder seines Ferrari durch, als er das Gaspedal niedertritt. Während sich Häkkinen schulbuchmäßig in Richtung Tamburello katapultiert, kann Schumacher nur mit Mühe einen 360-Grad-Dreher verhin-

dern. Damit ist eines bewiesen: Mit einer Traktionskontrolle ist der Ferrari nicht ausgerüstet. Um Schlimmeres abzuwenden, zieht er seinen Boliden anschließend vor die Nase von Coulthard. Der Schotte wird das nicht so schnell vergessen... Und Ron Dennis spricht zurückhaltend von einem »übereifrigen Manöver«.
Für »DC« hat die Blockade – die keinen Verstoß gegen die Spielregeln der

Not macht erfinderisch – Fans hinter selbst gebastelten Gucklöchern

FIA darstellt – unangenehme Folgen. Er will das rote Hindernis auf der rechten Seite der Piste austricksen, findet aber den Weg durch Barrichello versperrt. Zwangsläufig muss er kurz lupfen, und das bringt ihn in eine verwundbare Lage. Auf dem Weg zur ersten Schikane scheint Ralf Schumacher den Schotten ausbeschleunigen zu können. Aber im allgemeinen Gerangel wird »Schumi II« aufs Gras abgedrängt und fällt auf Position neun zurück. Hinter Häkkinen fliegen die beiden Ferrari nebeneinander auf den ersten Bremspunkt zu. Keiner der beiden Piloten kann sich einen erkennbaren Vorteil erkämpfen. Erst in letzter Sekunde entschließt sich Barrichello zum Nachgeben. Dahinter fädeln sich Coulthard, Villeneuve , Trulli, Frentzen, Irvine, »Schumi II« und der Rest des Feldes ein. Als Schlusslicht folgt Pechvogel Nick Heidfeld. Weil beim Vorstart der Peugeot-V10 des Mönchengladbachers abstarb, musste er aus der Boxengasse starten. Schlimmer noch: Die 15-Sekunden-Tafel war bereits gezeigt worden, da bemühten sich seine Mechaniker darum, den Zehnzylinder zu neuem Leben zu erwecken. Weil aber zu diesem Zeitpunkt bereits jede Hilfe von außen aus Sicherheitsgründen verboten ist, wird »Quick Nick« im späteren Rennverlauf zu einer Zehn-Sekunden-Strafe verdonnert werden.
Der große Gewinner der ersten Meter heißt eindeutig Jacques Villeneuve. Vom neunten auf den fünften Rang vorzupreschen, ist eine Meisterleistung. Und der »Schwung« des BAR-Piloten hätte sogar ausgereicht, noch weitere Plätze gutzumachen, wäre die Raketen-Attacke nicht im Verkehr verpufft.
Bereits der Verlauf der Startrunde zeigt, dass Barrichello gut beraten war, seinem Teamkollegen den Vortritt zu lassen. Während Michael Schumacher das Tempo des finnischen Spitzenreiters locker mitgehen kann, verliert der Südamerikaner den Kontakt zur Spitze. 4,3 Sekunden fehlen Rubinho nach nur einem Umlauf auf Häkkinen. Und weil an ein Überholmanöver nicht zu denken ist, wird Coulthard mit abgekoppelt. Nach drei Runden hängt Barrichello bereits 7,1 Sekunden zurück. Für viele Beobachter scheint damit klar: Der Ferrari des Brasilianers hat mehr Sprit an Bord und ist für eine Ein-Stopp-Taktik betankt, während Häkkinen und Schumacher zweimal halten werden. Der Eindruck täuscht – auch Barrichello wird zweimal stoppen. Wenn der Südamerikaner so dramatisch an Boden verliert, hat das andere Ursachen. Mit vollen Tanks fahrend, bereitet ihm das Handling seines Ferrari extreme Probleme. Außerdem ist Rubinho nicht korrekt angeschnallt – er hat keinen festen Halt im Cockpit und sein rechtes Bein fällt wegen Durchblutungsstörungen von Runde zu Runde in tieferen Schlaf.
Für die meisten Zuschauer geht mit dem einsamen Duell an der Spitze ein Wunsch in Erfüllung: Mika Häkkinen und Michael Schumacher im direkten Zweikampf – der Titelverteidiger und sein Herausforderer bieten sich, mit gleicher Taktik unterwegs, die Stirn. Lediglich die Reifenwahl der zwei Kontrahenten ist nicht identisch. Der Finne hat sich, anders als Schumacher, für die weichere der beiden angebotenen Gummimischungen entschieden.
Der fünfte Umlauf bringt den ersten Ausfall des Rennens. Das Getriebe des Jordan von »HHF« streikt, es steckt wie einzementiert im sechsten Gang fest. Sein Jubiläums-Grand Prix, der 100. des Mönchengladbachers, findet

Sieger Michael Schumacher streichelt seinen roten Boliden. Mika Häkkinen schreitet gemessenen Schrittes zum Gratulationsakt

damit ein frustrierendes Ende. Nur eine Runde mehr schaffen Marc Gené und Jenson Button. Ein Motorschaden stoppt das britische Greenhorn und der Spanier gleitet auf dem Öl des Havaristen ins Abseits. Falls sich das Feld weiterhin in diesem Tempo lichten sollte, kommt niemand ins Ziel. Aber mit insgesamt nur sieben Ausfällen werden sich die Boliden unterm Strich als überdurchschnittlich zuverlässig erweisen.

An der Spitze folgt »Schumi« dem Weltmeister zunächst wie ein Schatten. Erst nach 15 Runden wächst der Vorsprung des Finnen auf mehr als zwei Sekunden an. Nach 26 Umläufen hat Häkkinen bereits ein 3,7-Sekunden-Polster. Damit steht er vor einem stresslosen Boxenstopp. Knapp 90 Sekunden später biegt das Führungsduo zum Service ab. Und jetzt fällt eine Vorentscheidung zugunsten des roten Jägers. Die McLaren-Crew betankt die Startnummer eins mit Sprit für 17 weitere Umläufe. Ross Brawn lässt »Schumi« eine volle Sekunde länger parken. Damit reichen die Benzin-Reserven des Deutschen für vier zusätzliche Runden…

Es wird gerätselt, weshalb Häkkinen nur für einen kurzen zweiten »Stint« betankt wurde. Erst nach dem Rennen kommt Licht ins Dunkel. Ron Dennis wird erklären: »Kurz vor seinem ersten Stopp fuhr Mika über ein kleines Trümmerstück auf der Piste. Dabei wurde der Unterboden seines Autos beschädigt, was die aerodynamische Balance negativ beeinflusste Unter diesen Bedingungen wollten wir den weichen Reifen nicht mehr als 17 Runden zumuten.« Nachvollziehbar wird diese Argumentation nicht sein, denn der Schaden – laut Dennis kostete er Häkkinen 0,2 Sekunden pro Runde – macht sich im weiteren Verlauf des Rennens auf der Uhr nicht bemerkbar. In der 60. von 62 Runden wird der Finne sogar die schnellste Zeit des Tages markieren…

Nach 43 Runden, einen Umlauf später wird Häkkinen seinen zweiten Stopp einlegen, führt der Champion mit 2,6 Sekunden Vorsprung vor Michael Schumacher. Als Dritter folgt Barrichello, der Mann mit dem eingeschlafenen Bein. Ihm fehlen schon 41,6 Sekunden. Aber der zweite Ferrari-Pilot setzt sich unverändert erfolgreich gegen Coulthard zur Wehr, der dichtauf folgt und die Nase seines McLaren immer wieder unter das Getriebe des roten Vordermannes schiebt. Dahinter rangieren Villeneuve, Ralf Schumacher, Trulli, Irvine und Salo – die übrigen Piloten sind bereits mindestens einmal überrundet.

Jetzt geschieht etwas Seltsames, das Häkkinens Fahrt beinahe beendet. Später wird er berichten: »Ich fuhr volles Rohr im siebten Gang, als plötzlich der Motor abstarb. Es war, als habe mich jemand aus dem Publikum per Fernbedienung abgeschaltet. Ich dachte – aus und vorbei, aber dann sprang der Motor urplötzlich wieder an.« Schuld ist ein Schluckauf des Bordcomputers. Der Finne stochert im Getriebe, findet einen Gang und setzt seine Fahrt fort. Sein Glück: Michael Schumacher kann keinen Vorteil aus dem zeitraubenden Abenteuer ziehen. Auch der Deutsche verliert ein paar wertvolle Sekunden. Sein Bericht: »Ich lief vor der Acque Minerali auf Diniz auf. Er wollte es besonders freundlich machen und ging vom Gas – nicht aber von der Linie. Diese Aktion überraschte mich völlig, und ich musste voll in die Eisen steigen. Es fehlten nur Zentimeter, und es hätte es gekracht.«

Am Ende der ereignisreichen Runde biegt der Spitzenreiter in die Boxengasse ab, während Michael Schumacher mit dem Spurt in seine vier »Extrarunden« beginnen kann: Er geht ans Limit, schindet wertvolle Zeit und kommt nach 48 Umläufen selbst zum letzten Stopp an die Pits. Jetzt entscheidet sich der Fight um Sieg und Niederlage. Der Sprit fließt, die schwarzen Walzen werden gewuchtet, der Lollipop wird hochgerissen, und Schumacher gibt Gas. Erleichterung im Ferrari-Gefechtsstand an der Boxenmauer – mehr als drei Sekunden vor Häkkinen nimmt der Rheinländer den Kampf wieder auf.

Das Duell um Platz drei ist zu diesem Zeitpunkt bereits entschieden: Nach 46 Runden hatten Barrichello und sein silberner Schatten zeitgleich den letzten Service machen lassen und die Boxen anschließend in umgekehrter Reihenfolge wieder verlassen.

An der Spitze versucht Häkkinen noch einmal verzweifelt, das Loch zu Michael Schumacher zuzufahren – vergeblich. Auf den Punkterängen ist alles geregelt. Einer von denen, die nach ausgezeichneter Qualifying-Leistung mit WM-Zählern rechnen durften und jetzt doch leer ausgehen, ist Ralf Schumacher. Während der Schlussspurt der Kollegen läuft, ist der Kerpener schon »unter der Dusche«. Zwei WM-Punkte hatte er vor Augen, als das Aus für ihn kam. An Jacques Villeneuve hatte er sich lange die Zähne ausgebissen, doch nach 44 Runden ging der Kanadier an die Boxen. Jetzt oder nie! Mit einer Kamikaze-Runde vor dem eigenen Stopp wollte sich »Schumi II« jenen Vorteil erkämpfen, den er benötigte, um vor Villeneuve zurück auf die Piste zu kehren. Ob diese Rechnung aufgegangen wäre, wird für immer ein Geheimnis bleiben. Ralf Schumachers Williams-BMW rollte auf dem Weg an die Boxen aus... Die Teamführung spricht später von Schwierigkeiten mit der Spritzufuhr. Doch sofort macht das Gerücht von der Fehlkalkulation die Runde – vom staubtrockenen Tank der Startnummer neun. Patrick Head winkt müde ab: »Das war ein 16-Runden-Turn – da geht niemandem der Sprit aus. Außerdem ist das Problem nicht neu. Es trat bereits in Melbourne bei Jenson auf.«

Hinter Villeneuve werden Salo und Irvine abgewinkt. Für Teamchef Peter Sauber ist der WM-Punkt Gold wert. Nach dem Sao Paulo-Desaster gibt das Abschneiden des Finnen den Schweizern neuen Mut. Irvine landet auf dem undankbaren siebten Platz und wartet damit weiterhin auf seinen ersten WM-Punkt der Saison 2000. Doch der Nordire ist keineswegs unzufrieden: »Während des gesamten Rennens hatte ich einen tollen Fight mit Jarno Trulli. Ich war schneller als er, aber es reichte nicht aus, um ihn überholen zu können. Nachdem er ausgefallen war, konnte ich mich um sechs, sieben Zehntel pro Runde steigern. Mein Auto war heute verdammt schnell – schade, dass ausgerechnet beim vorentscheidenden Start meine Kupplung nicht mitspielte.«

Nicht nur der wilde Eddie darf stolz auf ein schnelles Auto sein. Ein Blick auf die Top-Ten der schnellsten Runden zeigt einige Überraschungen. Häkkinen vor Michael Schumacher, Coulthard, »Schumi II«, Diniz, Barrichello, Salo, Irvine, Trulli und Zonta lautet die Reihenfolge.

Nicht zufrieden ist hingegen Barrichello. »In Imola auf einem Ferrari nur Vierter zu werden«, gibt er verzweifelt zu Protokoll, »ist eigentlich nicht zu entschuldigen. Die Leute werden sagen, das könnte auch ihr Opa schaffen.« Dann erst kommt die Wahrheit ans Licht, als der Brasilianer von seinen Gurtproblemen und eingeschlafenen Extremitäten berichtet.

Nach drei Siegen in Folge wird Barrichellos Teamkollege bereits als neuer Champion gefeiert. Aber McLaren hat sich durch die ersten Punktgewinne im noch jungen Rennjahr zurückgemeldet, und Michael Schumacher erkennt die Leistung der silbernen Gegner an: »Bis zu den ersten Boxenstopps war Mika schneller als ich. Er hatte mich im Griff, was den Speed betrifft. In diesem Punkt sprechen wir allerdings von Zehntelsekunden, die er mir einzeln abnehmen konnte. Vielleicht lag es an seinen weicheren Reifen – möglicherweise traf er die richtige Entscheidung, was die Gummis betrifft.«

Mika Häkkinen gesteht seine knappe Niederlage ein, sieht die Ursachen hierfür allerdings zum Teil im Verantwortungsbereich der Marshals: »Heute war es ein unglaubliches Problem, Nachzügler zu überholen. Okay, die sind stark mit sich selbst und ihren Gegnern beschäftigt. Aber die Flaggenposten haben auch dazu beigetragen. Sie zeigten die blauen Tücher nicht aggressiv genug. Außerdem sind die Dinger wohl schon zu alt und zu oft gewaschen worden. Die sind gar nicht mehr blau...«

Mercedes-Sportchef Norbert Haug ist überglücklich, dass für die Silberpfeile der Knoten endlich geplatzt ist: »Das war Motorsport vom Feinsten.« Aber Ron Dennis verlässt das Fahrerlager in nachdenklicher Stimmung: »Es scheint, als würde Michael Schumacher in dieser Saison jeden Grand Prix beenden. Wir müssen jetzt anfangen zu siegen. Falls Mika von nun an bei jedem GP zehn Punkte holt, dauert es verdammt lange, bis der Rückstand wettgemacht ist – wenn Schumacher jeweils Zweiter wird...«

Und auch Ferrari-Sportchef Jean Todt tritt den Heimweg trotz des Erfolges nicht gerade in euphorischer Laune an. Der alte Fuchs lässt sich durch Schumachers Sieg und dessen 24-Punkte-Vorsprung im Zwischenklassement nicht blenden. »Das Rennen hat gezeigt«, sagt er mit tonloser Stimme, »dass wir einen langen harten Weg vor uns haben.«

GROSSER PREIS VON SAN MARINO
(Autodromo Enzo & Dino Ferrari)

STRECKE

Ort und Datum	Imola, 9. April
Wetter	warm, wechselnd bewölkt
Streckenlänge	4,933 km
Runden	62
Renndistanz	305,846 km
Bestehender Rundenrekord	1.25,531 = 207,503 km/h Heinz-Harald Frentzen, Williams-Renault FW19; GP 1997
GP-Sieger 1999	Michael Schumacher, Ferrari F399 1:33.44,792 = 195,481 km/h

ERGEBNISSE UND AUSFÄLLE:

1. Michael Schumacher	Ferrari F1-2000	1:31.39,776 = 200,043 km/h
2. Mika Häkkinen	McLaren-Mercedes MP4/15	1,168 Sekunden zurück
3. David Coulthard	McLaren-Mercedes MP4/15	51,008 Sekunden zurück
4. Rubens Barrichello	Ferrari F1-2000	1.29,276 Minuten zurück
5. Jacques Villeneuve	BAR-Honda 002	1 Runde zurück
6. Mika Salo	Sauber-Petronas C19	1 Runde zurück
7. Eddie Irvine	Jaguar-Cosworth R1	1 Runde zurück
8. Pedro Diniz	Sauber-Petronas C19	1 Runde zurück
9. Alexander Wurz	Benetton-Playlife B200	1 Runde zurück
10. Johnny Herbert	Jaguar-Cosworth R1	1 Runde zurück
11. Giancarlo Fisichella	Benetton-Playlife B200	1 Runde zurück
12. Ricardo Zonta	BAR-Honda 002	1 Runde zurück
13. Gastón Mazzacane	Minardi-Fondmetal M02	2 Runden zurück
14. Jos Verstappen	Arrows-Supertec A21	3 Runden zurück
15. Jarno Trulli *	Jordan-Mugen EJ10	4 Runden zurück/Getriebe

Pedro de la Rosa	Arrows-Supertec A21	50. Runde, Getriebe
Ralf Schumacher	Williams-BMW FW22	46. Runde, Benzindruck
Jean Alesi	Prost-Peugeot AP03	26. Runde, Hydraulik
Nick Heidfeld	Prost-Peugeot AP03	23. Runde, Hydraulik
Jenson Button	Williams-BMW FW22	6. Runde, Motor
Marc Gené	Minardi-Fondmetal M02	6. Runde, Dreher
Heinz-Harald Frentzen	Jordan-Mugen EJ10	5. Runde, Getriebe

* Nicht im Ziel, aber aufgrund der zurückgelegten Distanz gewertet

SCHNELLSTE RUNDE: (60. Rd.) – Mika Häkkinen, McLaren-Mercedes MP4/15
1.26,523 = 205,249 km/h

STARTAUFSTELLUNG:

1 Mika Häkkinen
McLaren-Mercedes MP4/15-1
1.24,714

3 Michael Schumacher
Ferrari F1-2000 200
1.24,805

2 David Coulthard
McLaren-Mercedes MP4/15-2
1.25,014

4 Rubens Barrichello
Ferrari F1-2000 199
1.25,242

9 Ralf Schumacher
Williams-BMW FW22-2
1.25,871

5 Heinz-Harald Frentzen
Jordan-Mugen EJ10/004
1.25,892

7 Eddie Irvine
Jaguar-Cosworth R1-04
1.25,929

6 Jarno Trulli
Jordon-Mugen EJ10/003
1.26,002

22 Jacques Villeneuve
BAR-Honda 002/06
1.26,124

16 Pedro Diniz
Sauber-Petronas C19-04
1.26,238

12 Alexander Wurz
Benetton-Playlife B200/05
1.26,281

17 Mika Salo
Sauber-Petronas C19-02
1.26,336

18 Pedro de la Rosa
Arrows-Supertec A21-03
1.26,349

23 Ricardo Zonta
BAR-Honda 002/01
1.26,814

14 Jean Alesi
Prost-Peugeot AP03-03
1.26,824

19 Jos Verstappen
Arrows-Supertec A21-01
1.26,845

8 Johnny Herbert
Jaguar-Cosworth R1-01
1.27,051

10 Jenson Button
Williams-BMW FW22-4
1.27,135

11 Giancarlo Fisichella
Benetton-Playlife B200/02
1.27,253

21 Gastón Mazzacane
Minardi-Fondmetal M02-02
1.28,161

20 Marc Gené
Minardi-Fondmetal M02-04
1.28,333

15 Nick Heidfeld*
Prost-Peugeot AP03-04
1.28,361

* Start aus der Boxengasse

Schweppes
David
mySAP.com
Mobil
NWOOD

Großer Preis von England

Comeback der Silberpfeile

Zur falschen Zeit am richtigen Ort – »Man holt sich so schnell einen Schnupfen« – Der Star ist eine Chrom-Katze – Herbert ohne Illusionen – Wie Schotten Schuhe schonen – Leere Tribünen – »Geburtstagsgeschenk« für Brasilien – Schlamm und Nebel contra Formel 1 – Kein Grip auf nassem Gras – David Coulthard wie einst Nigel Mansell – Kalte Dusche für die Scuderia Ferrari

Als sich donnerstags das Fahrerlager füllt, ist das Wetter Gesprächsthema Nummer eins. Seitdem der frühe Ostertermin als Datum für den WM-Lauf in Silverstone bekannt ist, wird ein Regenrennen prophezeit. Die Problematik wird auf einen kurzen Nenner gebracht: Die Formel 1 befindet sich zur falschen Zeit am richtigen Ort. Die Unken-Fraktion kann sich gar nichts anderes als einen verregneten GP vorstellen. Dabei handelt es sich vermutlich um das »Donington-Trauma«. 1993 erlebte der GP-Sport während der Ostertage eines der nassesten Wochenenden der WM-Geschichte... Die Optimisten hoffen auf die Statistik. Seit Wochen hat es in England wie aus Eimern geschüttet. Jahrzehnte ist es her, dass vergleichbar hohe Niederschlagsmengen registriert wurden – die Zeit für einen Wetterwechsel ist längst überfällig. Aber noch ist es nicht soweit. Nieselregen der feinsten Sorte geht nieder und weicht die Szenerie auf. Erinnerungen an 1988 werden wach. Auch damals hieß es aufgrund ausdauernden Sprühregens »Land unter«. Aber für das, was sich an diesem Wochenende abspielen wird, gibt es keine historische Parallele.

David Coulthard – der Schotte konzentriert sich und hofft auf eine Wiederholung seines Vorjahressieges

Großes Brasilianer-Treffen mit bunter Cabral-Gedenk-Torte

Das atlantische Tiefdruckgebiet animiert Mika Häkkinen zum ersten Scherz des Wochenendes. Während der vorausgegangenen Testfahrten war Ricardo Zonta bei Stowe wegen eines technischen Defekts überaus spektakulär verunglückt: In hohem Bogen segelte der BAR-Pilot über jenen Begrenzungswall, der es 1999 zu trauriger Berühmtheit brachte, weil er stabiler war als Michael Schumachers rechtes Schienbein... Zonta überstand den Horrorflug mit geringfügigen Verletzungen. Jetzt aber ist der Unfall das Motiv für die Frage an Häkkinen, ob Silverstone zu gefährlich sei. »Um diese Jahreszeit auf jeden Fall«, antwortet der Finne mit dünnem Lächeln, »man holt sich so schnell einen Schnupfen.«

Vom »Thema Nummer eins« kann der gut gelaunte Skandinavier allerdings nicht ablenken: Auf dem Jaguar-Motorhome thront chromglänzend das gigantische Wappentier des Hauses. Das Monster wird bis zum Sonntagabend das »Lieblingsopfer« der Fotografen sein. Tausende Mal wird die Katze abgelichtet. Und die Zunft ist mit diesem Tun gut beraten: Schon werden erste Negativkommentare aus dem Dunstkreis von Bernie E. laut, die sich auf den monströsen Firstschmuck beziehen...

Im feuchten Fahrerlager keimen Gerüchte im Überfluss, und an echten News mangelt es auch nicht. Mike Gascoyne, das zählt zur Kategorie Fakten, wird Jordan zum Jahresende verlassen. Der 37-jährige Technische Direktor wurde von Flavio Briatore geködert, der den Ex-Tyrrell-Mitarbeiter zu Benetton holt – dem Team, das sich ab 2002 Renault nennen wird. Briatore: »Meine Aufgabe ist es, ein optimales Paket zu schnüren. Mike ist der beste Ingenieur, der zur Zeit unterschriftsbereit ist.« Teamchef Eddie Jordan wundert sich offiziell nicht im Geringsten über den Deal: »Man muss sich nur unsere Leistungen der letzten Jahre ansehen. Da ist es doch geradezu selbstverständlich, dass sich andere Rennställe um unser Personal bemühen. Glücklicherweise haben wir intern eine gut funktionierende Struktur – da gibt es niemand, der unverzichtbar ist.« Gascoyne selbst schweigt zur jüngsten Entwicklung: »Ich habe einen gültigen Vertrag mit Jordan. Mehr möchte ich dazu nicht sagen.« Einen Vorteil hat der neue Vertrag für den Ingenieur: Farblich braucht er sich nicht umzustellen. Wenn die Benetton ab 2002 Renault heißen, werden die Boliden des Teams gelb lackiert sein.

Auch einem anderen Techniker werden Abwanderungsgelüste nachgesagt. Eddie Irvine verbreitet geschickt die Nachricht, Ross Brawn werde sich Jaguar anschließen – sobald er aus Italien in seine englische Heimat heimkehrt. Der Mann mit dem idealen Vornamen, um das Ferrari-Pferd wieder in den Galopp zu bringen, war bei Jaguar 1991 für den Gewinn der Gruppe C-WM verantwortlich. Den F1-Katzen eines Tages die Krallen zu schärfen, scheint für Brawn tatsächlich eine verlockende Vorstellung zu sein, denn er dementiert nicht: »Bis Ende 2001 stehe ich bei Ferrari unter Vertrag, und ich fühle mich in der Scuderia ausgesprochen wohl.«

Weil die britische Presse wiederholt berichtet hat, Johnny Herbert werde noch vor Saisonende entlassen, sieht sich Jaguar-Chef Wolfgang Reitzle veranlasst, Klartext zu reden: »Johnny ist ein lieber Kerl, und schnell ist er auch. Bisher hatte er bei uns viel Pech. Wenn einer der Jaguar stehenblieb, dann war es sein Auto. Es gibt keinerlei Pläne, ihn vor Saisonende zu ersetzen.« Der 35-jährige Rennfahrer – der auf Benetton bzw. Stewart in Monza, Silverstone und auf dem Nürburgring siegte – macht sich keinerlei Illusionen, dass es für ihn ab 2001 leicht sein wird, ein F1-Cockpit zu finden: »Das ist wohl mein letzter Grand Prix hier in Silverstone. Bei allem Respekt vor Minardi – bei solch einem Team möchte ich meine Karriere nicht beenden.«

Nach dem ersten freien Training wird Michael Schumacher umlagert, als sei er lebend aus der Unterwelt zurückgekehrt. Wie waren die Gefühle des Piloten in der Stowe-Kurve – dort, wo er sich im Vorjahr das rechte Bein brach? Haben ihn am Ort des Grauens die bösen Erinnerungen eingeholt? Kann er – nachdem, was alles geschehen ist – in Silverstone überhaupt unbeschwert Gas geben? »Shuey« bleibt cool und antwortet mit einer Gegenfrage: »Was soll die Aufregung? Ich habe hier keinerlei Probleme. Dass ich bei Stowe einen Blick hinüber auf die Pistenbegrenzung geworfen habe, ist selbstver-

Ralf Schumacher und BMW-Sportdirektor Dr. Mario Theissen – das Gesicht des Piloten verrät, dass Teamkollege Button im Qualifying schneller war

Verdammt eng geht es am Start in England zu. Weil ihm Champion Häkkinen keinen Platz lässt, lenkt »Schumi« in Richtung der »griplosen« Wiese

ständlich. Aber damit war die Sache auch abgehakt.«
Für die große Show des Freitags sorgt David Coulthard. Als er während des Trainings wegen eines Defektes am Pistenrand stehen bleibt, springt er aus dem Cockpit. Der Gag: »DC« hat zuvor seine Rennfahrerschuhe ausgezogen, um sie nicht dem aufgeweichten Untergrund auszusetzen. Während er auf Socken – die Schuhe werden nicht vom Team bezahlt – davoneilt und damit seiner schottischen Herkunft alle Ehre macht, wird´s chaotisch. Der Land Rover, der den gestrandeten Silberpfeil abschleppen soll, fährt sich fest. Schweres Bergegerät wird angefordert. Noch amüsieren sich die Augenzeugen. Sie ahnen nicht, dass der Silberpfeil im Morast nur ein kleiner Vorgeschmack auf das ist, was in punkto Schlamm noch alles erlebt wird...
Immer wieder gehen Regenschauern nieder. Benetton-Konstrukteur Pat Symonds voll schwarzen Humors, allerdings keineswegs bibelfest, spricht vom »schlimmsten Karfreitag seit 2000 Jahren«. Während im Fahrerlager über Kälte und Nässe geschimpft wird und nur der harte Kern dezent daran erinnert, dass F1-Rennen grundsätzlich nicht in Hallen ausgetragen werden, erkennen die Verantwortlichen bereits, dass sich das Geschehen rund um den Circuit auf »Titanic-Kurs« befindet. Panikartig wird die Notbremse gezogen: Die Zuschauer werden aufgefordert, samstags nicht mit dem eigenen Pkw anzureisen. Am Tag des Qualifying werden die Parkplätze geschlossen bleiben. Die Organisation will den Wiesen einen Tag der Ruhe gönnen, denn bereits jetzt hat sich das Grün großflächig in eine Schlammwüste verwandelt. Die Maßnahme ist gut gemeint, kann jedoch nicht verhindern, dass die Zeitbombe munter weitertickt...
Samstag. Geschlossene Parkplätze – das bedeutet, die Öffentlichkeit ist praktisch ausgeschlossen. Silverstone, gelegen »in the middle of nowhere«, ist nicht der ideale Ort, um per pedes erreicht zu werden. Gespenstisch leere Tribünen, auf denen sich die legendären sieben Aufrechten inklusive Fähnlein verlieren...
Während der vorangegangenen Nacht hat es unaufhörlich geregnet. Erst während der halbstündigen Pause zwischen den zwei morgendlichen 45-Minuten-Sitzungen geht den Wolken der Nachschub aus. Aber die Luftfeuchtigkeit ist hoch, und der vollgesogene Boden schluckt keinen weiteren Kubikzentimeter. Die Piste trocknet vorläufig nicht ab und ist immer noch feucht, als das Qualifying beginnt. Die letzten Minuten des Zeittrainings, das zeichnet sich ab, werden entscheidend sein – falls es sich der Himmel nicht plötzlich wieder anders überlegt.

Rubens Barrichello, Spezialist für die Zeitenjagd unter derartigen Wetterbedingungen, fürchtet neue Niederschläge und geht auf Nummer Sicher. Nach nur fünf Minuten markiert der Brasilianer mit 1.32,6 Minuten einen frühen Bestwert. Im Sommer 1999 war Mika Häkkinen sechs Sekunden schneller – Rubinhos Zeit ist also keinen Pfifferling wert. »Jetzt lachen alle«, erklärt der Südamerikaner, »weil ich mein Rundenkontingent angeblich schlecht einteile. Und was ist, wenn es hier abgeht wie letztes Jahr in Magny-Cours?« Damals verschlechterten sich die Bedingungen während der 60 Minuten kontinuierlich. Die »Frühaufsteher« trafen sich anschließend auf den besten Startplätzen wieder.

Aber diesmal heißt es: Die Letzten werden die Ersten sein. Warten zahlt sich aus. Heinz-Harald Frentzen – der ´99 in Frankreich früh fahren wollte, aber nicht durfte – versucht sein Glück. Der Mönchengladbacher verdrängt Barrichello und wird dann seinerseits von Häkkinen übertroffen. Barrichello setzt sich dank eines Doppelschlages erneut an die Spitze. Mit 22 Minuten ist knapp mehr als das erste Drittel der Stunde abgelaufen.

Jetzt wird gepokert. Einsatzbereit, in den Cockpits ihrer Boliden festgeschnallt, belauern sich die Piloten gegenseitig. Minütlich lassen sie sich über das Wetter informieren. Knapp 20 Minuten lang bleibt Barrichellos Zeit von 1.28,6 Minuten unangetastet. Dann bricht der Sturm los: Rush Hour auf der Piste. Bis in die Schlussminute hinein überschlagen sich die Ereignisse. Nacheinander tauchen die Namen Coulthard, Villeneuve, Coulthard, M. Schumacher, Häkkinen, Villeneuve, Irvine, Verstappen, Coulthard und Frentzen ganz oben auf der Zeitenliste auf. Barrichello, der Mann der frühen Minuten, hat nur noch einen »Schuss«, den er 180 Sekunden vor dem Ende der Sitzung abfeuert. Um drei Tausendstelsekunden unterbietet er »HHF« und sichert sich damit die Pole.

Auf den Rängen spiegelt sich das dramatische Geschehen der Schlussminuten zwangsläufig nicht wieder. Die heißen Juli-Tage, an denen Heerscharen begeisterter Fans nach dem Qualifying den Pole-Setter bejubelten, liegen weiter zurück in der Vergangenheit als die Vorkriegs-Grand Prix in Donington...

Barrichello erhält Komplimente wegen seiner Nervenstärke. Doch der Ferrari-Pilot winkt ab: »Ich war zuversichtlich, denn ich wusste, wie gut mein Auto abgestimmt war.« Ringsumher sieht man nur Verlierer. Frentzen, denkbar knapp geschlagen, Häkkinen auf Platz drei, Coulthard ist Vierter und »Schumi« muss sich mit Platz fünf zufriedengeben. Auch Verstappen, Irvine und Villeneuve machen lange Gesichter. Alle drei hatten das große Ziel zum Greifen nahe vor Augen – jetzt findet sich das Trio auf den Rängen acht, neun und zehn wieder.

Weltmeister Häkkinen spricht vom nicht idealen Set-up und von Jarno Trulli, der sich vor ihm drehte. Coulthard geriet in Verkehr. Michael Schumacher gesteht kleine Fahrfehler ein, die ihm unterliefen, als er es mit dem Messer zwischen den Zähnen versuchte. Arrows-Techniker Mike Coughlan schwärmt von Jos Verstappen: »Unglaublich! Jos fuhr sich mit einer Runde von Platz 21 an die Spitze. Das Team hat sich gesteigert und er auch.« Im Williams-Lager wird ein Loblied auf Jenson Button gesungen. Nur wenige Stunden ist es her, dass Boss Frank Williams den Rookie mahnte, er solle seinen Job ernster nehmen als das Geschäftemachen. Jetzt steht der Neuling als Sechster zwischen den Shuey-Brothers und hat Oberwasser.

Als heimlicher Held des Qualifying aber wird Frentzen gefeiert, weil er am Steuer seines Jordan eigentlich keine Chance auf einen Platz in der ersten Startreihe hatte. »Ich weiß nicht weshalb«, berichtet der Mönchengladbacher, »aber ich liebe derartige Wetterbedingungen. Am Nürburgring 1999 war´s ähnlich.«

Während die Verlierer erklären und rätseln, feiert Rubens Barrichello gemeinsam mit seinen Landsleuten Pedro Diniz und Ricardo Zonta einen hohen nationalen Feiertag: Auf den Tag genau vor 500 Jahren hatte der Seefahrer Pedro Alvares Cabral die Ostküste Brasiliens entdeckt und für die portugiesische Krone in Besitz genommen.

Der Renntag beginnt mit einer faustdicken Überraschung. Das Wetter lässt unerwartet ein weiteres Ass aus dem Ärmel gleiten: Dichter Nebel hüllt die Szenerie ein. Flugbewegungen sind unmöglich. Nichts geht mehr. Silverstone ist am Tag des Grand Prix normalerweise der weltweit größte Flughafen – was die Anzahl der Flugbewegungen betrifft. Tausende lassen sich von London und anderen Ballungszentren aus an die Piste shutteln.

Parallel sind die Zufahrtsstraßen seit den frühesten Morgenstunden völlig verstopft. Nur Schleichwege bleiben frei, aber deren Existenz verschweigt die Polizei, die sich im allgemeinen Chaos ohnehin ausgesprochen rar macht. Der Grund für den traffic jam liegt auf der Hand. Zu spät werden die Parkplätze geöffnet, und dann – mit dieser Methode ist die Katastrophe vorgezeichnet – werden die Autos von Traktoren zu ihren Stellplätzen eskortiert...

Schnell bricht der Verkehr im Umkreis von 40 Kilometern zusammen. Die Parkplätze sehen längst aus wie Panzerübungsgelände. Rundfunkdurchsagen empfehlen, gar nicht erst in Richtung Silverstone aufzubrechen. Wer Beziehungen hat, lässt sich per Motorrad durch den Stau schleusen. An einen pünktlichen Start des Warm-up ist nicht zu denken. Ohne einsatzbereiten Rettungshubschrauber dreht sich in der Formel 1 kein Rad. Außerdem sind die Marshals, Ärzte und Sanitäter nicht vollzählig auf ihren Posten.

Das für 8.30 Uhr angesetzte Warm-up geht mit mehr als 90-minütiger Verspätung über die Bühne. Die halbe Stunde des »Einschießens« ist für die Piloten von größter Wichtigkeit, denn bisher hatten die Aktiven kaum Gelegenheit, ein geeignetes Set-up für trockenen Asphalt auszutüfteln. Coulthard, de la Rosa, »Schumi II«, Häkkinen, Schumacher der Ältere, Barrichello und Button belegen die vorderen Ränge. Der finnische Titelverteidiger ist unglücklich. Wegen eines Ventilschadens konnte er nur wenige Runden drehen. »Wir haben das Auto«, grummelt er, »für das Rennen pi mal Daumen abstimmen müssen. Ideal ist das nicht.«

Bei McLaren und Ferrari entscheiden sich die Verantwortlichen für eine Ein-Stopp-Taktik. Die Piloten von Williams und Jordan planen, zweimal Service machen zu lassen.

Als die fünf roten Lichter erlöschen, kommen vorn Barrichello, Frentzen und die beiden Silberpfeil-Piloten – die ihre Plätze tauschen – gut weg. Der große Verlierer der ersten Meter heißt Michael Schumacher. »Mein Start war okay«, gibt er später zu Protokoll, »aber plötzlich war ich zwischen lauter Autos eingekeilt. Weil in der Mitte kein Durchkommen war, lenkte ich nach links. Dort übers Gras zu fahren, ist immer eine Notlösung.« Diesmal funktioniert der grüne Trick nicht. Schumacher: »Das Gras war zu nass. Die Räder drehten augenblicklich durch.« Bevor er wieder trockenen Boden unter den Gummis hat, haben ihn bereits einige Konkurrenten vernascht: Button ist ebenso vorbei wie der kleine Bruder und natürlich... Blitzstarter Villeneuve, der sich grundsätzlich mit unglaublicher Präzision in Richtung Kurve 1 katapultiert.

Michael Schumacher will das Getümmel der Startrunde nutzen, um Schadensbegrenzung zu betreiben. Vor dem schnellen Rechtshänder »Bridge-Corner« schiebt er sich innen neben den FW22 des Bruders. Doch der weicht keinen Zentimeter. So gut sich die beiden verstehen und schätzen – auf der Piste kennen sie normalerweise keine Geschwister. »Schumi I«: »Er war im Begriff, mir die Tür zuzuschlagen, deshalb nahm ich den Gasfuß hoch. Wäre es nicht Ralf gewesen, hätte ich sicherlich anders reagiert...«

Ralf Sch., nach dem Qualifying wegen der Niederlage gegen Button kein bis-

Sonnenschein und aufgelockerte Bewölkung – während des Rennens sind das Nebel-Chaos und die Schlammschlacht auf den Parkplätzen beinahe schon vergessen

schen erfreut, ist in Top-Form. Und sein Zwei-Stopp-Auto ist leicht... Im Verlauf der zweiten Runde macht er bei »Club-Corner« Jacques Villeneuve nieder und erobert damit Platz sechs hinter Barrichello, Frentzen, Coulthard, Häkkinen und Button. Michael Schumacher findet hingegen keinen Weg an dem BAR-Kanadier vorbei und fällt die Entscheidung, sich zu gedulden, weil »wir auf den Geraden gleich schnell waren und wir vergleichbare Spritmengen an Bord hatten«. Die Boxenstopps, so hofft er, werden´s schon richten.

An der Spitze fällt eine Vorentscheidung, als sich erwartungsgemäß herausstellt, dass Villeneuve das Tempo seiner Vorderleute nicht mitgehen kann. Barrichello zirkuliert als Anführer eines Six-pack. Dahinter klafft nach zehn Runden bereits eine Zehn-Sekunden-Lücke zu dem Kanadier, dem »Schumi« im Nacken sitzt.Nach 24 Runden beginnt die Sechserbande auseinanderzufallen. Die »Leichten« müssen tanken. Zunächst entschließen sich Ralf Schumacher und »HHF« zum Stopp. Der Williams-Pilot wird in 9,3 Sekunden abgefertigt, sein Landsmann gibt nach 8,1 Sekunden wieder Gas. Button folgt einen Umlauf später, und für ihn wird der Lollipop nach 10,3 Sekunden wieder hochgerissen.

Jetzt wird es für Spitzenreiter Barrichello ungemütlich. »DC«, als neuer Zweiter, drängelt weitaus ungeduldiger als Frentzen. Aber er hätte wohl keinen Weg vorbei an dem roten Gegner gefunden, wenn der nicht plötzlich Probleme mit der Kupplung und dem elektronischen Gaszug bekommen hätte. In Runde 31 strauchelt der Brasilianer defektbedingt bei »Becketts«, und reflexschnell bläst sein Jäger zur Attacke. Coulthard will sich bei »Stowe« innen vorbeiquetschen. Aber Rubinho ist auf der Hut. Doch der

Brav gemacht Mika! Mercedes-Sportchef Norbert Haug tröstet Weltmeister Häkkinen, der seinen Teamkollegen DC in der Schlussphase nicht attackieren durfte

Schotte gibt nicht auf und verlagert den Angriff nach links. Das kühne Manöver gelingt: Auf der Außenbahn zieht DC in Front. Seine Eltern erfahren von dem entscheidenden Positionswechsel durch ihr Autoradio – noch stecken sie im Stau...

Später wird Coulthard über das »Geheimnis« seines erfolgreichen Angriffs sprechen: »Ich habe zu Hause bergeweise F1-Videos. Als Rubens ausgangs »Becketts« Tempo verlor, kam mir eine Szene aus dem Jahr 1987 in den Sinn. Damals schnappte sich Nigel Mansell bei »Stowe« Nelson Piquet. Okay, dachte ich mir, dann machen wir das jetzt auch.«

Barrichello kommt nicht mehr weit, und durch die Boxenstopp-Wirren werden vorübergehend Michael Schumacher und dann »HHF« an die Spitze gespült. Als sich das Bild wieder bereinigt hat, führt Coulthard – seine Eltern sind inzwischen Augenzeugen – vor Häkkinen, Michael Schumacher, Frentzen, »Schumi II«, Button, Villeneuve und Trulli. Ausfälle von Frentzen und Villeneuve korrigieren den Einlauf auf den Punkterängen, bevor die erlösende schwarzweiß-karierte Flagge geschwenkt wird.

Aufatmen bei McLaren-Mercedes. Der Doppelsieg kommt aus Sicht von Teamchef Ron Dennis zum rechten Zeitpunkt. Vielleicht wird Silber doch erneut die Modefarbe der Formel 1. Aus der Perspektive von Ferrari ist das Ergebnis von Silverstone eine kalte Dusche. Aber mit Niederlagen dieser Art wird Michael Schumacher zuweilen leben können. Mit leeren Händen fliegt er nicht zurück in die schweizer Wahlheimat: Vier WM-Punkte darf er sich gutschreiben lassen. Damit bleibt er laut Zwischenklassement unverändert Titelanwärter Nummer eins. Aber den Nimbus der Unbesiegbarkeit hat die Scuderia verloren. Der heimlich erträumte Durchmarsch wird nicht realisiert werden können.

GROSSER PREIS VON ENGLAND (Silverstone Circuit)

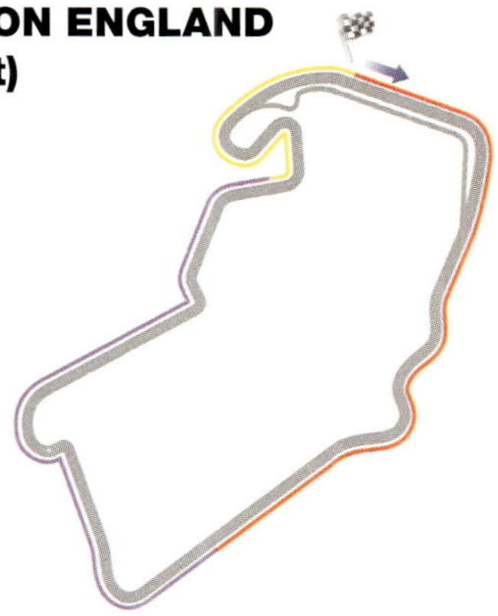

STRECKE

Ort und Datum	Silverstone, 23. April
Wetter	mäßig warm, bewölkt, leicht windig
Streckenlänge	5,141 km
Runden	60
Renndistanz	308,460 km
Bestehender Rundenrekord	1.24,475 = 219,047 km/h Michael Schumacher, Ferrari F310B; GP 1997
GP-Sieger 1999	David Coulthard, McLaren-Mercedes MP4/14 1:32.30,144 = 199,970 km/h

ERGEBNISSE UND AUSFÄLLE:

1. David Coulthard	McLaren-Mercedes MP4/15	1:28.50,108 = 208,266 km/h
2. Mika Häkkinen	McLaren-Mercedes MP4/15	1,477 Sekunden zurück
3. Michael Schumacher	Ferrari F1-2000	19,917 Sekunden zurück
4. Ralf Schumacher	Williams-BMW FW22	41,312 Sekunden zurück
5. Jenson Button	Williams-BMW FW22	57,759 Sekunden zurück
6. Jarno Trulli	Jordan-Mugen EJ10	1.19,273 Minuten zurück
7. Giancarlo Fisichella	Benetton-Playlife B200	1 Runde zurück
8. Mika Salo	Sauber-Petronas C19	1 Runde zurück
9. Alexander Wurz	Benetton-Playlife B200	1 Runde zurück
10. Jean Alesi	Prost-Peugeot AP03	1 Runde zurück
11. Pedro Diniz	Sauber-Petronas C19	1 Runde zurück
12. Johnny Herbert	Jaguar-Cosworth R1	1 Runde zurück
13. Eddie Irvine	Jaguar-Cosworth R1	1 Runde zurück
14. Marc Gené	Minardi-Fondmetal M02	1 Runde zurück
15. Gastón Mazzacane	Minardi-Fondmetal M02	1 Runde zurück
16. Jacques Villeneuve *	BAR-Honda 002	4 Runden zurück/Getriebe
17. Heinz-Harald Frentzen *	Jordan-Mugen EJ10	6 Runden zurück/Getriebe

Nick Heidfeld	Prost-Peugeot AP03	52. Runde, Motor
Ricardo Zonta	BAR-Honda 002	37. Runde, Dreher
Rubens Barrichello	Ferrari F1-2000	36. Runde, Hydraulik
Pedro de la Rosa	Arrows-Supertec A21	27. Runde, Elektronik
Jos Verstappen	Arrows-Supertec A21	21. Runde, Elektronik

* Nicht im Ziel, aber aufgrund der zurückgelegten Distanz gewertet

SCHNELLSTE RUNDE: (56. Rd.) – Mika Häkkinen, McLaren-Mercedes MP4/15
1.26,217 = 214,663 km/h

STARTAUFSTELLUNG:

4 Rubens Barrichello
Ferrari F1-2000 199
1.25,703

5 Heinz-Harald Frentzen
Jordan-Mugen EJ10/004
1.25,706

1 Mika Häkkinen
McLaren-Mercedes MP4/15-4
1.25,741

2 David Coulthard
McLaren-Mercedes MP4/15-2
1.26,088

3 Michael Schumacher
Ferrari F1-2000 200
1.26,161

10 Jenson Button
Williams-BMW FW22-4
1.26,733

9 Ralf Schumacher
Williams-BMW FW22-3
1.26,786

19 Jos Verstappen
Arrows-Supertec A21-04
1.26,793

7 Eddie Irvine
Jaguar-Cosworth R1-03
1.26 818

22 Jacques Villeneuve
BAR-Honda 002/05
1.27,025

6 Jarno Trulli
Jordan-Mugen EJ10/003
1.27,164

11 Giancarlo Fisichella
Benetton-Playlife B200/05
1.27,253

16 Pedro Diniz
Sauber-Petronas C19-04
1.27,301

8 Johnny Herbert
Jaguar-Cosworth R1-01
1.27,461

14 Jean Alesi
Prost-Peugeot AP03-03
1.27,559

23 Ricardo Zonta
BAR-Honda 002/01
1.27,772

15 Nick Heidfeld
Prost-Peugeot AP03-04
1.27,806

17 Mika Salo
Sauber-Petronas C19-02
1.28,110

18 Pedro de la Rosa
Arrows-Supertec A21-03
1.28.135

12 Alexander Wurz
Benetton-Playlife B200/04
1.28,205

20 Marc Gené
Minardi-Fondmetal M02-03
1.28,253

21 Gastón Mazzacane
Minardi-Fondmetal M02-02
1.29,174

Marlboro
West
1
Mobil
1
POTENZA
COMPUTER
ASSOCIATES
FUJITSU
SIEMENS COMPUTERS
FUJITSU
SIEMENS COMPUTERS

Häkkinens erster Saisonsieg

Schreckensmeldung aus Lyon – Zirkus ja, Zoo nein – Pollock und der kurze Nenner – Lustloser Auftakt – Pole-Position für Michael Schumacher – Der Pole-Position-Fluch – Unfall in den Boxen – Falsche Reifenwahl der Roten? – Bei »Schumi« ist die Luft raus – Ferrari wie Minardi – Bruderkampf – Helikopterflug kann heiter werden – Ferrari um den Schlaf gebracht?

Nur zwei Tage nach der Schlammschlacht rings um Silverstone alarmiert eine Schreckensmeldung die Formel 1-Szene. Am frühen Nachmittag misslingt auf dem französischen Flughafen Lyon-Satolas die Notlandung eines Learjet 35. Neben den beiden Piloten sind Silverstone-Sieger David Coulthard, dessen Verlobte Heidi Wichlinski und Physiotherapeut Andrew Matthews an Bord...

Flughafendirektor Chaffange ist Zeuge des tragischen Zwischenfalls: »Der Pilot verlor in sehr niedriger Höhe die Kontrolle über den Jet. Er berührte die Landebahn mit der linken Tragfläche, wurde hochgeschleudert und prallte dann auf. Der Crash riss das Cockpit weg.« Die drei Passagiere und Heidis Hund entkommen mit geringfügigen Verletzungen.

DC nimmt erst zwei Tage später in Barcelona öffentlich Stellung zu der Katastrophe: »Wir starteten mittags in Farnborough, um nach Hause zu fliegen. Unterwegs kam Copilot Dan Worley aus dem Cockpit und kündigte wegen Triebwerksproblemen eine Notlandung in Lyon an.« Grund zur Besorgnis habe zu diesem Zeitpunkt nicht bestanden. Zehn Minuten später setzte der, 1988 gebaute, Acht-Millionen-Mark-Jet zur Landung an. Die drei Passagiere hatten inzwischen die vorgeschriebene Notlande-Sitzposition eingenommen. »Plötzlich«, erinnert sich Coulthard, »kippte das Flugzeug seitlich, und dann knallte es auch schon. Das Cockpit war abgebrochen, und uns wurde sofort klar, dass wir nach vorn flüchten müssen.« Matthews bahnte sich den Weg durch die Trümmer und sprang, gefolgt von dem McLaren-Piloten, ins Freie. Anschließend stützten die beiden Mrs. Wichlinski beim Sprung auf den Rasen. Coulthard: »Sofort schauten wir nach den Piloten, aber es war klar – für David Saunders und Dan Worley kam jede Hilfe zu spät...«

Weil sich Coulthard voll auf seinen Job als F1-Rennfahrer konzentrieren will, lehnt er es ab, weitere Fragen zum Thema Unfall zu beantworten. Der Alltag kehrt ein, sofern in der Formel 1 von einem Alltag gesprochen werden darf. Auffällig ist, das der Giebel des dunkelgrünen Jaguar-Motorhomes nicht mehr durch die überdimensionale Katze geziert wird. Ex-Teamchef Jackie

Der Countdown läuft. Mika Häkkinen wartet, sein Helfer und Freund Didier Cotton fungiert als Schirmherr

David Coulthard verliest seine Erklärung zum Flugzeugunglück – Rubens Barrichello lauscht interessiert

Stewart kommt gerade recht, um die entsprechende Frage zu beantworten. »They don´t like it – sie mögen das nicht«, erklärt der Schotte und verzieht vielsagend das Gesicht. Wenig später spottet Bernie Ecclestone persönlich: »Das konnten wir nicht dulden. Peugeot hätte einen Löwen montiert, Ferrari ein Pferd. Wir sind zwar ein Zirkus, aber kein Zoo.« Basta, der Hausherr hat einen Schlussstrich unter die Affäre »Chrom-Katze« gezogen.

Was die sportliche Seite des Wochenendes betrifft, beherrscht eine zentrale Frage die Diskussionen im Fahrerlager: Kann Michael Schumacher die – in Silverstone unterbrochene – Siegesserie fortsetzen? Der Betroffene wagt eine Prognose, wählt dabei allerdings diplomatisch behutsame Worte: »Aufgrund der Testfahrten sollten wir in der Lage sein, hier zu siegen.«

Die nahezu überall stark eingeschränkten Überholmöglichkeiten haben die Anforderungen an die Teams verändert. Die Performance im Renntrimm hat an Bedeutung verloren. Craig Pollock, der clevere BAR-Chef, bringt es auf den Punkt: »Heutzutage sind vier Faktoren wichtig. Auf die konzentrieren wir uns ganz gezielt. Das Auto muss im Qualifying schnell sein, um eine gute Ausgangsposition zu haben. Die erste Überholchance bietet sich beim Start – also perfektionieren wir das Beschleunigen aus dem Stand. Es ist kein Zufall, dass Jacques in diesem Jahr so oft optimal von der Linie wegkam. Anschließend sind Positionsverbesserungen aus eigener Kraft meist nur noch während der Boxenstopps möglich. Also optimieren wir Reifenwechsel und Tanken. Der Rest ist eine Frage der Zuverlässigkeit.«

Der dritte »Überholverbots-GP« in Folge bringt das leidige Thema wieder einmal auf den Tisch. Weshalb kommt niemand mehr an seinem Gegner vorbei, auch dann nicht, wenn er das erkennbar schnellere Rennauto fährt? Die Antwort: Die Aerodynamik ist zu effizient und der mechanische Grip zu gering. Mit speziell dimensionierten und entsprechend gestylten Heckflügeln sowie breiten Slicks könnte das Problem von heute auf morgen aus der Welt geschafft werden. Eine andere Möglichkeit wären bauliche Veränderungen der Pisten. »Endlos« lange Geraden geben dem stärkeren Hintermann immer eine Chance. Um das zu verwirklichen, müssten allerdings Unsummen investiert werden. Und in Monaco wären die Verantwortlichen wohl auf die Kooperation Frankreichs angewiesen, weil es dem bierdeckelgroßen Fürstentum an entsprechendem Platz mangelt...

Als freitags das ungezeitete Training beginnt, zeigen die Aktiven keinen Kampfeseifer. Erst im Verlauf der Vorwoche nutzten alle elf Teams die Piste zu intensiven Testfahrten. Jeder fühlt sich bestens gerüstet, und deshalb lautet das einhellige Motto: Reifen schonen! Die Flaute auf dem Asphalt – das Publikum auf den Rängen bekommt für seine Peseten nicht viel geboten – heizt die Diskussion über das Dauerthema »Sollen Testfahrten verboten werden?« neu an. Mögliche Lösungen gibt es durchaus. Das Freitagstraining könnte zeitlich ausgedehnt werden. Auch könnten die GP-Wochenenden schon donnerstags beginnen. Alle denkbaren Alternativen versprechen eine Verbesserung der aktuellen Situation.

Während des freien Trainings, letztlich raffen sich die Piloten dann doch auf, um die insgesamt 210 Minuten zum »Einschießen« für Qualifying und Rennen zu nutzen, zeichnen sich zwei Trends ab: Erstens kann die Pole-Position nur von Piloten erobert werden, die einen gültigen Vertrag mit Ferrari oder McLaren in der Tasche haben. Zweitens wird es eng werden, verdammt eng. Nur wenige Zehntelsekunden werden darüber entscheiden, wer aus einer der vorderen Reihen starten darf. Im freien Training tummeln sich allein zwölf Superlizenzinhaber in der 22er-Sekunde!

Kleinigkeiten, wie geringfügige Modifikationen des Set-up oder die Gunst der Minute werden im Verlauf des Qualifying den Ausschlag geben. Das steht fest, als der Ausgang der Boxengasse geöffnet wird und der Sekundenzeiger zu ticken beginnt...

Zunächst setzen sich nacheinander Jean Alesi, Heinz-Harald Frentzen, Jacques Villeneuve und Ralf Schumacher an die Spitze. Aber das kann nicht mehr als das Hors d´Oeuvre des Pole-Fights sein. Doch auch wenn das letzte Wort noch nicht gesprochen ist: Die Zeit von 1.21,823 Minuten, die »Schumi II« auf den Asphalt knallt, imponiert. Wenn der Piloten-Faktor ausgeklammert wird, bleiben zwei mögliche Erklärungen. Entweder ist das Chassis geradezu sensationell gut, oder aber der BMW-V10 ist bereits in seinem Debüt-Jahr ein Power-Monster. Glaubwürdige Urteile gibt es in solchen Fällen meist von der Konkurrenz. Als neutraler Experte befragt, erklärt Jordan-Fahrer Jarno Trulli: »Das Williams-Chassis ist ausgezeichnet – vermutlich zählt es zu den besten im ganzen Fahrerlager.« Tatsächlich ist Patrick Head und seiner Crew mit dem FW22 der beste Wurf seit 1997 gelungen, als der FW19 für den Titelgewinn gut war.

Im Verlauf der 17. Minute – gerade 120 Sekunden nach Ralf Schumachers Sprung an die Spitze – drückt Rubens Barrichello die neue Bestmarke auf 1.21,770 Minuten. Dann schlägt Weltmeister Mika Häkkinen zu: 1.21,367! Zwei Versuche von Michael Schumacher haben nicht den gewünschten

Erfolg. Der Kerpener unternimmt Anlauf Nummer drei, als die Sonne knapp 20 Minuten vor Ende der Sitzung vorübergehend hinter mächtigen Wolken verschwindet. Die Asphalttemperatur fällt von ursprünglich 28 auf 23 Grad Celsius, auch die Luft ist jetzt kühler. Reifen, Motor und Aerodynamik arbeiten jetzt theoretisch besser, und tatsächlich: Der Rheinländer wird mit einer Zeit von 1.20,974 Minuten gestoppt. Damit übernimmt er die Führung. Sechs Minuten später setzt Häkkinen zum Konter an. Aber jetzt scheint die Sonne wieder und lässt die Quecksilbersäulen der Thermometer steigen. 1.21,339 – das ist zu langsam, um Michael Schumacher zu übertrumpfen.

In der Schlussphase rückt der McLaren-Finne noch einmal aus und steigert sich – bei jetzt 26° Celsius – auf 1.21,052. Auch »Schumi« ist jetzt noch einmal auf der Piste, verpasst seine eigene Bestzeit allerdings um 0,180 Sekunden. Den Verdacht, der Wettersituation nicht ausreichend Aufmerksamkeit geschenkt zu haben, weist Mika Häkkinen weit von sich: »Klar, die Temperaturen sind recht wichtig, aber die Technik ist das auch. Wir machten während des Qualifying nicht die notwendigen Abstimmungs-Fortschritte.« Auch Mercedes-Sportchef Norbert Haug verteidigt das eigene Timing: »Die Reifen profitieren sogar von der Wärme – mit jedem Grad werden sie schneller.« Als Zweiter hat der Titelverteidiger im Lager der Silberpfeile noch gut lachen. Sein Teamkollege Coulthard, der während der freien Trainingssitzungen den Finnen stets im Griff hatte, findet sich auf Platz vier wieder. Auch ein aufmunternder Anruf hatte nicht helfen können. Der fernmündliche Daumendruck kam vom Vater eines der beiden in Lyon tödlich verunglückten Piloten...

Nein, es ist nicht die Saison des Nick Heidfeld. Hier geht der Peugeot-V10 des Mönchengladbachers in Flammen auf

Nachdenklich sucht Michael Schumacher nach einer Erklärung für seine erste Pole des Jahres: »Seit Melbourne lag der beste Startplatz für uns in Reichweite. Aber bisher haben wir unsere Chancen nicht nutzen können. Wir liegen mit McLaren Kopf-an-Kopf. Wenn alles stimmt, stehst du vorn. Wenn dir auch nur der kleinste Fehler unterläuft, rangierst du hinter den anderen.«

Wie eng es zugeht, zeigt ein Blick auf die Zeitenliste. Jacques Villeneuve fehlt als Sechstem gerade einmal eine knappe Sekunde auf die Pole. Und wieder herrscht in der 22er-Sekunde mit jetzt 12 Piloten großes Gedränge. Mit im Getümmel: Pedro de la Rosa, der seinen Arrows dank einer Zeit von 1.22,185 Minuten auf Rang neun gestellt hat. Ein Traum-Ergebnis für den Spanier, der vor heimischer Kulisse von WM-Punkten träumen darf.

Lange kann sich der Lokal-Matador nicht auf Wolke sieben halten. Eine Stichprobe ergibt, dass der Sprit im Tank des orangefarbenen Boliden nicht mit dem hinterlegten chemischen Fingerabdruck übereinstimmt. De la Rosa wird in die letzte Startreihe verbannt.

Vor dem Start erreichen die Diskussionen über den »Pole-Fluch« einen neuen Höhepunkt. Seit dem GP von Ungarn 1999, als Mika Häkkinen vom besten Startplatz aus siegte, ist es niemandem mehr gelungen, die Pole-Position in zehn WM-Punkte umzumünzen. Michael Schumacher hat mit dieser schwarzen Serie keinerlei Problem: »Ich sehe keinen Grund, deshalb auf die beste Ausgangssituation zu verzichten. Sollte ich nicht gewinnen, dann liegt das mit Sicherheit nicht daran. Außerdem geht jede Serie irgendwann zu Ende.« Die längste Durst-

Infight in der Startrunde – Michael Schumacher führt vor Häkkinen, Ralf Schumacher, Coulthard, Barrichello, Villeneuve, Frentzen und Trulli

strecke dieser Art in der WM-Geschichte wurde 1986/87 registriert, als die schnellsten des Qualifying gleich 14 Mal hintereinander nicht siegen konnten.
Als endlich Gas gegeben werden darf, »wedelt« Michael Schumacher gekonnt die Startgerade hinunter. Zuerst zieht er seinen Boliden nach rechts, dann nach links. Wer überall ist, kann nirgendwo überholt werden... Häkkinens Traum von Blitzstart und Führung platzt wie eine Seifenblase. Als Zweiter bremst sich der Skandinavier in die erste Kurve ein und erlebt eine Schrecksekunde: »Ralf Schumacher knallte gegen das Heck meines McLaren. Ich machte mir größte Sorgen, die hintere Aufhängung sei verbogen.« Tatsächlich ist es ausnahmsweise nicht der jetzt sechstplatzierte Jacques Villeneuve, der durch einen Blitzstart begeistert, sondern »Schumi II«, der sich vom fünften Rang – vorbei an Barrichello und Coulthard – auf den dritten Platz verbessern kann. Weiter hinten beschleunigt Heinz-Harald Frentzen seinen italienischen Teamkollegen Jarno Trulli aus.
Noch vor Ende der ersten Runde dreht sich Pedro Diniz in den Kies. Aus. Und schon der nächste Umlauf lässt das Feld um zwei weitere Piloten schrumpfen: de la Rosa und Alesi kollidieren. Der Arrows-Pilot ist empört: »Ich war innen fast schon auf gleicher Höhe, da schlug er mir die Tür vor der Nase zu. Wahrscheinlich hat er mich gar nicht gesehen – Jean schaut ja nie in die Rückspiegel.« Ein Crash, zwei Meinungen, auch heute gibt es von dieser Regel keine Ausnahme. »Er hat es an einer Stelle probiert«, ereifert sich der französische Kontrahent, »wo es bisher noch nicht einmal versucht wurde. Ich wusste gar nicht, was gespielt wird, da knallte es auch schon.«
Doch Runde zwei bringt auch Erfreuliches: Ein echtes Überholmanöver! In Barcelona wurde Derartiges noch nicht oft registriert. Das Kunststück gelingt Jos Verstappen, der sich am Ende der Start-und-Ziel-Geraden an Eddie Irvines Jaguar vorbeischieben kann. Damit ist das Pulver verschossen. Vorn Michael Schumacher, Häkkinen, der kleine Bruder des Spitzenreiters, »DC« mit angeknacksten Rippen und Villeneuve. Dahinter 13 Kollegen. Bis zur Serie der ersten Stopps bleibt die Reihenfolge unverändert – nur die Abstände variieren.
»Schumi« und Häkkinen können sich in der Folge absetzen. Ralf Schumacher kann das Tempo des rot-silbernen Duos nicht mithalten. Aber der Williams-Pilot ist schnell genug, um nicht unter Druck durch Coulthard und Barrichello zu geraten. Erst dahinter klafft die erste wirklich große Lücke: Eine Sekunde verliert Villeneuve durchschnittlich pro Runde auf Rubinho. Und hinter dem Kanadier stecken Frentzen, Trulli, Button und Salo im »Stau«.

Das ändert sich erst, als der BAR-Pilot nach 21 Runden in die Boxengasse abbiegt. Nach seinem Stopp kommt der Ex-Champion nicht mehr weit. »Irgendetwas mit dem Gaspedal stimmt nicht« – der BAR-Honda bleibt stehen und fängt Feuer. Wenig später herrscht Hochbetrieb an den Boxen. Dramatisch verläuft der Stopp des Spitzenreiters. In 7,3 Sekunden wird Michael Schumacher abgefertigt. Dann gibt der Lollipop-Man den Weg frei – eine Zehntelsekunde zu früh... Mit dem rechten Hinterrad fährt der Kerpener seinen »Tankwart« Nigel Stephney nieder, der stürzt und sich das linke Wadenbein bricht. Per Funk wird der Pilot informiert, er brauche sich keine Sorgen um Nigel zu machen. Ein Ersatzmann muss wenig später Barrichellos Ferrari betanken. Er macht seine Sache gut. Aber dass der Brasilianer während der Stopps Coulthard überholen kann, liegt an einem Patzer des Schotten. »Ich übersah beim Losfahren die Anzeige für den ersten Gang«, erklärt er nach dem Rennen, »also musste ich zurück in den Leerlauf und das Spiel von vorn beginnen...«

Als letzter der Frontrunner holt Häkkinen Sprit und Reifen. Knapp hinter »Schumi« fädelt er sich wieder ins Renngeschehen ein. Der Finne ist in diesem Stadium absolut optimistisch, wie er später rückblickend zu Protokoll geben wird: »Wir wussten, dass Michael auf harten Reifen fuhr. Und wir wussten aufgrund der Testfahrten auch, dass die harten Reifen hier nach 15 Runden Grip verlieren. Vor seinem ersten Stopp rutschte Shuey schon durch die Gegend... Ich war überzeugt, ihn früher oder später packen zu können.«

Aber Barcelona hat seine eigenen Spielregeln. Vorn der Pole-Setter und der optimistische Titelverteidiger. Weiter hinten »Schumi II«, der alle Hände voll zu tun hat, Barrichello und Coulthard hinter sich zu halten. Mit Spannung wird der zweiten Stopp-Serie entgegengefiebert. Der Schotte lässt nach 38 Runden als Erster »nachladen«. Einen Umlauf später bremsen sich Ralf Schumacher und Barrichello zwischen ihren Mechanikern ein. Diesmal zeigt der Stephney-Ersatz bei Ferrari Nerven... Aber »Schumi II« wird zügig abgefertigt. Während der Brasilianer auf Rang fünf zurückfällt, kehrt der Kerpener Williams-Pilot knapp vor DC zurück auf die Piste. Mit einem mutigen Jetzt-Oder-Nie-Manöver bleibt der Schotte lange auf dem Gas und zieht in Kurve 1 auf der Außenbahn an Ralf Schumacher vorbei. Dann, nach 40 Umläufen, erreicht die Spannung einen weiteren Höhepunkt: Gleichzeitig rollen »Schumi« und sein

Souverän hält »Schumi II« den Schotten David Coulthard in Schach

Jäger in die Boxengasse. Schlagschrauber rattern. Häkkinen tritt als erster das Gaspedal nieder und übernimmt die Führung. Michael Schumacher ist wehrlos. Weil der »Tankwart« Probleme beim Aufsetzen des Rüssels hat, steht der Bolide des Rheinländers 17,5 Sekunden lang still. Der »Pole-Fluch« behält seinen Schrecken...

Michael Schumacher darf nur kurz darauf hoffen, wenigstens den »Trostpreis«, sechs WM-Punkte, kassieren zu dürfen. Der linke Hinterreifen seines Ferrari verliert Luft. Coulthard rückt gefährlich auf und greift »Schumi« am Steuer seines waidwunden Boliden zu Beginn der 47. Runde in Kurve 1 erstmals an. Innen will DC durchstechen, doch der Deutsche macht die Tür zu. »Das war nicht fair«, wird der Schotte später urteilen, »bei diesem Tempo muss man sich auf den Gegner verlassen können, sonst wird es gefährlich.«

Eine Runde später, am selben Schauplatz: Coulthard greift wieder auf der Innenbahn an und wartet darauf, dass der Vordermann den Raum deckt. Der lenkt tatsächlich nach rechts, doch diesmal ist DC nicht überrascht: Reflexschnell wechselt er auf die Außenbahn und zieht vorbei. Stolz ist Coulthard auf die Platzverbesserung nicht: »Es war klar, dass Michael Probleme hat. Es war ein bisschen so, als würde ich einen Minardi überholen...«

Michael Schumachers Leidensweg ist noch nicht beendet. Der Slow-Puncture lässt ihn weiter Zeit verlieren. Schon in Runde 50 liegt der Williams von Bruder Ralf formatfüllend in den Spiegeln des Ferrari. Im Frust kennt der Trainingsschnellste keine Verwandten. Als »Schumi II« angreift, hält »Big Brother« voll dagegen. Für den Verlauf von zwei, drei Kurven liegen die beiden nebeneinander Rad-an-Rad. Rubens Barrichello, erste Reihe Mitte, wundert sich: »Ich dachte, was machen die da? Jeden Augenblick musste es krachen.« Es kracht nicht. Aber als Schumacher der Ältere in einer Rechtskurve nach außen getragen wird, »schiebt« er den Bruder mit und... Rubinho schlüpft innen vorbei auf Rang drei. Dann endlich kann sich auch Ralf durchsetzen – im Rückspiegel sieht er, wie der zähe Widersacher in die Boxengasse abbiegt, um neue Pneus zu holen. Statt der erhofften zehn WM-Punkte, wird »Schumi« gemacht?« Dritten gegenüber will sich der Beinahe-Dritte, den auch eine dicke Zigarre nicht trösten kann, nicht äußern: »Es wäre ein Fehler, jetzt zu sprechen.« Vater Schumacher rollt mit den Augen und erwartet, der gemeinsame Helikopterflug zum Airport könne »heiter werden«.

Eitel Sonnenschein hingegen bei McLaren-Mercedes. Der Silberpfeil-Doppelsieg wird euphorisch gefeiert. »1999 sprach ich hier in Barcelona von

Ein Dreikampf, der für viel Gesprächsstoff sorgt – die Schumi-Brothers und Rubens Barrichello im Infight

lediglich zwei Zähler mit nach Hause nehmen.

Bevor die Schumachers in wenigen Tagen so tun werden, als sei nichts geschehen, muss sich der »rote Bruder« wiederholt eine Frage gefallen lassen. »Warum«, schreit der Williams-Schumi immer wieder, »hast du das

einer Wende«, erinnert sich Sieger Häkkinen, »und jetzt ist die Situation vergleichbar. Wir haben an diesem Wochenende sehr viel gelernt. Es geht bergauf.« Auch Teamchef Ron Dennis glaubt an einen Umschwung: »Von nun an werden die in Maranello nicht gut schlafen.«

GROSSER PREIS VON SPANIEN (Circuit de Catalunya)

STRECKE

Ort und Datum	Granollers, 7. Mai
Wetter	warm, wechselnd bewölkt, leicht windig
Streckenlänge	4,730 km
Runden	65
Renndistanz	307,450 km
Bestehender Rundenrekord	1.22,242 = 206,960 km/h Giancarlo Fisichella, Jordan-Peugeot 197; GP 1997
GP-Sieger 1999	Mika Häkkinen, McLaren-Mercedes MP4/14 1:34.13,665 = 195,608 km/h

ERGEBNISSE UND AUSFÄLLE:

1. Mika Häkkinen	McLaren-Mercedes MP4/15	1:33.55,390 = 196,324 km/h
2. David Coulthard	McLaren-Mercedes MP4/15	16,066 Sekunden zurück
3. Rubens Barrichello	Ferrari F1-2000	29,112 Sekunden zurück
4. Ralf Schumacher	Williams-BMW FW22	37,311 Sekunden zurück
5. Michael Schumacher	Ferrari F1-2000	47,983 Sekunden zurück
6. Heinz-Harald Frentzen	Jordan-Mugen EJ10	1.21,925 Minuten zurück
7. Mika Salo	Sauber-Petronas C19	1 Runde zurück
8. Ricardo Zonta	BAR-Honda 002	1 Runde zurück
9. Giancarlo Fisichella	Benetton-Playlife B200	1 Runde zurück
10. Alexander Wurz	Benetton-Playlife B200	1 Runde zurück
11. Eddie Irvine	Jaguar-Cosworth R1	1 Runde zurück
12. Jarno Trulli	Jordan-Mugen EJ10	1 Runde zurück
13. Johnny Herbert	Jaguar-Cosworth R1	1 Runde zurück
14. Marc Gené	Minardi-Fondmetal M02	2 Runden zurück
15. Gastón Mazzacane	Minardi-Fondmetal M02	2 Runden zurück
16. Nick Heidfeld	Prost-Peugeot AP03	3 Runden zurück
17. Jenson Button *	Williams-BMW FW22	4 Runden zurück/Motor
Jos Verstappen	Arrows-Supertec A21	26. Runde, Getriebe
Jacques Villeneuve	BAR-Honda 002	22. Runde, Motor
Jean Alesi	Prost-Peugeot AP03	2. Runde, Unfall
Pedro de la Rosa	Arrows-Supertec A21	2. Runde, Unfall
Pedro Diniz	Sauber-Petronas C19	1. Runde, Dreher

* Nicht im Ziel, aber aufgrund der zurückgelegten Distanz gewertet

SCHNELLSTE RUNDE: (28. Rd.) – Mika Häkkinen, McLaren-Mercedes MP4/15
1.24,470 = 201,586 km/h

STARTAUFSTELLUNG:

3 Michael Schumacher
Ferrari F1-2000 198
1.20,974

1 Mika Häkkinen
McLaren-Mercedes MP4/15-4
1.21,052

4 Rubens Barrichello
Ferrari F1-2000 199
1.21,416

2 David Coulthard
McLaren-Mercedes MP4/15-5
1.21,422

9 Ralf Schumacher
Williams-BMW FW22-6
1.21,605

22 Jacques Villeneuve
BAR-Honda 002/05
1.21,963

6 Jarno Trulli
Jordan-Mugen EJ10/003
1.22,006

5 Heinz-Harald Frentzen
Jordan-Mugen EJ10/006
1.22,135

7 Eddie Irvine
Jaguar-Cosworth R1-04
1.22,370

10 Jenson Button
Williams-BMW FW22-5
1.22,385

19 Jos Verstappen
Arrows-Supertec A21-04
1.22,421

17 Mika Salo
Sauber-Petronas C19-02
1.22,443

11 Giancarlo Fisichella
Benetton-Playlife B200/05
1.22,569

8 Johnny Herbert
Jaguar-Cosworth R1-01
1.22,781

16 Pedro Diniz
Sauber-Petronas C19-04
1.22,341

23 Ricardo Zonta
BAR-Honda 002/01
1.22,882

14 Jean Alesi
Prost-Peugeot AP03-03
1.22,394

12 Alexander Wurz
Benetton-Playlife B200/02
1.23,010

15 Nick Heidfeld
Prost-Peugeot AP03-04
1.23,033

20 Marc Gené
Minardi-Fondmetal M02-03
1.23,486

21 Gaston Mazzacane
Minardi-Fondmetal M02-01
1.24,257

18 Pedro de la Rosa *
Arrows-Supertec A21-03
ohne Zeit

* Qualifying-Zeit (1.22,185) wegen Verstoßes gegen das Benzinreglement aberkannt

Marlboro
Marlboro
TOMMY
TOMMY
TIM
Marlboro

Heimsieg für »Schumi«

Luki Scheuer und sein »Wetterknie« – Wortduell bei McLaren – Wird Häkkinen wirklich Vater? – Benetton spielte Club-Med – Dreikampf um die Pole-Position – Frentzen und Verstappen im Clinch – Heidfeld fehlen zwei Kilogramm – Dramatischer Start – Desaster für die Gelben – Dreier-Crash im Castrol-S – Häkkinen und der »Berufsverkehr« – Welches Wetter liebt »Schumi«?

Das neue Mai-Datum für den WM-Lauf auf der GP-Piste des Nürburgrings ruft die Wetter-Pessimisten auf den Plan: Von Frost, Schnee und eiskalten Winden ist die Rede. Die gemäßigte Fraktion spricht zumindest von niedrigen Temperaturen und Regen.

Doch überraschend scheint sich alles zum Guten zu wenden: Deutschland erlebt den sonnenreichsten Mai seit 1932. In der Eifel klettert die Quecksilbersäule der Thermometer wiederholt auf Werte von knapp 30 Grad! Jetzt wird plötzlich eine Hitzeschlacht einkalkuliert...

Einer weiß es besser. Luki Scheuer – Journalist, Nürburgring-Spezialist und Cheforganisator der F1-Pressestelle in Personalunion. Tage vor Trainingsbeginn veröffentlicht er eine detaillierte Wettervorhersage, die in der kühnen Behauptung gipfelt, am Renntag werde es ab 14.15 Uhr im Bereich der Müllenbachschleife anfangen zu tröpfeln und anschließend im gesamten Streckenbereich regnen. Der Mann wird Recht behalten. Sein hellseherisches Wissen verdankt er keineswegs meteorologischen Studien, sondern seinem »Wetterknie«, dem Relikt eines Motorradunfalls auf der Nordschleife vor mehr als 35 Jahren...

Bereits mittwochs beginnt das Wetter, sich Scheuers Vorstellungen anzupassen. Schluss mit Sonnenschein. Es ist kalt, nass und windig.

Gelassen wartet der Publikums-Magnet aus Kerpen auf seine große Stunde. Erstmals wird ein deutscher F1-Pilot am Steuer eines Ferrari auf heimischem Asphalt siegen

Gewogen und zu leicht befunden... Nick Heidfeld und sein Manager Werner Heinz müssen eine riesige Enttäuschung verdauen

Im Auge des Taifuns – Heinz-Harald Frentzens gelber Jordan im Gedränge auf den ersten Kilometern

Wer nicht über den Luxus eines Wetterknies verfügt, versucht sein Glück im Bereich anderer Vorhersagen. Weltmeister Mika Häkkinen, so heißt es, werde zum Ende der Saison zurücktreten. F1-müde sei der Finne und nicht mehr motiviert. »Ich weiß nicht«, sagt Häkkinen verschmitzt lächelnd, »wer das in die Welt gesetzt hat – vielleicht war´s Michael Schumacher? Tatsache ist, dass an diesem Gerücht nichts Wahres ist. Natürlich werde ich eines Tages zurücktreten. Aber damit habe ich keine Eile. Ich liebe die Formel 1.« Seine Liebe wird er noch vor Jahresende teilen müssen. Neben seiner Erja und dem GP-Sport wird dann auch der angekündigte Nachwuchs diesbezügliche Ansprüche stellen, denn eine finnische Zeitung hat als Aufmacher auf der Titelseite: Mika Häkkinen wird Vater. Der Silberpfeil-Pilot begegnet der Nachricht unwirsch: »Kein Kommentar!« Klar, dementieren kann er nicht, denn die Wahrheit ist dauerhaft nicht zu verheimlichen. Als sich Michael Schumacher unter vier Augen – allerdings wesentlich mehr Ohren – nach dem werdenden Baby erkundigt, gesteht der Skandinavier bereitwillig: »Erja ist im dritten Monat.«

Aber der Titelverteidiger steht zu Beginn des Wochenendes nicht nur wegen der Frührentner-Gerüchte und dem Familiennachwuchs im Blickpunkt des Interesses. Mit für ihn ungewohnter Schärfe urteilt er über seinen Teamkollegen David Coulthard: »Was seinen Speed betrifft, ist David an den Grenzen seiner Möglichkeiten angelangt. An meinen Speed kommt er nicht heran. Ende der Diskussion! Klar, er wird noch einige Rennen gewinnen. Deshalb wird er reifen, aber auf keinen Fall schneller werden.« Tatsächlich spricht die Statistik eindeutig für Häkkinen. Seitdem die beiden gemeinsam für McLaren starten, holte der Finne 264 WM-Punkte, »DC« lediglich 182. Häkkinen siegte 15 Mal, Coulthard war nur sechsmal erfolgreich. Das Pole-Position-Duell endete 24:4 zu Häkkinens Gunsten und im Qualifying war der Nordeuropäer 55 Mal schneller als sein Teamkollege, der lediglich 17 Mal die Nase vorn hatte.

Michael Schumacher schließt sich der Kritik des Champions nicht an: »David hat sich gewaltig steigern können. Ich rechne damit, dass die jeweilige Tagesform darüber entscheiden wird, ob Mika oder David das interne McLaren-Duell gewinnt.«

Und der Schotte selbst? Der will zunächst gar nicht glauben, vom eigenen Teamkollegen derart in die Pfanne gehauen worden zu sein: »Das hat er wirklich gesagt? Er hat wohl vergessen, wie oft ich ihm schon geholfen habe, ein Rennen zu gewinnen.« Seine eigene Form sieht der Schotte keineswegs durch die rosarote Brille: »Das Flugzeugunglück hat mich aus dem Rhythmus gebracht. Deshalb konnte ich das Silverstone-Hoch nicht beibehalten. Das Erlebnis war zu außergewöhnlich, um es einfach so wegstecken

zu können. Und die drei geknacksten Rippen waren in Spanien auch kein Vorteil.«
Donnerstagabend lädt Benetton-Boss Flavio Briatore zum Abendessen. Beim Plausch verrät der Italiener, der im Herbst das pigmentreiche Model Naomi Campbell zu ehelichen gedenkt, seine persönliche Meinung über sein Team und die Formel 1 im allgemeinen. Mehr Überholmanöver will er aufgrund von Reglementänderungen künftig in der Formel 1 sehen. Damit rennt er bei vielen Fans sicherlich offene Türen ein. Weniger Verständnis werden die Freunde des GP-Sports für eine andere Ansicht Briatores haben. »Zur Zeit«, so der PS-Manager, »würde ich mich bei einem Grand Prix selbst dann nicht auf eine Tribüne setzen, wenn ich dafür bezahlt würde.« Was dabei gefällt, sind die offenen Worte. Und auch bei der Beurteilung von Benetton nimmt er kein Blatt vor den Mund: »Die haben doch im Vorjahr Club Med gespielt – sind um die Welt gereist und haben sich vergnügt.« Im Vergleich mit den Benetton-Urlaubern nimmt Jarno Trulli seinen Job ausgesprochen ernst. Weil sich der Italiener eine Ohrenentzündung eingefangen hat, ging der Jordan-Pilot auf Nummer Sicher. Aus Angst davor, sein Gesundheitszustand könnte sich durch eine Flugreise verschlechtern, reiste der Italiener auf dem Landweg an – per Zug.
Nach den freien Trainingssitzungen spricht alles für eine erste Startreihe in der neuen Modefarbe Rot. »Hausherr« Michael Schumacher markiert mit einer Zeit von 1.18,527 Minuten den vorläufigen Bestwert. Rubens Barrichello liegt auf Rang zwei und unterstreicht damit die gute Form der F1-2000 – dann erst folgen die beiden Silberpfeile in der Reihenfolge Häkkinen vor Coulthard.
Am Samstagmittag schlägt die Stunde der Wahrheit, die sich als ausgesprochen kurz herausstellen wird... Weil kurz zuvor Regen niederging, ist die Piste zu Beginn des Qualifying feucht. Da die Piste schnell abtrocknet – gleichzeitig aber weitere Niederschläge drohen –, beginnt die Zeitenjagd nahezu umgehend. Nach nur neun Minuten rangiert Ralf Schumacher, der hier im Vorjahr knapp seinen ersten GP-Sieg verpasste, mit 1.20,105 Minuten auf Platz eins. Dann gehen die Asse auf »Feindflug«. Mika Häkkinen legt die Latte auf 1.19,041, dann stößt »Schumi« in völlig neue Bereiche vor und erreicht 1.18,091. Aber auch diese Traumzeit hat nur geringe Überlebenschancen.
Jetzt wird den Fans ein Leckerbissen der Extraklasse geboten: Zeitgleich rollen die beiden McLaren und Michael Schumachers Ferrari für die zweiten Versuche auf die Piste. Als erster fliegt der Finne durch die Lichtschranke: 1.17,785 – neue Bestzeit. Sekunden spä-

Boxenstopp beendet. Marc Gené wirft sich mit neuen Sprit- und Gummireserven wieder in die Schlacht

ter setzt Coulthard mit 1.17,529 eins drauf. Und »Schumi«, der Publikumsliebling? Mit 1.17,667 verpasst er die Zeit des Schotten, aber es reicht für Platz zwei. Die üblichen weiteren Verbesserungen vorausgesetzt, liegen nun 1.16er-Zeiten im Bereich der Möglichkeiten.

Dann stoppt Regen zunächst alle weiteren ernsthaften Versuche. Sechs Minuten vor Ende der Sitzung präsentiert sich das Asphaltband wieder in ausreichend trockenem Zustand. Doch die Piloten warten mit stoischer Geduld auf noch bessere Bedingungen. Gut zwei Minuten bleiben noch für die Anlaufrunde, als schlagartig Leben in die Boxengasse kommt. Die Verkehrsdichte ist urplötzlich mit derjenigen auf dem Kölner Autobahnring vergleichbar – im Berufsverkehr, versteht sich. In dem Getümmel finden lediglich Trulli, Button, de la Rosa, Verstappen, Wurz und Mazzacane den notwendigen Freiraum für Steigerungen. David Coulthard hat seine erste Pole seit dem GP von Kanada im Jahr 1998 im Trockenen.

Die Leistung des Silverstone-Siegers wird von allen objektiven Beobachtern als richtige Antwort auf Häkkinens Verbal-Attacken gewertet. Überglücklich berichtet der Qualifying-Sieger: »Mein Auto war sensationell ausbalanciert. Natürlich waren die Witterungsbedingungen entscheidend. Alles hing von den Fragen ab – wann ist der Rennwagen einsatzbereit, wann entscheidest du dich zuzuschlagen? Mal macht man das alles richtig, mal nicht. Ich habe heute alles richtig gemacht. Meine Runde war sicherlich nicht das Optimum. Hätte es nicht geregnet, wären die anderen noch schneller gefahren – ich allerdings auch…«

Als Zweiter ist Michael Schumacher enttäuscht: »Natürlich hätte ich es schaffen können, aber zweimal unterliefen mir in der Dunlopkehre kleine Fehler. Ein Drama ist der Ausgang des Qualifying für mich allerdings nicht. Ich habe in diesem Jahr schon drei Rennen gewonnen, ohne von der Pole zu starten.«

Natürlich hat Mika Häkkinen eine Erklärung dafür, dass ihn sein Teamkollege schlagen konnte: »Seit gestern fehlt mir das 100-prozentige Vertrauen ins Auto. Es war nicht so gut abge-

Nur die vielen Regenschirme sorgen im grauen Eifelwetter für Farbe

stimmt wie Davids, und uns fehlte wegen des Wetters die Zeit, das Set-up zu perfektionieren.« Häkkinen tröstet sich damit, dass seine Ausgangsposition keineswegs alarmierend ist.

Heinz-Harald Frentzen, der 1999 auf der GP-Piste des Rings von der Pole-Position startete, vermisst als Zehnter einen derartigen Hoffnungsschimmer. Der Mönchengladbacher ist stocksauer, und der Grund für sein bescheidenes Abschneiden hat einen Namen: Jos Verstappen. »Jos ist ein Idiot«, schimpft der Jordan-Pilot, »er hat mich beim entscheidenden zweiten Versuch blockiert.« Der Niederländer kontert: »Sorry, ich sah ihn etwas spät, ging dann aber sofort vom Gas – er hätte mich auf der Bremse überholen können.« Auf der Piste reagierte »HHF« frustriert. Er drängte den Rivalen in der Dunlop-Kehre beinahe von der Bahn. Anschließend fuhren die Streithähne rempelnd Rad-an-Rad, und der impulsive Arrows-Fahrer »braketestete« Frentzen. Weil er sich unfair behandelt fühlt, kündigt »Jos the Boss« Rache an: »Irgendwann wird er wieder einmal hinter mir auftauchen – und dann lasse ich ihn nicht vorbei…«

Nick Heidfeld, das zweite Eisen Mönchengladbachs im GP-Sport, ist als 13. des Qualifying hingegen absolut happy. Es ist die bisher beste Platzierung des Rookies. Aber lange darf sich »Quick Nick« nicht freuen. Sein Prost-Peugeot lag beim Wiegen zwei Kilogramm unter dem vorgeschriebenen Mindestgewicht von 600 Kilogramm... Jetzt droht ihm eine Disqualifikation, die prompt ausgesprochen wird. Heidfeld darf nicht starten! Die 13 hat ihm kein Glück gebracht. Des Rätsels Lösung: Front- und Heckflügel wurden ebenso modifiziert wie die Deflektoren. Die neuen Teile bringen nicht nur aerodynamische Vorteile, sondern sie sind auch zwei bis drei Kilogramm

Mika Häkkinen gerät unter massiven Druck von Michael Schumacher

leichter als die bisherigen Bauteile. Teamchef Alain Prost schimpft: »Es war ein unverzeihlicher Fehler von Nicks Track-Engineer Gilles Alegoet, die Gewichtsreduzierung nicht einzukalkulieren.« Der um die Früchte seiner Arbeit betrogene Pilot nimmt das Urteil einigermaßen gefasst entgegen: »Meine Gefühle sind gemixt, aber das Negative überwiegt. Nicht fahren zu dürfen, ist wahnsinnig frustrierend. Andererseits macht die Qualifying-Leistung Mut.« Rechnerisch brachte der illegale Gewichtsvorteil einen Zeitgewinn von sechs Hundertstelsekunden – ein »Plus«, das die Platzierung nicht beeinflusste… Der enttäuschte Pilot will sofort abreisen, aber seine Verpflichtungen den Sponsoren gegenüber zwingen ihn zu bleiben.

Im Warm-up am Sonntagmorgen beweist Michael Schumacher, dass ihn die Qualifying-Niederlage nicht aus dem Konzept gebracht hat: Vor Häkkinen, Frentzen, Barrichello und Verstappen setzt er sich während der halbstündigen Generalprobe durch. Mit Spannung wird anschließend erwartet, ob »DC« die Pole beim Start nutzen kann, oder ob der Schotte vom zweitplatzierten »Schumi« ausbeschleunigt wird.

Als die roten Ampeln erlöschen, kommt alles ganz anders. Mika Häkkinen, den niemand so recht auf der Liste hat, gelingt ein Meisterstück. Während die rot-silberne Frontreihe die ersten Zehntelsekunden des Rennens verschläft, schießt der Finne in Führung! Um sich zwischen dem Teamkollegen und Schumachers rotem Renner auf Platz eins durchzuquetschen, darf der Titelverteidiger nicht zimperlich sein. Und weil er tatsächlich seine Ellenbogen einsetzt, wird »Schumi« nach dem Rennen ungehalten reagieren: »Als er nach rechts zog, dachte ich, das darf doch nicht wahr sein! Wo sollte ich hin? Sein rechtes Hinterrad berührte mein linkes Vorderrad. Das war eine völlig unnötige und gefährliche Situation. Aber das weiß Mika

Die drei Boliden der erstplatzierten Piloten kühlen im Parc fermé aus

sicherlich selbst.«Und nun passiert etwas Außergewöhnliches. Mika Häkkinen ist sanft wie ein Lamm. Die Duellanten der Vergangenheit – Mansell und Piquet, Prost und Senna oder Michael Schumacher und Damon Hill – hätten sich in einer vergleichbaren Situation gegenseitig verbal niedergemacht. Mit den Vorwürfen konfrontiert, reagiert der Weltmeister hingegen defensiv: »Es war wirklich ungemütlich. Ich konnte nicht abschätzen, wie nah Michael war. Aber ich musste auf der Innenseite durchbrechen – es gab keine andere Wahl. Schade, dass es passierte, und hoffentlich wird Ähnliches nicht mehr vorkommen. Nach allem, was während der letzten Rennen geschah, habe ich von so etwas die Nase voll.« Mit dem letzten Hinweis erinnert der Skandinavier immerhin dezent an Schumachers »Blockademanöver« in Imola und Barcelona. Aber zusätzliches Öl gießt er nicht ins Feuer.

Wie zuvor während des Grand Prix von San Marino können sich Häkkinen und Schumacher absetzen und weit vor den Gegnern ein »Privatrennen« austragen: Coulthard, Barrichello, Villeneuve (!) und der Rest können nicht folgen.

Jarno Trulli ist bereits nicht mehr mit von der Partie, seit Häkkinen das Feld erstmals durch das Castrol-S führte. Das Layout der Piste »garantiert« an dieser Stelle in der Startrunde geradezu einen Crash. Diesmal kommt es zu einer rein italienischen Kollision. Im Infight mit seinem Landsmann Giancarlo Fisichella wird die linke hintere Radaufhängung des Jordan durch einen »Bodycheck« ruiniert. Nahezu zeitgleich schickt Pedro de la Rosa Heinz-Harald Frentzen ins Gras, der aber zunächst mit dem Verlust von nur zwei Plätzen glimpflich davonkommt. Teamchef Eddie Jordan wird an diesem Tag nicht viel Freude haben: Runde drei bringt das Aus für den zweiten gelben Renner. Der Mugen im Rücken von »HHF« will nicht mitspielen.

Nach zehn Runden – für Luki Scheuers Wetterknie keineswegs überraschend – beginnt es zu regnen. Selbstverständlich zunächst im Bereich der Müllenbachschleife... Von nun an wird es bis zum Ende des Rennens regnerisch bleiben. Auf der jetzt schmierigen Piste attackiert Michael Schumacher den Spitzenreiter. Der Finne fährt nach eigener Aussage »am Limit«, hat aber gegen den Ferrari-Piloten nicht

den Hauch einer Chance. Ab Runde elf übernimmt »Schumi« eingangs der Veedol-Schikane das Kommando, was die Fans auf den Tribünen das ungemütliche Wetter vergessen lässt.
Nach 15 Umläufen ist es bereits so nass, dass sich alle Stopp-Strategien dem Wetter unterordnen müssen. Weil Shuey zuerst abgefertigt wird, dreht dessen Teamkollege Rubens Barrichello zwangsläufig eine zeitraubende Runde auf Trockengummis. Als kleines Bonbon erhält der Südamerikaner nur wenig Sprit – der kurze Halt soll entschädigen. Die Folge ist der Wechsel auf eine Drei-Stopp-Strategie, die für »Rubinho« unterm Strich allerdings nur Nachteile bringen wird.
Noch ist das Duell an der Spitze nicht entschieden, obwohl Schumacher mit den schwierigen Bedingungen bestens klarkommt. Runde 25 spult er beispielsweise locker in 1.29,962 Minuten ab – Häkkinen benötigt 1.32,331...
Über fehlende »Zwischenfälle« braucht sich niemand zu beklagen. Zu Beginn des 30. Umlaufs geraten sich Eddie Irvine und Jos Verstappen im Castrol-S in die Haare. Der Nordire kreiselt von der Bahn, und Ralf Schumacher kann nicht ausweichen. Pirouetten drehend, berühren sich die beiden Boliden. Der Williams verliert seinen Heckflügel während der Kollision, Irvines Auto macht sich selbständig, als der Vizemeister wieder Gas gibt und der Fahrtwind seine unsichtbaren Muskeln spielen lässt. Nur scheinbar entkommt Verstappen als lachender Dritter ungeschoren. Doch die Lenkung des Arrows arbeitet nicht mehr korrekt, und der Niederländer fliegt wenige hundert Meter später in die Leitplanken. Die Piste voller Trümmer, die Sicht miserabel – jetzt scheint die Stunde des Safety-Car zu schlagen, aber die Rennleitung hält den silbernen Mercedes von Bernd Mayländer in Lauerstellung bei Start-und-Ziel.
Die Führung wechselt erneut, als der Publikumsliebling bereits nach 35 Runden seinen zweiten Boxenstopp einlegt. Zwölf Sekunden lang grummelt der V10 im Leerlauf. Mit Recht wird vermutet: In dieser Zeit floss genügend Sprit durch den mächtigen Tankschlauch, um Schumacher ohne weiteren Halt die Restdistanz abspulen zu lassen.
Im »Gefechtsstand« von McLaren-Mercedes sieht man plötzlich wieder zufriedene Mienen, denn der jetzt recht leichte Silberpfeil zieht dem frisch betankten – und entsprechend schweren – roten Jäger unaufhaltsam davon. Zwei, drei Sekunden pro Runde ist er schneller. Wird er einen 30-Sekunden-Vorsprung herausfahren können, der ausreicht, um nach dem eigenen Service die Nase vorn zu behalten?
Nein. Bei einem Plus von 25 Sekunden stabilisiert sich der Abstand, und dann gerät der Finne in den »Berufsverkehr« der Nachzügler und verliert in einer einzigen Runde vier Sekunden seines kostbaren Zeitpolsters. Gerade 18 Sekunden liegt er noch vorn, als er in die Boxengasse abbiegt. Seitens der Teamführung wird später nicht verraten, weshalb Häkkinen nicht früher zum Tanken und Reifenwechsel an die Boxen geholt wurde, um dem Verkehr auszuweichen.
12,3 Sekunden hinter Michael Schumacher nimmt der Weltmeister das Rennen nach seinem späten Service-Stopp in Runde 45 wieder auf. Immer noch wehrt er sich gegen die drohende Niederlage. Bis auf fünf Sekunden nähert er sich dem führenden Ferrari. Aber der letzte verzweifelte Angriff bleibt im Verkehrsgetümmel stecken – Michael Schumacher gewinnt den Grand Prix von Europa und zehn weitere wichtige Punkte.
Während die Entscheidung an der Spitze gefallen ist, ringen Herbert, Button, Wurz und Zonta spektakulär um Rang sieben hinter Pedro de la Rosa,

Stillleben mit Maschendrahtzaun, Schumi-Kappe und Programmheft – gibt der Ferrari-Star auf dem Weg zum Titel ein Autogramm?

Wetterfest verpackter Marshal birgt das Trümmerteil eines Havaristen

der den ersten WM-Punkt des Jahres für Arrows heimfährt. Aber das Quartett kommt nicht über die Distanz: Wurz und Herbert kollidieren, Zonta dreht sich ins Aus und Button wird »ohne Vorwarnung« von der Elektrik im Stich gelassen. Der siebte Rang fällt deshalb Pedro Diniz in den Schoß, der das Präsent dankbar annimmt.

Michael Schumachers Erfolg ist sein erster am Steuer eines Ferrari auf heimischem Terrain. Der Sieger spricht von einem »der schönsten Tage meines Lebens« und auch davon, dass »es jetzt nach Monaco geht, wo es normalerweise gut für mich läuft.«

Der geschlagene Champion macht den langsamen Nachzüglern keine Vorwürfe: »Bei derart schlechten Sichtverhältnissen sieht lediglich der erste Fahrer einer Gruppe, dass blaue Flaggen gezeigt werden... Ich hatte durchaus Chancen, Michael einzuholen. Aber zum Überholen hätte es wohl nicht gereicht.«

David Coulthard, der als Pole-Setter zum engsten Favoritenkreis gezählt werden musste, erhält als Dritter bestenfalls den »Oscar für die beste Nebenrolle«. Der Schotte klagte bereits während der trockenen Eröffnungsrunden über ein nervöses Heck seines MP4/15. Sein Rennwagen war trotz der eindeutigen Wettervorhersage konsequent für trockenen Asphalt abgestimmt. »DC« rollte nach eigener Aussage »sehr defensiv« durch die Eifellandschaft und wunderte sich, trotz dieser Fahrweise Champagner versprühen zu dürfen.

Viele Beobachter bewerten Schumachers Sieg aufgrund des Mix-Wetters anschließend als logisch. Doch der Kerpener beurteilt die Situation anders: »Mein Wunsch war eindeutig. Ich wollte trockenen oder nassen Asphalt – nicht aber wechselnde Bedingungen.«

Muss die F1-Geschichte umgeschrieben werden? War es nicht immer genau nach dem Geschmack des Rheinländers, wenn das Wetter während des Rennens wechselte? »Ja«, erklärt der Sieger, »das galt für die Zeit, als mein Auto unterlegen war. In einer solchen Situation greift man nach jedem Strohhalm. Aber jetzt fahre ich einen konkurrenzfähigen Rennwagen.«

GROSSER PREIS VON EUROPA (Nürburgring)

STRECKE

Ort und Datum	Nürburg, 21. Mai
Wetter	kalt, regnerisch, windig
Streckenlänge	4,556 km
Runden	67
Renndistanz	305,252 km/h
Bestehender Rundenrekord	1.18,805 = 208,128 km/h Heinz-Harald Frentzen, Williams-Renault FW19; GP 1997
GP-Sieger 1999	Johnny Herbert, Stewart-Ford SF-3 1:41.54,314 = 177,034 km/h

ERGEBNISSE UND AUSFÄLLE:

1. Michael Schumacher	Ferrari F1-2000	1:42.00,307 = 179,540 km/h
2. Mika Häkkinen	McLaren-Mercedes MP4/15	13,821 Sekunden zurück
3. David Coulthard	McLaren-Mercedes MP4/15	1 Runde zurück
4. Rubens Barrichello	Ferrari F1-2000	1 Runde zurück
5. Giancarlo Fisichella	Benetton-Playlife B200	1 Runde zurück
6. Pedro de la Rosa	Arrows-Supertec A21	1 Runde zurück
7. Pedro Diniz	Sauber-Petronas C19	2 Runden zurück
8. Gastón Mazzacane	Minardi-Fondmetal M02	2 Runden zurück
9. Jean Alesi	Prost-Peugeot AP03	2 Runden zurück
10. Jenson Button *	Williams-BMW FW22	5 Runden zurück/Elektrik
11. Johnny Herbert *	Jaguar -Cosworth R1	6 Runden zurück/Unfall
12. Alexander Wurz *	Benetton-Playlife B200	6 Runden zurück/Unfall
Ricardo Zonta	BAR-Honda 002	52. Runde, Dreher
Marc Gené	Minardi-Fondmetal M02	48. Runde, Bruch des Gaspedals
Jacques Villeneuve	BAR-Honda 002	47. Runde, Motor
Eddie Irvine	Jaguar-Cosworth R1	30. Runde, Unfall
Jos Verstappen	Arrows-Supertec A21	30. Runde, Unfall
Ralf Schumacher	Williams-BMW FW22	30. Runde, Unfall
Mika Salo	Sauber-Petronas C19	28. Runde, Antriebswelle
Heinz-Harald Frentzen	Jordan-Mugen EJ10	3. Runde, Motor
Jarno Trulli	Jordan-Mugen EJ10	1. Runde, Unfall

* Nicht im Ziel, aber aufgrund der zurückgelegten Distanz gewertet

SCHNELLSTE RUNDE: (8. Rd.) – Michael Schumacher, Ferrari F1-2000
1.22,269 = 199,365 km/h

STARTAUFSTELLUNG:

2 David Coulthard
McLaren-Mercedes MP4/15-5
1.17,529

3 Michael Schumacher
Ferrari F1-2000 200
1.17,667

1 Mika Häkkinen
McLaren-Mercedes MP4/15-4
1.17,785

4 Rubens Barrichello
Ferrari F1-2000 202
1.18,227

9 Ralf Schumacher
Williams-BMW FW22-5
1.18,515

6 Jarno Trulli
Jordan-Mugen EJ10/005
1.18,612

11 Giancarlo Fisichella
Benetton-Playlife B200/04
1.18,697

7 Eddie Irvine
Jaguar-Cosworth R1-04
1.18,703

22 Jacques Villeneuve
BAR-Honda 002/02
1.18,742

5 Heinz-Harald Frentzen
Jordan-Mugen EJ10/006
1.18,830

10 Jenson Button
Williams-BMW FW22-4
1.18,887

18 Pedro de la Rosa
Arrows-Supertec A21-03
1.19,024

19 Jos Verstappen
Arrows-Supertec A21-04
1.19,190

12 Alexander Wurz
Benetton-Playlife B200/02
1.19,378

16 Pedro Diniz
Sauber-Petronas C19-04
1.19,422

8 Johnny Herbert
Jaguar-Cosworth R1-01
1.19,638

14 Jean Alesi
Prost-Peugeot AP03-03
1.19,631

23 Ricardo Zonta
BAR-Honda 002/01
1.19,766

17 Mika Salo
Sauber-Petronas C19-02
1.19,814

20 Marc Gené
Minardi-Fondmetal M02-03
1.20,162

21 Gastón Mazzacane
Minardi-Fondmetal M02-04
1.21,015

Nick Heidfeld (1.19,147), nach dem Qualifying wegen Untergewichts des Autos disqualifiziert

Marlboro

Erster Britensieg seit 1973

Absolut undurchführbar? – Der Bahnhof ist verschwunden – Ab 5000 U/min ohne Schluckauf – Wieviel kostet ein Querlenker? – Alesis folgenschweres Präsent – Häkkinen bleibt im Verkehr stecken – Abbruch von Computers Gnaden – Ste.Devote fordert Opfer – Heiße Abgase stoppen »Schumi« – Frentzen crasht, weil er bummelt – Ralf Schumacher benebelt

Der monegassische WM-Lauf ist unbestritten einer der Saisonhöhepunkte. Abgesehen von den Bewohnern des Zwergstaates – die nehmen im Zweifel Reißaus – freut sich jeder auf diesen Grand Prix. Trotzdem gehört es in Pilotenkreisen zum guten Ton, alljährlich zu jammern: Zu eng sei es, zu schnell und deshalb unterm Strich zu gefährlich. Aber in dem Maße, in dem die Superlizenzinhaber über den Stadtkurs lästern, stellen sie auch die positiven Seiten heraus: Faszinierend sei der Stadtkurs, auf seine Weise fahrerisch anspruchsvoll und kaum irgendwo sonst sei ein Erfolg derart befriedigend wie hier. Die zwiespältige Einstellung ist keineswegs eine Erfindung der aktiven Piloten-Generation. Schon Phil Hill sagte: »Wenn es dieses Rennen nicht gäbe und jemand den Vorschlag machen würde, es zu organisieren, wäre die Antwort eindeutig: Absolut undurchführbar!« Der kalifornische Rennfahrer, der es 1961 zu Weltmeisterehren brachte, stellte diese Behauptung vor 34 Jahren auf…

Die Fakten sprechen eine eindeutige Sprache. Die Rennstrecke ist altmodisch wie ein Bugatti vom Typ 35, und ebenso wie das Blech-Juwel wird sie nicht nur gegenwärtig, sondern wohl auch noch in Jahrzehnten verehrt und bestaunt. Traditionalisten müssen sich allerdings damit abfinden, dass die partiell museale Millionärsgemeinde lebt und sich entsprechend verändert. Alle paar Jahre gilt es, sich von einem alten Stück Monaco zu verabschieden. Auch jetzt ist es wieder soweit: Der Bahnhof ist »umgezogen«. Es ist gar nicht so lange her, da hielten die Züge dort, wo heute das Hotel Loews steht, das aber bereits nicht mehr Loews heißt. Anschließend quollen die Fans während der tollen Tage oberhalb des Place d´Armes aus den Waggons der Küstenbahn. Und jetzt? Irgendwo im Berg, nahe der Kapelle Ste.Devote, ist der Bahnhof verschwunden. Es bleibt abzuwarten, wie lange die nüchtern glitzernde Halle mit dem Charme einer unterirdischen Raketenabschussbasis im Dienst bleibt. Behalten die Grimaldis ihre geradezu hektische Bahnhofspolitik bei, nicht mehr als 30 Jahre. Oder: Wenn Michael Schumachers Sohn Mick hier eines Tages um WM-Punkte kämpft, sind die Gleise wohl in den küstennahen Gewässern verschwunden.

Um Spaß zu haben, braucht Michael Schumacher nicht zwingend 800 Pferdestärken – notfalls tut es auch eine Gehhilfe…

Einzug des Gladiators – Jacques Villeneuve, dessen Vater Gilles 1981 hier gewann

Zu den Eigenarten des Grand Prix von Monaco gehören nicht nur die Trainingsaktivitäten der Formel 1 am Donnerstag und der entsprechend freie Freitag. Alles ist hier anders – sogar die Zielgerade ist nicht gerade. Charakteristisch auch die weltweit einmalige Boxengasse – die ehemalige Start-und-Ziel-Gerade. Sie ist eng und – hier wird es interessant – sie bietet keinen Platz für richtige Boxen. Den in punkto Geheimhaltung seit Jahren zunehmend an Verfolgungswahn leidenden Teamchefs und Konstrukteuren ist das ein Graus. Mit Sichtblenden aller Art wird immer wieder versucht, die Boliden und ihre technischen Details vor neugierigen Blicken und Kameralinsen zu schützen. Vergeblich.

Spätestens wenn die Rennwagen am Donnerstagmorgen in den Notboxen – denen McLaren-Boss Ron Dennis den Standard der Dritten Welt attestiert – für die ersten Runden vorbereitet werden, springt der Funke auch auf den lethargischsten Charakter über. In Monaco begeistert selbst die scheinbar unwichtigste aller Runden im freien Training. Und nirgendwo fasziniert das rhythmische Aufbellen der Zehnzylinder – deren Innenleben auf Betriebstemperatur gebracht wird – so sehr, wie hier. Den Motoren wird in Monte Carlo zwar keine Höchstleistung abverlangt wie auf dem A1-Ring oder in Hockenheim, aber die Ingenieure sind trotzdem gefordert. Zu den spezifischen Tücken des Kurses zählt nämlich die enge Rechtskurve »Rascasse« – benannt nach einem Speisefisch, der im gleichnamigen Restaurant serviert wird. In der schikanös langsamen Passage drehen die Zehnzylinder mit gerade einmal 5000 U/min. Das ist alljährlich der Minusrekord der gesamten Saison. »Das Problem«, erklärt BMW-Motorsportdirektor Dr. Mario Theissen, »ist es, anschließend ohne Schluckauf bis zur maximalen Drehzahl zu beschleunigen.«

Und so, wie die Drehzahlen in astronomische Höhen schnellen, explodieren im Reich Rainier III. auch die Preise. Tribünen-Tickets in Monte Carlo sind längst zu kostbaren Wertpapieren geworden. Aber an den übrigen Möglichkeiten gemessen, die sich als Groschengrab anbieten, sind die Eintrittspreise geradezu lächerliche Bagatelle-Beträge. So können Interessierte im Haupthafen dümpelnde Luxus-Yachten mieten. Wer als schaukelnde Herberge ein stolzes 60-Meter-Boot wählt, ist nach einer Woche allerdings um 100.000 Mark ärmer…Nein, an betuchten Mitbürgern fehlt es in Monte Carlo nicht. Wer hingegen durch Abwesenheit glänzt, ist Prost-Ingenieur Alan Jenkins. Vergeblich versucht das Team, Spekulationen und Gerüchten zu begegnen und verkündet schriftlich, dass der Brite keineswegs entlassen sei. Durch den wertlosen Schrieb kann natürlich nicht verhindert werden, dass die Wahrheit ans Licht kommt.

Mausefalle Monte Carlo – in der Rascasse wird ein havarierter Minardi geborgen

Michael Schumacher führt das Feld nach dem Start vor Trulli, Coulthard, Frentzen, Häkkinen und den anderen in die Ste. Devote-Schikane

Jenkins steht nicht mehr auf der Lohnliste der blauen Equipe. Er wurde ein Opfer des französischen »Klüngels«. Sechs Mitarbeiter stellten Prost vor die Wahl: Entweder geht Alan oder wir. Damit verliert die Equipe einen wertvollen Techniker, der allerdings tatsächlich seit Jahren den Ruf hat, ein extrem »schwieriger Kollege« zu sein. Feinde schuf er sich bei Prost jedoch nicht nur durch sein Naturell. Um die Kosten zu senken, hatte sich Jenkins gegen den prominenten Zulieferer John Barnard ausgesprochen. Der soll – um ein Beispiel zu nennen – Querlenker für knapp 25.000 Mark pro Stück in Rechnung gestellt haben! Jenkins plädierte für Querlenker Marke Eigenbau, was die Teamkasse mit jeweils knapp 4.000 Mark belastet hätte. Freunde innerhalb der Barnard-Fraktion machte sich Jenkins auf diese Weise sicherlich nicht…

Geld regiert die Welt. Diese Erfahrung wird während dieses Wochenendes auch Jean Alesi machen. Zunächst schleudert er seinen Sturzhelm auf eine der dichtbesetzten Tribünen. Mit dieser ebenso freundlichen wie großzügigen Geste nimmt das Unheil seinen Lauf. Im allgemeinen Gerangel um die begehrte Trophäe zieht sich als erstes eine Zuschauerin schwere Armverletzungen zu. Der glückliche Fänger »tauscht« den Alesi-Helm umgehend gegen klingende Münze. Damit nicht genug. Abends lauert der neue Eigentümer dem Prost-Piloten auf und bittet ihn, den Helm zu signieren. Seine Begründung: »Dann kann ich ihn noch teurer weiterverkaufen.« Alesi jagt den Typen zum Teufel. Er nimmt sich vor, künftig von weiteren »Helm-Spenden« Abstand zu nehmen: »Ich wollte den Fans eine Freude bereiten. Und was ist das Ergebnis? Eine verletzte Zuschauerin und dieser geldgierige Schwachkopf!«

Als »Schwachkopf« völlig anderen Kalibers muss sich während des Wochenendes Alex Ribeiro titulieren lassen. Der Ex-GP-Pilot, der gelegentlich auch als religiöser Betreuer der brasilianischen Fußball-Nationalelf auftritt, ist der offizielle Chauffeur des FIA-Obermediziners Sid Watkins. Und weil der »Prof« aus verständlichen Gründen notfalls schnell vor Ort sein will, nutzt Ribeiro jede Gelegenheit, sich am Steuer des Stuttgarter Dienstautos einzuschießen. Diesmal endet eine dieser Trainingsrunden in den Leitplanken. Als sich Ribeiro vergeblich bemüht, das von Bernd Mayländer vorgelegte Tempo des vorausfahrenden Safety-car mitzugehen, rutscht der Südamerikaner in der Tabak-Kurve von der Piste. Vorn rechts ist die pfeilschnelle Nobelkarosse arg demoliert. Glücklicherweise hält Mercedes ein »T-car« für Watkins bereit.

Dem freien Training kommt in Monaco eine ganz besondere Bedeutung zu. Es gibt keinen Piloten, der nicht gesteht, dass er sich auf dieser Piste zunächst einmal akklimatisieren muss. Niemand geht richtig aufs Gas, bevor einige vorsichtige Schnupperrunden gedreht sind. Das Feeling für das schmale Asphaltband mit den dichtstehenden Leitplanken muss alljährlich neu geweckt werden. Angst hat niemand, wohl aber den notwendigen Respekt. Als der Stadtkurs samstags für das Qualifying geöffnet wird, fühlen sich alle längst wieder heimisch, und auch die Neulinge sind mit den Grenzen des Möglichen vertraut. Unkalkulierbar bleibt lediglich der Faktor »Verkehr«. Wer keine freie Runde findet, hat verloren. Auf anderen Strecken gibt es immer wieder Abschnitte, wo ein »Bummler« ohne Zeitverlust überholt werden kann. In Monaco aber darf man nirgendwo auf einen Vordermann auflaufen, ohne die Quittung auf der Stoppuhr ablesen zu können.

Auf der Abfahrt vom Casino-Platz zum Hotel Mirabeau wird die gesamte Pistenbreite genutzt

Wie im Casino, oben auf dem Hügel gegenüber des Hotels »De Paris«, gehört bei der Zeitenjagd ein kühler Kopf und eine gewaltige Portion Glück mit zum Spiel. Jacques Villeneuve entscheidet sich für eine frühe erste Runde und ist damit klug beraten. Als zweiter Pilot geht er auf die Piste, noch fließt der Verkehr übersichtlich. Aber der Kanadier bringt trotzdem keine Zeit nach Hause: Unten an der Wasserlinie, im Bereich der Virage du Portier, haucht der Honda-V10 sein Leben aus. Ausgerechnet am »anderen Ende« der Rennstrecke bleibt der BAR stehen. Jetzt zeigt Villeneuve, dass er gut zu Fuß ist: Nur zehn Minuten braucht er, um zurück an die Boxen zu joggen. Der Pechvogel wird sich heute mit Rang 17 zufrieden geben müssen.

Der große Star des Qualifying ist Michael Schumacher, der sich schon beim Abschied in der Eifel gute Chancen auf dem Stadtkurs ausgerechnet hatte. Für den Deutschen läuft alles nach Maß: Sein dritter Versuch bringt ihm unwiderruflich die hier so extrem wichtige Pole-Position. Als »beinahe perfekt« bezeichnet er die Runde, die ihn um mehr als eine Viertelsekunde vom schnellsten Konkurrenten absetzt. Wie sehr er dabei ans Limit gehen musste, wurde während der ersten Versuche in der Virage du Portier deutlich, als er mit dem linken Hinterrad die Leitplanken streifte. »Da werden die Streckenposten«, scherzt der Kerpener, »wohl mit einem Pinselstrich Farbe drübergehen müssen.« Anfangs, so erklärt er, sei sein Ferrari noch nicht optimal ausbalanciert gewesen, was die kritischen Sekunden in der Portier-Kurve und am Schwimmbad ausgelöst habe.

Wenn Michael Schumacher dem Rennen jetzt entspannt entgegensehen darf, liegt das auch am Abschneiden der wichtigsten Rivalen. Auf Platz zwei steht nämlich keiner der beiden gefährlichen McLaren-Piloten, sondern der italienische Außenseiter Jarno Trulli. Trotz der großartigen Leistung des Jordan-Piloten: Gefahr für Michael Schumacher geht von ihm nicht aus. Trulli fühlt sich nach dem

Die Tribüne an der Hafenschikane zählt zu den beliebtesten Zuschauerplätzen

Sprung in die erste Startreihe verständlicherweise überglücklich. Niemals, sagt er, habe er mit diesem Resultat gerechnet: »Noch heute Morgen erwartete ich nicht viel, weil ich die richtige Abstimmung noch nicht gefunden hatte. Dann geriet ich zweimal in Verkehr. Klar, ich bin absolut happy. Monte Carlo gilt schließlich nicht gerade als simple Piste...«

Langsamere Kollegen und gelbe Flaggen machten David Coulthard das Leben schwer. Mit Rang drei vor Heinz-Harald Frentzen ist der Schotte mit einem blauen Auge davongekommen. Mika Häkkinen, den zweiten Silberpfeil-Piloten, beutelte das Schicksal noch ärger. Nur knapp entkam der Finne einem persönlichen Desaster: Gleich dreimal musste er seine Versuche abbrechen. Entsprechend rangiert er ganz hinten im Feld, als ihm die Zeit wegzulaufen droht. Wer seine Hoffnungen in Monaco auf die Schlussminuten setzt, hat meist schlechte Karten. In dieser Phase riskieren die Desperados ihre Harakiri-Runden, und das geht nur selten ohne gelbe Flaggen über die Bühne. Nach dem ersten Rundendrittel lag der Finne noch auf Pole-Kurs, dann aber machte sich der Verkehr auf der Stoppuhr bemerkbar, und letztlich reichte es nur zu Platz Fünf. Häkkinen-Manager Keke Rosberg ist deshalb nicht gerade begeistert. Als ein britischer Journalist Mercedes-Sportchef Norbert Haug spaßeshalber eine Touristen-Mütze im Ballermann-Look aufsetzt, ätzt Rosberg: »Genau richtig, das passt zu dem Qualifying-Ergebnis!«

Vollauf zufrieden mit seiner Leistung ist hingegen Jean Alesi. Der Franzose mit dem großen Kämpferherzen hat seinen AP03 auf Platz Sieben fahren können und damit bewiesen, dass er noch lange nicht zum alten Eisen zählt. Gemessen an den bescheidenen Qualitäten des Prost-Peugeot verdient Alesis Leistung Bestnoten. Jetzt darf der alte Haudegen sogar mit den WM-Punkten rechnen, die sein Freund und Teamchef so dringend braucht.

Das Rennen beginnt mit einem gigantischen Tohuwabohu. Beim Start in die Formationsrunde bleibt der Sauber von Pedro Diniz zunächst stehen. Dann zieht der Benetton des Österreichers Alexander Wurz die Blicke auf sich. Als der hellblaue Bolide aus der Formationsrunde zurückkommt, krepiert der Motor im Bereich der Rascasse. Das Startprozedere muss unterbrochen werden. Im zweiten Versuch klappt alles wunschgemäß, aber kaum führt Michael Schumacher das Feld hinauf zum Casino, leuchten auf den Monitoren die roten Abbruchlichter! Eine Ursache für das Ziehen der »Notbremse« ist allerdings nicht erkennbar… Des Rätsels Lösung: Ein Computerfehler. Anstelle des Startzeichens war versehentlich das Abbruchsignal gegeben worden. Die Auswirkungen des Patzers sind gleich Null, denn der Grand Prix ist gerade etwas mehr als 30 Sekunden alt, als es ohnehin heißt: Nichts geht mehr auf der Piste rund um das Casino. In der Haarnadel vor dem Grand Hotel berührt Buttons Williams mit dem rechten Vorderrad das linke hintere des Arrows von Pedro la Rosa. Der orangefarbene A21 wird ausgehebelt und quergestellt. Button, Zonta, Heidfeld, Diniz, Gené, Villeneuve und Mazzacane schieben sich hinter der Straßensperre ineinander. Während Villeneuve und Mazzacane an die Boxen zurückfahren können, traben Button, Zonta, Heidfeld, Diniz und Gené durch die halbe Stadt zurück zu Start- und-Ziel, um sich in den Ersatzautos anschnallen zu lassen. Pedro la Rosa hat hingegen keine Eile. Einen Arrows hat der Spanier bereits während des Warm-up zerlegt, und jetzt ist Tom Walkinshaws Fuhrpark leer…

Der Überraschungssieger reißt jubelnd die Arme hoch. Ein Erfolg in Monte Carlo ist für jeden Piloten das Größte

Als das Feld endlich korrekt gestartet wird, lauern Wurz, Button, Gené und Heidfeld in der Boxengasse. An der Spitze hat Michael Schumacher keinerlei Probleme, Platz eins während des Sprints zur Ste.Devote-Schikane zu verteidigen. Trulli greift den roten Goliath gar nicht erst an, sondern begnügt sich mit der erfolgreichen »Besitzstandswahrung« gegenüber Coulthard. Ralf Schumacher beeindruckt durch einen Start à la Villeneuve und »fliegt« vom neunten auf den sechsten Rang.

Was folgt, ist eine eindrucksvolle Demonstration Michael Schumachers, der an der Spitze ein einsames Rennen fährt. Nach nur zehn Runden klafft hinter dem Spitzenreiter bereits eine Lücke von 10,8 Sekunden zu Trulli, dem DC im Nacken sitzt.

Während »Schumi« seinen Vorsprung kontinuierlich vergrößert, bringt die 17. Runde den ersten Ausfall: Aufgrund einer düsteren Telemetrie-Analyse erhält Button den Funkbefehl zur Aufgabe. Zwei Umläufe später quetscht sich Irvine an seinem Teamkollegen Herbert vorbei auf Platz Zehn. Es ist das zweite Überholmanöver des Grand Prix, nachdem es zuvor bereits Alexander Wurz gelungen war, Mazzacane auszutricksen. Und eben dieser Wurz landet jetzt bei Ste.Devote in den Leitplanken – er wird reichlich Nachahmer finden.

In Runde 27 – inzwischen hat sich auch Mazzacane bei Ste.Devote verabschiedet – kündigt Herbert per Funk einen Boxenstopp an. Aber die Technik versagt. Als der Brite die bestellten Pneus abholen will, findet er seine Crew völlig unvorbereitet. »Ohne diese Panne«, wird er später sagen, »hätte ich heute in den Punkten landen können.«

Wenig später, Michael Schumachers Vorsprung beträgt bereits mehr als 28 Sekunden, streikt Alesis Prost. Barrichello übernimmt Platz Sieben, den der unglückliche Franzose von der ersten Runde an eingenommen hatte. Unter Berücksichtigung der kommenden Ausfälle ist diese Position in der Endabrechnung Platz Zwei wert…

Und noch vor »Halbzeit« füllen sich die Notizbücher der Chronisten weiter: Diniz scheidet durch einen Crash aus – natürlich bei Ste.Devote. Nach 36 Umläufen verliert Vorjahressieger

Die ausgesprochen schikanöse Hafenschikane in Monaco – mehr als ein Tempo von 60 km/h ist hier nicht möglich

Mika Häkkinen an den Boxen knapp eine Minute, weil ein Daten-Transmitter samt Kabel das Bremspedal nahezu lahmlegt. Der Finne wird vom fünften auf den vorletzten Rang zurückgeworfen. Und sein Silberpfeil wird ihn noch einmal im Stich lassen: Als Häkkinen in der Schlussphase Jagd auf Salo macht, fallen die Gänge fünf und sechs seines Getriebes aus.

Als Trulli aufgeben muss, und Ralf Schumacher den Schrottplatz bei Ste. Devote vergrößert hat, ergibt sich folgendes Bild an der Spitze: Vorn unverändert »Schumi«, der jetzt ein Polster von 36,3 Sekunden hat, das ihn von DC trennt. Ohne den gelben Vordermann Trulli kann der Schotte befreit Gas geben. Er beginnt, Boden auf Schumacher gutzumachen. Hinter Coulthard folgen Frentzen, Barrichello, Fisichella, Irvine und Salo – die übrigen Piloten liegen mindestens eine Runde zurück.

Ralf Schumacher wird inzwischen ärztlich versorgt. Der Kerpener hat sich bei seinem Crash einen acht Zentimeter langen und vier Zentimeter tiefen Schnitt in der linken Wade zugezogen. Tagelang wird die Verletzung den Start des Williams-Piloten in Montreal in Frage stellen.

Runde 56 bringt das Aus für Michael Schumacher. Zu diesem Zeitpunkt sitzt ihm DC im Nacken, aber von dem Schotten geht keine Gefahr aus. »Schumi« war bereits an den Boxen, Coulthard noch nicht. Doch plötzlich sackt der Ferrari des Deutschen hinten links weg. Langsam rollt er an die Boxen. Der Schaden kann nicht behoben werden: Die heißen Abgase, die aus einem gebrochenen Auspuff strömten, haben hinten links die Kohlefaser-Aufhängung verkokelt. Coulthard übernimmt trotz seines eigenen Routine-Stopps die Führung vor Frentzen, Barrichello, Fisichella, Irvine, Salo und Aufholjäger Häkkinen.

Als HHF in die 71. Runde fliegt, schießt ihm ein verhängnisvoller

Jaguar-Pilot Johnny Herbert auf dem Fußweg vom Fahrerlager an die Boxen. 2001 wird er sich die F1-Rennen im Fernsehen anschauen

Gedanke durch den Kopf: Coulthard kriegst du nicht, Barrichello hast du im Griff – mach langsamer, bevor etwas am Auto bricht. Augenblicklich setzt er die Idee in die Tat um und knallt – natürlich bei Ste.Devote – in die Planken. Der Mönchengladbacher: »Weil ich langsamer fuhr, bremste ich später – leider zu spät.« An den Boxen entschuldigt sich Frentzen bei seinem Boss, dann kann er schon wieder scherzen: »Der Ausfall kommt mir ganz recht. Ich hatte nämlich keine Lust, mich heute Abend in den Smoking zu zwängen, um die große Gala beim Fürsten mitzumachen.«
Die Verfolger rücken dankbar um einen Platz auf – damit steht die Reihenfolge für den Zieleinlauf fest. Sieger Coulthard ist überglücklich, weil der GP von Monaco für ihn »immer schon eine ganz besondere Bedeutung« hatte. Der letzte Erfolg eines Briten in Monaco geht auf das Jahr 1973 zurück, als Jackie Stewart triumphierte. Barrichello freut sich, »endlich wieder einmal auf das Podest zu dürfen«. Und Fisico, der Überraschungsdritte zeigt in der Stunde des Jubels Verständnis für die Ste.Devote-Opfer: »Neben der Ideallinie war es dort so glatt, dass ich in der Auslaufrunde bei langsamem Speed beinahe abgeflogen wäre.«
Bevor er seinen Frust auf einer Party bekämpft, äußert sich Michael Schumacher trotz des Ausfalls gefasst: »Ich war eben wieder einmal dran. Seit dem GP von England 1999 hat mich die Technik nicht im Stich gelassen. Schade, dass es gerade hier passierte, aber es gibt einen kleinen Lichtblick – mein Hauptrivale hätte heute auch besser abschneiden können und tat es nicht.« Gemeint ist Mika Häkkinen, der sich tröstet: »Nach diesem Wochenende kann ich froh sein, mit einem Punkt nach Hause gehen zu dürfen.«
Als im Fahrerlager das Material zusammengepackt wird, trudeln gute Nachrichten ein: Ralf Schumacher hat das Princess Grace Hospital bereits wieder verlassen können. Sein Betreuer Franz Tost berichtet: »Es geht ihm schon wieder ganz gut. Aber weil er unter schmerzstillenden Medikamenten steht, ist er etwas benebelt.«

GROSSER PREIS VON MONACO

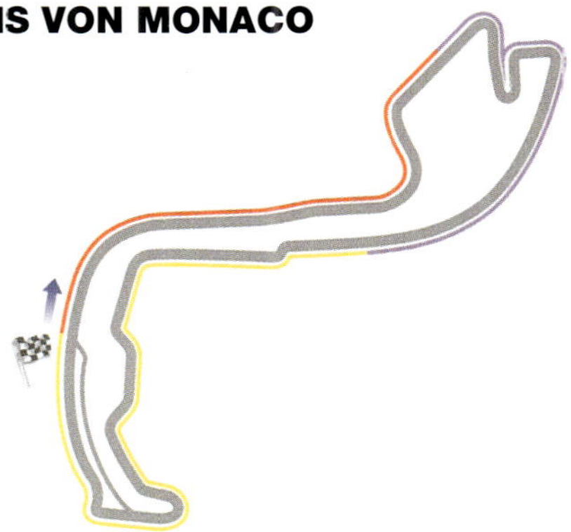

STRECKE

Ort und Datum	Monte Carlo, 4. Juni
Wetter	sehr warm, sonnig, leicht windig
Streckenlänge	3,370 km
Runden	78
Renndistanz	262,860 km
Bestehender Rundenrekord	1.22,259 = 147,354 km/h Mika Häkkinen, McLaren-Mercedes MP4/14; GP 1999
GP-Sieger 1999	Michael Schumacher, Ferrari F399 1:49.31,812 = 143,864 km/h

ERGEBNISSE UND AUSFÄLLE:

1. David Coulthard	McLaren-Mercedes MP4/15	1:49.28,213 = 144,072 km/h
2. Rubens Barrichello	Ferrari F1-2000	15,889 Sekunden zurück
3. Giancarlo Fisichella	Benetton-Playlife B200	18,522 Sekunden zurück
4. Eddie Irvine	Jaguar-Cosworth R1	1.05,924 Minuten zurück
5. Mika Salo	Sauber-Petronas C19	1.20,774 Minuten zurück
6. Mika Häkkinen	McLaren-Mercedes MP4/15	1 Runde zurück
7. Jacques Villeneuve	BAR-Honda 002	1 Runde zurück
8. Nick Heidfeld	Prost-Peugeot AP03	1 Runde zurück
9. Johnny Herbert	Jaguar-Cosworth R1	2 Runden zurück
10. Heinz-Harald Frentzen *	Jordan-Mugen EJ10	8 Runden zurück/Unfall

Jos Verstappen	Arrows-Supertec A21	61. Runde, Unfall
Michael Schumacher	Ferrari F1-2000	56. Runde, Hinterradaufhängung
Ricardo Zonta	BAR-Honda 002	49. Runde, Unfall
Ralf Schumacher	Williams-BMW FW22	38. Runde, Unfall
Jarno Trulli	Jordan-Mugen EJ10	37. Runde, Getriebe
Pedro Diniz	Sauber-Petronas C19	31. Runde, Unfall
Jean Alesi	Prost-Peugeot AP03	30. Runde, Kraftübertragung
Gastón Mazzacane	Minardi-Fondmetal M02	23. Runde, Getriebe
Marc Gené	Minardi-Fondmetal M02	22. Runde, Getriebe
Alexander Wurz	Benetton-Playlife B200	19. Runde, Unfall
Jenson Button	Williams-BMW FW22	17. Runde, Ölleck

* Nicht im Ziel, aber aufgrund der zurückgelegten Distanz gewertet

SCHNELLSTE RUNDE: (57. Rd.) – Mika Häkkinen, McLaren-Mercedes MP4/15
1.21,571 = 148,729 km/h
Neuer Rundenrekord

STARTAUFSTELLUNG:

3 Michael Schumacher
Ferrari F1-2000 198
1.19,475

6 Jarno Trulli
Jordan-Mugen EJ10/005
1.19,746

2 David Coulthard
McLaren-Mercedes MP4/15-5
1.19,888

5 Heinz-Harald Frentzen
Jordan-Mugen EJ10/006
1.19,961

1 Mika Häkkinen
McLaren-Mercedes MP4/15-4
1.20,241

4 Rubens Barrichello
Ferrari F1-2000 202
1.20,416

14 Jean Alesi
Prost-Peugeot AP03-03
1.20,494

11 Giancarlo Fisichella
Benetton-Playlife B200/04
1.20,703

9 Ralf Schumacher
Williams-BMW FW22-5
1.20,742

7 Eddie Irvine
Jaguar-Cosworth R1-04
1.20,743

8 Johnny Herbert
Jaguar-Cosworth R1-03
1.20,792

12 Alexander Wurz**
Benetton-Playlife B200/03
1.20,871

17 Mika Salo
Sauber-Petronas C19-05
1.21,561

10 Jenson Button **
Williams-BMW FW22-1
1.21,605

19 Jos Verstappen
Arrows-Supertec A21-04
1.21,738

18 Pedro de la Rosa *
Arrows-Supertec A21-02
1.21,832

22 Jacques Villeneuve
BAR-Honda 002/02
1.21,848

15 Nick Heidfeld **
Prost-Peugeot AP03-01
1.22,017

16 Pedro Diniz
Sauber-Petronas C19-03
1.22,136

23 Ricardo Zonta
BAR-Honda 002/01
1.22,324

20 Marc Gené **
Minardi-Fondmetal M02-01
1.23,721

21 Gastón Mazzacane
Minardi-Fondmetal M02-04
1.23,794

* Nach Unfall am zweiten Start nicht teilgenommen
** Start aus der Boxengasse

7
Allianz
Power

Zitterpartie für »Schumi«

Von verbrecherischen Bäckerläden und Katzen – Villeneuve kauft Mercedes – »Schumi II« in Watte gepolstert – Ruderregatta vom Winde verweht – »Es gibt sicherlich günstigere Zeitpunkte für Gespräche...« – 1: 0 für England – Coulthard würgt den Motor ab – »Schumi« muss die Bremsen schonen – Wasserschlacht zum Finale – Barrichello darf nicht siegen

Die Anreise nach Montreal lädt zu einem Stopp in Indianapolis ein. Der Veranstalter des ersten Grand Prix der USA seit 1991 hat zu einem Tag der offenen Tür gebeten. Berichterstatter aus aller Welt sehen sich um, und seitens der Superlizenzinhaber schaut Heinz-Harald Frentzen vorbei. Die Amerikaner präsentieren die umgebaute Traditionspiste voller Stolz, auch wenn der Mix aus Teilen des altehrwürdigen Ovals und dem Mickey-Mouse-Kurs im Infield gewöhnungsbedürftig ist. Jordan-Pilot HHF bezeichnet die Rennstrecke – ebenso höflich, wie diplomatisch – als »interessant«.

Der Weg nach Montreal ist nur scheinbar der Abschied vom Land der unbegrenzten Möglichkeiten. Wahrhaft phantastische Bereiche eröffnen sich auch in Montreal – zumindest den Juristen der Provinz Quebec. Die Gesetzgeber der Region sind anscheinend hemmungslos. So patroulliert in der multikulturellen Metropole eine »Sprachen-Polizei«. Peinlich genau achtet sie darauf, dass alle Beschriftungen an Geschäften und öffentlichen Gebäuden in französischer Sprache angebracht sind. Der Besitzer eines Bäckerladens, so berichten es die Tageszeitungen, hat gerade größten Ärger mit der Justiz. An der Tür seines Geschäfts steht in vielen Sprachen »Willkommen«. Das Pech des freundlichen Mannes: Der französische Schriftzug ist nicht größer als der der konkurrierenden Sprachen. Damit verstößt der Bäcker gegen Recht und Ordnung... Und auch der Tierwelt machen es die heimischen Amtsschimmel nicht leicht. Per richterlicher Verfügung wird es den in der Quebecer Gemeinde Dollard des Ormeaux ansässigen Katzen verboten, das Grundstück des jeweiligen Katzenhalters zu verlassen. Maschendrahtzäune mit passenden Knallerbsensträuchern erscheinen im direkten Vergleich geradezu harmlos...

Scheinbar zum Greifen nah liegt die Silhouette von Montreal als »Kulisse« hinter der künstlichen Insel Notre Dame

Nach einem gemeinsamen Western-Urlaub mit »Schumi« marschiert Superlizenzinhaber-Gattin Corinna Schumacher in Montreal stilecht auf

Jacques Villeneuve ficht das nicht an. Auch wenn er nur wenige Jahre seines Lebens in Montreal und Umgebung verbrachte, fühlt er sich hier besonders wohl: »Wenn das Flugzeug in Dorval aufsetzt, habe ich immer dieses Zurück-zu-den-Wurzeln-Gefühl.« Die Kontakte mit der alten Heimat will er künftig intensivieren. Gemeinsam mit seinem Freund Craig Pollock kaufte sich der BAR-Pilot ein Restaurant in der Crescent Street. Was der Rennfahrer nicht an die große Glocke hängt: Die Lokalität mit ihren 200 Plätzen heißt »Mercedes«. Niemand zweifelt daran, dass nach der fälligen Renovierung ein neues Schild über dem Eingang hängen wird.

Was die eigenen Chancen bei seinem Home-GP betrifft, ist Villeneuve zurückhaltend: »Unser Motor ist stark, und prinzipiell funktioniert das Auto. Aber wir haben überall dort Probleme, wo Downforce verlangt wird.« Der Kanadier steht wieder im Mittelpunkt des Interesses, seit Benetton-Boss Flavio Briatore gesagt hat: »Aufgrund seines fahrerischen Könnens verdient Jacques einen besseren Rennwagen als den BAR.« Mit dieser Aussage konfrontiert, reagiert der Ex-Champion amüsiert: »Solche Sprüche lösen Gerüchte aus, und es ist immer wieder lustig zu lesen, was die Presse daraus macht. Ich kann nur wiederholen, dass wir uns voll darauf konzentrieren, den BAR-Honda schneller zu machen.« Eine Entscheidung für 2001 ist also noch nicht gefallen? »Nein«, antwortet der Rennfahrer, »das kann ich erst tun, wenn ich alle Karten in Händen halte und den Überblick habe.« In sechs Wochen ist es so weit.

Ralf Schumacher hat aktuelle Sorgen. Einen Tag vor Trainingsbeginn steht noch nicht fest, ob die böse Schnittverletzung in der linken Wade des Kerpeners bereits so weit ausgeheilt ist, dass er tatsächlich fahren kann. Nach einer »Trockenübung« im Cockpit gibt er sich zuversichtlich: »Erst wenn ich das Bein wieder vom Pedal nehme, schmerzt es.« Mit dem rechten Fuß zu bremsen, kommt für den Williams-Fahrer nicht in Frage. Aber nicht nur das Bremsen könnte für Probleme sorgen. Auf der Piste von Montreal führt die Ideallinie über zahlreiche Kerbs – die kräftigen Erschütterungen im Inneren des wenig gefederten Autos werden von keinem Arzt der Welt empfohlen... Der aufgeschlitzte Schenkel wird gepolstert und zusätzlich durch eine Hartschalen-Hülle geschützt. Für alle Fälle ist Williams-Testpilot Bruno Junqueira angereist, um notfalls nach dem ersten Trainingstag übernehmen zu können.

Die McLaren-Familie beim festlichen Frühstück anläßlich des 500. GP des Teams. Von rechts: Testfahrer Olivier Panis, Boss Ron Dennis, Titelverteidiger Mika Häkkinen mit Ehefrau Erja

Eine Absage hat das Wochenende bereits gebracht. Das Ruderrennen der Teams, bis vor wenigen Jahren stets inoffizieller Bestandteil des Rahmenprogramms, sollte in neuer Form wieder aufleben. Anstelle der abenteuerlichen Eigenkonstruktionen sollten diesmal richtige Ruderboote zum Einsatz kommen. Aber weil am Mittwochabend der Wind derart heftig über die alte Olympia- Regatta-Strecke blies, wurde das Event nach dem Training abgesetzt.

Parallel werden im Pressezentrum erhitzte Debatten geführt: Erstmals in der Geschichte der Fahrer-WM herrscht in den Arbeitsräumen der Journalisten Rauchverbot. Die mehrstöckige Konstruktion, die auch die Rennleitung beherbergt, gehört der Gemeinde Montreal, und die richtet sich nach den Bestimmungen, die für »öffentliche Gebäude« gelten. Der freie Blick auf die Zigarettenwerbung ist nicht untersagt. Sämtliche Katzen-Erlasse erscheinen den Rauchern im direkten Vergleich mit der jüngsten kanadischen Schikane geradezu sinnvoll... Jetzt könnte nur Bernie Ecclestone persönlich helfen, doch der scheut den weiten Weg.

Freitags um elf Uhr vormittags ist das Wetter freundlicher. 25 Grad Lufttemperatur und mäßiger Wind lassen sogar Erinnerungen an die Hitze des Vorjahres aufkommen. Optimisten sind allerdings bereits gewarnt: Trocken werden die drei Tage nicht über die Bühne gehen. Einen kleinen Vorgeschmack auf die potentiellen Möglichkeiten gab es schon am frühen Abend des Vortages, als im Fahrerlager »Überstunden« gemacht wurden, weil ein anhaltender Platzregen den Fußmarsch zum Parkplatz am anderen Ufer des Regatta-Beckens unmöglich machte.

Die erste Stunde des freien Trainings sieht das Feld von den Shuey-Brothers umzingelt: Auf Platz eins rangiert der Erstgeborene. »Ohne Zeit« belegt der Williams-Schumacher den letzten Platz. Gerüchte, der »Einbeinige« sei nun doch definitiv nicht einsatzfähig, kursieren. Zu Unrecht, wie alle wissen, die die Williams-Boxen im Auge behielten – der Ölkreislauf des BMW-V10 verursachte die Zwangspause.

Als die Aktivitäten des ersten Trainingstages um 14 Uhr Ortszeit beendet sind, hat David Coulthard Oberwasser. Um neun Tausendstelsekunden hat der Schotte »Schumi« schlagen können. Hinter dem silbern-roten Duo folgt Rubens Barrichello vor Johnny Herbert – dann erst taucht der Name des finnischen Titelverteidigers in den Zeitenlisten auf. Anders als sein Teamkollege, ist Häkkinen mit dem Set-up seines MP4/15 noch nicht zufrieden: »Der Wagen untersteuert am Kurveneingang und übersteuert ausgangs der Ecken...« Unmittelbar nach der zweiten Trainingsstunde fällt eine Entscheidung, die Bruno Junqueira gar nicht gern hört: Ralf Schumacher wird sein Cockpit nicht zugunsten des südamerikanischen Nachwuchs-Piloten räumen.

Samstags, als morgens das zweite freie Training auf dem Programm steht, hat der »Vortagssieger« zunächst Pech. Wegen eines Elektrikschadens muss der Motor seines McLaren gewechselt werden. Coulthard muss während 50 Prozent der Sitzung zuschauen. Trotzdem fährt DC erneut Bestzeit, was ihn zum Favoriten für das Qualifying macht. Michael Schumacher und Rubens Barrichello – in dieser Reihenfolge Zweiter und Dritter – experimentieren mit den Pneus: Neue Reifen auf der Vorderachse, angefahrene hinten. Auf der Suche nach einem ausbalancierten Boliden werden alle Register gezogen. »Schumi« prophezeit: »Der Wind und die Temperaturen werden im Kampf um die Pole-Position den Ausschlag geben.«

Als das Qualifying beginnt, schlägt wieder einmal die Stunde der Poker-Typen: Abwarten, Nerven behalten. Erst die 20. Minute bringt den ersten ernsthaften Griff nach der Pole: Mika Häkkinen markiert eine Rundenzeit von 1.19,579 Minuten. 240 Sekunden überlebt der Wert, dann setzt sich David Coulthard mit 1.19,126 an die Spitze. Der Kampf um den besten Startplatz scheint sich zum Duell der beiden Silberpfeil-Piloten zu entwickeln. Kurz nach »Halbzeit« wiederholt sich das »Mika-David-Spielchen«: Wieder legt der Finne, diesmal mit 1.18,985, vor, und wieder setzt der Schotte eins drauf: 1.18,826.Weniger als 15 Minuten sind noch zu fahren, als Michael Schumacher erstmals erfolgreich zuschlägt. Um knapp drei Zehntelsekunden unterbietet der Kerpener

Zu den beliebtesten Zuschauerplätzen zählt die Haarnadelkurve, die offiziell den Namen Turn 10 trägt

den bisherigen Bestwert. Ein roter Schlusspunkt scheint unter die Qualifying-Partie gesetzt, doch noch haben die Asse je einen Schuss frei. Die letzten Minuten werden entscheiden, aber die Latte liegt jetzt bereits so hoch, dass weitere Steigerungen möglich, aber nicht unbedingt wahrscheinlich sind.

Häkkinen verfehlt das Ziel, sich noch einmal nach vorn zu katapultieren. Weil sich Rubens Barrichello verbessern kann, rutscht der Skandinavier sogar auf Platz vier ab. Erst Stunden später werden seine Mechaniker eine Erklärung für das »Versagen« finden. Noch sind DC und »Schumi« auf der Piste, und der Brite gibt alles: Um 0,009 Sekunden – neun Tausendstel – ist er schneller als sein deutscher Rivale. Der – selbst am Limit – wird per Sprechfunk über die veränderte Lage informiert. Man bittet ihn dezent, Gas zu geben, um das Blatt noch einmal zu wenden. Michael Schumacher später rückblickend: »Es gibt sicherlich günstigere Zeitpunkte für Gespräche...« Aber auch jetzt, obwohl »von der Seite angequatscht«, verliert er für keinen Augenblick den hohen Konzentrationslevel. »Ich wusste nicht«, wird er sagen, »wieviel Zeit mir David abgenommen hatte. Vielleicht lag er sogar außerhalb meiner Reichweite.«

Liegt er nicht. Michael Schumacher findet weitere 0,098 Sekunden und sichert sich damit die Pole. Coulthard und Barrichello sind anschließend davon überzeugt, dass sie »mit etwas Glück« ebenfalls ganz vorn stehen könnten. Häkkinen vergräbt sich enttäuscht, bis er Absolution vom Teamchef erhält. Ron Dennis persönlich informiert: »Einer der Stoßdämpfer in Mikas Auto war defekt.«

Heinz-Harald Frentzen ist als Fünfter der Beste vom Rest der Welt unterhalb der Ferrari-McLaren-Ebene. Dahinter folgt Jacques Villeneuve, der heimliche Held des Qualifying, dem aufgrund des sensationell guten Trainingsergebnisses jetzt sogar ein Platz auf dem Podest zugetraut wird. Rekonvaleszent Ralf Schumacher – »Mit den langsamen Kurven haben wir Probleme« – rangiert auf Platz Zwölf. Damit verpasst er Jenson Button, Rang 18, einen bösen Dämpfer. Von dem verletzten Teamkollegen hätte sich der Brite nicht derart deutlich schlagen lassen dürfen.

Nach den ersten Diskussionen mit Piloten, Teamchefs und Ingenieuren rückt die Formel 1 für knapp zwei Stunden aus dem direkten Blickfeld. Bei fast allen Teams – sieben haben ihren Sitz in England – steht die TV-Übertragung des Fußball-EM-Gruppenspiels Deutschland gegen England im Mittelpunkt des Interesses. Ron Dennis weiß nicht so recht, wem er die Daumen drücken soll: »Als F1-Teamchef habe ich nichts dagegen, wenn England ausscheidet. Dann konzentriert sich zu Hause das Interesse wieder auf den Grand Prix-Sport. Das sagt der Verstand. Wenn es nach dem Herzen geht, dann möchte ich natürlich, dass England alles gewinnt.« Die Kicker trennen sich 1:0 zugunsten Englands. Die Sieger schlagen den Erzrivalen damit erstmals seit dem legendären Wembley-Spiel des Jahres 1966 – diesmal sogar durch einen legalen Treffer. Das Herz von Ron Dennis hüpft, und dank der rumänischen Elf wird der Verstand wenige Tage später auch noch auf seine Kosten kommen. Den geplagten Rauchern macht das Fußballspiel einen Strich durch die Rech-

Publikumsliebling Jacques Villeneuve (Nr. 22) trumpft bei seinem Home-Grand Prix groß auf, wird aber letztlich nur Frust ernten

Zehn Runden vor Schluss fighten Jarno Trulli, Jos Verstappen und Alexander Wurz um Platz fünf

nung: Die für 15 Uhr Ortszeit angesetzte »Revolte« fällt ins Wasser, weil sich die Mehrheit der Revoluzzer vor den TV-Geräten aufhält. Die Fehde wird auf das Jahr 2001 vertagt. Nachdem die beiden Ferrari-Piloten Michael Schumacher und Rubens Barrichello im Warm-up die zwei ersten Plätze belegten und damit endgültig Rot zur Farbe der Favoriten gemacht haben, beginnen die Startvorbereitungen.
Alles läuft zunächst nach Plan. Dann aber, als der Start in die Formationsrunde unmittelbar bevorsteht, würgt Coulthard den Motor seines Boliden ab! Der Patzer hat für den Schotten unangenehme Folgen. Als das »15-Sekunden-Signal« gezeigt wird, sind DCs Mechaniker immer noch auf dem Startplatz, um den Zehnzylinder zu neuem Leben zu erwecken. Doch laut Artikel 139 des FIA-Sport-Reglements darf zu diesem Zeitpunkt kein Helfer mehr assistieren. Wer gegen diese Vorschrift verstößt, wird mit einer Zehn-Sekunden-Zeitstrafe belegt. Nick Heidfeld hatte das in Imola erleben müssen.
Beim Start übernimmt Jacques Villeneuve wieder einmal die Rolle einer Feststoff-Rakete. Während sich vorn »Schumi« vor Coulthard – die Rennleitung ist über seinen Regelverstoß längst orientiert – in Kurve 1 einbremst, übernimmt der Lokalmatador Rang drei. Auf der Außenbahn, abseits des Gedränges, hat er seinem BAR-Honda zum Nachteil von Frentzen, Häkkinen und Barrichello die Sporen gegeben.
Die Konstellation an der Spitze – »Schumi« vor Coulthard, Villeneuve, Barrichello, Häkkinen, Frentzen und de la Rosa, dank seiner Zwei-Stopp-Taktik »leicht« unterwegs, – scheint einer Vorentscheidung gleichzukommen. Weil der Kanadier das Tempo des Ferrari-Stars nicht mitgehen kann, bis zur zehnten Runde verliert er 14,1 Sekunden auf Schumacher, fährt der Rheinländer scheinbar sicheren zehn WM-Punkten entgegen. Coulthard lässt sich zwar nicht abschütteln, ihm fehlen nach zehn Umläufen gerade einmal 0,9 Sekunden auf den roten Spitzenreiter, aber der McLaren-Fahrer wird ja früher oder später zehn Sekunden »nachsitzen« müssen.
Nach 14 Runden muss der Monaco-Sieger tatsächlich brummen. Der Penalty wirft ihn vom zweiten auf den zehnten Rang zurück. Schumacher darf aufatmen. Jetzt verfügt er über ein weiter anwachsendes Zeitpolster von 17,6 Sekunden, das ihn von Villeneuve trennt. Hinter dem BAR-Honda drängeln sich ungeduldig Barrichello, Häkkinen, de la Rosa und Frentzen, der wegen eines defekten Bremszylinders bereits nicht mehr so kann, wie er gern möchte.
Ein Drittel der Renndistanz ist zurückgelegt, als rund um den Insel-Kurs

Regenschirme aufgespannt werden. Es nieselt. Kein Grund zur Panik, aber der Asphalt wird tückisch. Michael Schumacher lässt sich pro Runde zwei Sekunden mehr Zeit als zuvor. Barrichello nutzt die veränderten Bedingungen, um Villeneuve im Verlauf der 25. Runde eingangs der Haarnadelkurve auszutricksen. Für den Spitzenreiter stellt der neue Hintermann keine Gefahr dar – Rubinho gehört schließlich dem eigenen Lager an. Außerdem liegt er 27,1 Sekunden zurück. Der nasse Spuk ist schnell vorüber.

Keine 30 Runden sind gefahren, da wird bei Ferrari Alarm geschlagen. Die Telemetriedaten, die Schumachers F1-2000 absendet, weisen auf Probleme der hinteren Bremsen hin. Der Deutsche: »Ich spürte nichts, aber ich fuhr auch nicht am Limit... Mir kam der Ausfall in Monaco in den Sinn, und deshalb ließ ich es noch vorsichtiger angehen.« Nach 34 Umläufen, früher als ursprünglich geplant, kommt »Schumi« zum Stopp an die Boxen. Während der Sprit fließt und die Schlagschrauber rattern, werden die hinteren Bremsen gecheckt. Alles scheint okay – vielleicht spielt nur der Sensor verrückt?

Schumachers Boxenhalt hat Barrichello an die Spitze gespült. Dank seiner nur noch geringen Spritladung und der unverändert defensiven Fahrweise des Teamkollegen kann der Brasilianer seinen Vorsprung von ursprünglich 2,8 Sekunden nach 35 Runden innerhalb von nur sieben Umläufen auf 9,6 Sekunden ausbauen. Dann lässt auch der Südamerikaner Service machen. Kaum beschleunigt Barrichello, natürlich unverändert auf Trocken-Pneus, beginnt es zu regnen. Diesmal richtig... Barrichello, Häkkinen, Zonta, Coulthard – lang ist die Liste derjenigen, die mit frischen Trockenreifen hinein in den Regen fahren. Hätte es ein, zwei Minuten früher zu regnen begonnen – vielen wäre der nun notwendige zweite Stopp erspart geblieben. Am schlimmsten erwischt es Villeneuve: Er kommt nach 44 Runden an die Boxen. Prinzipiell hat er Glück – jetzt ist die Wahl der Gummis bereits keine Frage mehr. Aber bei BAR liegen Trockenreifen bereit! Sekundenlang will die Crew keinen Fehler machen. Niemand bewegt sich! Dann werden in der Not die bereitliegenden Pneus montiert. Eine Runde später, jetzt ist auch Kollege Zonta »drinnen«, wird der Schnitzer korrigiert. Villeneuve kocht vor Wut.

Auch bei Ferrari wird nach 45 Runden im Doppelpack abgefertigt. Barrichello: »Über Funk sagte man mir, dass Shuey an die Boxen geht und ich mich deshalb hinten anstellen müsste. Klar, das war Pech. Aber so verlor ich weniger Zeit als auf einer weiteren Runde mit Trockenreifen.« 21 lange Sekunden dauert der Stopp des Brasilianers. Zu Beginn des 47. Umlaufs haben endlich alle Piloten auf profilierte Gummis umgerüstet. An der Spitze ergibt sich jetzt folgendes Bild: Michael Schumacher führt mit 32,4 Sekunden Vorsprung vor seinem Teamkollegen. Fisichella hat als Dritter bereits 34,6 Sekunden verloren, Häkkinen 58,5 und Wurz 59,6 – den übrigen fehlt schon mehr als eine volle Minute.

Neue Aufregung zu Beginn der 48. Runde. Um die gefährdeten hinteren Bremsen zu schonen – ein Check in Maranello wird den befürchteten Defekt bestätigen –, verlagert »Schumi« die Bremsbalance fast komplett auf die Vorderachse. Prompt fährt er in Kurve 1 geradeaus durch den Kies... Aber der Kerpener stellt sich anschließend schnell auf das ungewohnte Verhalten seines Boliden ein. Bäume kann er jedoch nicht mehr ausreißen: Barrichello rückt immer näher! Doch Jean Todt erteilt dem Jäger einen klaren Befehl: Überholen darf er Schumacher nicht.

In der Schlussphase geht es drunter und drüber. Rennwagen rodeln durch den Kies. Pedro de la Rosa, der Star der ersten Runden, wird gnadenlos von Pedro Diniz abgeschossen. Der Brasilianer sieht´s anders... Runde 65, Barrichello liegt nur 6,8 Sekunden hinter dem Spitzenreiter, bringt den letzten Zwischenfall. In der Haarnadelkurve kracht es in der Kampfgruppe, die Trulli, Wurz, »Schumi II«, Coulthard und Villeneuve im Infight um Platz Sechs sieht. Augenzeuge Coulthard: »Es war klar, was sich da anbahnte. Ich hörte, wie Jacques heranstürmte und dachte: Schnell aus dem Weg. Innen schoss er an mir vorbei. Er hatte auf dieser Linie mit diesem Speed keinerlei Chance, die Kurve zu meistern. Er wäre in den Leitplanken gelandet, wenn er Ralf nicht torpediert hätte.« Sofort springt der Kanadier aus dem Cockpit, eilt zum havarierten Williams von Ralf Schumacher und entschuldigt sich. Der akzeptiert: »Schwamm drüber.«

Später mit der Frage konfrontiert, ob der Rammstoß eine Folge des verständlichen Frusts war, antwortete der bekannt faire Villeneuve nachdenklich: »Ja verdammt – vielleicht sind meine Sicherungen durchgebrannt.«

Vier Runden sind noch zu fahren. Barrichello folgt Schumacher mit einem Abstand von 5,8 Sekunden. »Fahr langsam«, mahnt Ross Brawn per Funk. »Tu ich doch schon lange«, antwortet Rubinho genervt. Er hat den Sieg vor Augen, darf aber nicht aufs Gaspedal treten. Im Ziel liegt der »Gehorsame« 0,174 Sekunden zurück. Nach der Siegerehrung lobt der Gewinner: »Rubens ist ein anständiger Kerl – eines Tages werde ich mich auch auf der Piste für sein heutiges Verhalten bedanken.«

GROSSER PREIS VON KANADA
(Circuit Gilles Villeneuve)

STRECKE

Ort und Datum	Montreal, 18. Juni
Wetter	kühl, windig, Regen im letzten Renndrittel
Streckenlänge	4,421 km
Runden	69
Renndistanz	305,049 km
Bestehender Rundenrekord	1.19,379 = 200,501 km/h Michael Schumacher, Ferrari F300; GP 1998
GP-Sieger 1999	Mika Häkkinen, McLaren-Mercedes MP4/14 1:41.35,727 = 180,155 km/h

ERGEBNISSE UND AUSFÄLLE:

1. Michael Schumacher	Ferrari F1-2000	1:41.12,313 = 180,849 km/h
2. Rubens Barrichello	Ferrari F1-2000	0,174 Sekunden zurück
3. Giancarlo Fisichella	Benetton-Playlife B200	15,365 Sekunden zurück
4. Mika Häkkinen	McLaren-Mercedes MP4/15	18,561 Sekunden zurück
5. Jos Verstappen	Arrows-Supertec A21	52,208 Sekunden zurück
6. Jarno Trulli	Jordan-Mugen EJ10	1.01,687 Minuten zurück
7. David Coulthard	McLaren-Mercedes MP4/15	1.02,216 Minuten zurück
8. Ricardo Zonta	BAR-Honda 002	1.10,455 Minuten zurück
9. Alexander Wurz	Benetton-Playlife B200	1.19,899 Minuten zurück
10. Pedro Diniz *	Sauber-Petronas C19	2.19,544 Minuten zurück
11. Jenson Button	Williams-BMW FW22	1 Runde zurück
12. Gastón Mazzacane	Minardi-Fondmetal M02	1 Runde zurück
13. Eddie Irvine	Jaguar-Cosworth R1	3 Runden zurück
14. Ralf Schumacher **	Williams-BMW FW22	5 Runden zurück/Unfall
15. Jacques Villeneuve **	BAR-Honda 002	5 Runden zurück/Unfall
16. Marc Gené **	Minardi-Fondmetal M02	5 Runden zurück/Dreher

Pedro de la Rosa	Arrows-Supertec A21	49. Runde, Unfall
Mika Salo	Sauber-Petronas C19	43. Runde, Motor
Jean Alesi	Prost-Peugeot AP03	39. Runde, Hydraulik
Nick Heidfeld	Prost-Peugeot AP03	35. Runde, Motor
Heinz-Harald Frentzen	Jordan-Mugen EJ10	33. Runde, Bremsen
Johnny Herbert	Jaguar-Cosworth R1	15. Runde, Getriebe

* Rückstand inkl. 25 Strafsekunden
** Nicht im Ziel, aber aufgrund der zurückgelegten Distanz gewertet

SCHNELLSTE RUNDE: (37. Rd.) – Mika Häkkinen, McLaren-Mercedes MP4/15
1.19,049 = 201,338 km/h
Neuer Rundenrekord

STARTAUFSTELLUNG:

3 Michael Schumacher
Ferrari F1-2000 198
1.18,439

2 David Coulthard
McLaren-Mercedes MP4/15-5
1.18,537

4 Rubens Barrichello
Ferrari F1-2000 202
1.18,801

1 Mika Häkkinen
McLaren-Mercedes MP4/15-4
1.18,985

5 Heinz-Harald Frentzen
Jordan-Mugen EJ10/006
1.19,483

22 Jacques Villeneuve
BAR-Honda 002/04
1.19,544

6 Jarno Trulli
Jordan-Mugen EJ10/005
1.19,581

23 Ricardo Zonta
BAR-Honda 002/01
1.19,742

18 Pedro de la Rosa
Arrows-Supertec A21-03
1.19,912

11 Giancarlo Fisichella
Benetton-Playlife B200/04
1.19,932

8 Johnny Herbert
Jaguar-Cosworth R1-06
1.19,954

9 Ralf Schumacher
Williams-BMW FW22-5
1.20,073

19 Jos Verstappen
Arrows-Supertec A21-04
1.20,107

12 Alexander Wurz
Benetton-Playlife B200/02
1.20,113

17 Mika Salo
Sauber-Petronas C19-05
1.20,445

7 Eddie Irvine
Jaguar-Cosworth R1-04
1.20,500

14 Jean Alesi
Prost Peugeot AP03-03
1.20,512

10 Jenson Button
Williams-BMW FW22-3
1.20,534

16 Pedro Diniz
Sauber-Petronas C19-03
1.20,692

20 Marc Gené
Minardi-Fondmetal M02-03
1.21,058

15 Nick Heidfeld
Prost Peugeot AP03-01
1.21,680

21 Gastón Mazzacane
Minardi-Fondmetal M02-04
1.22,091

YAHOO!
TOTAL

Großer Preis von Frankreich

Reifenfresser ohne Chance

Nicht nach dem Geschmack des Jet-set – Der 100-Pfund-Deal – Zutritt für Verlierer verboten – Wie windig wird's bei Sturm? – »Schumi II« und die heiße Geburtstags-Party – Auftakt nach Maß für Ferrari – Bei »Adelaide« geht's rund – Der rote »Hase« stellt sich quer – Ferrari vor großem Rätsel – Noch zwei Ausfälle und McLaren sitzt »Schumi« im Nacken

Magny-Cours – auch neun Jahre nach dem ersten Auftritt der Formel 1 am Rande des französischen Provinz-Dorfes hat sich der Circuit noch nicht etablieren können. Für die meisten Mitglieder des Grand Prix-Zirkus ist der Frankreich-Trip eine Pflichtübung. Für diejenigen, die den Formel 1-Sport mit Glamour gleichsetzen, ist die idyllisch ländliche Lage kein Pluspunkt. Dabei wird gern übersehen, dass die Gemeinden Silverstone, Nürburg und Zeltweg ebenfalls nicht zu den beliebtesten Reisezielen des Jet-set zählen…

Donnerstags steht zunächst die Politik im Vordergrund. Um den Drohungen der EU-Wettbewerbskommission wegen missbräuchlichen Nutzens einer Monopolstellung zu begegnen, hat FIA-Präsident Max Mosley tief in die Trickkiste gegriffen. Der Weltverband wird künftig lediglich die Sporthoheit der Formel 1 behalten. Die F1-Vermarktungsrechte wurden hingegen abgekoppelt und an Bernie Ecclestone verkauft. Gleich für 100 Jahre – Ecclestone denkt auch an das finanzielle Wohlergehen seiner Enkel und Urenkel – erwarb der Brite die lukrativen Rechte.

Tief musste er für den Super-Deal nicht in die Tasche greifen: Die FIA gab sich mit symbolischen 100 britischen Pfund, umgerechnet 320 Mark, zufrieden. Um der FIA und »Eierstein« an den Karren zu fahren, müssen die Brüsseler Bürokraten früher aufstehen.

Parallel zu den Diskussionen über den Jahrhundertvertrag nimmt die Presse Heinz-Harald Frentzen in die Mangel. Der Jordan-Pilot steht kurz vor einer Vertragsverlängerung mit den Gelben. Die Unterschriften sind praktisch nur noch Formsache. Nur noch wenige Details der Abmachung müssen ausgehandelt werden. Der Grund für Frentzens schnelle Entscheidung ist kein Geheimnis: Honda hat Eddie Jordan ab 2001 offizielle Werksunterstützung zugesichert. Das Team aus Silverstone wird mindestens bis Ende 2005 mit Honda zusammenarbeiten, und HHF freut sich: »Dank der Hilfe eines großen Automobilherstellers und dessen Gratis-Motoren eröffnen sich großartige Möglichkeiten. Wir können jetzt wesentlich mehr Geld in die Weiterentwicklung stecken.«

Prost-Peugeot im Land der Tricolore. Auch in Magny-Cours gab es für die blaue »Force de Frappe« nichts zu bestellen

Der zweitgrößte Sohn Kerpens feiert ein »Vierteljahrhundert Schumi II« – mit den Kerzen wird er noch seine liebe Not haben

Startrunde – Gedränge in der Bremszone vor der Haarnadelkurve »Adelaide«

Im Ferrari-Hauptquartier, das direkt neben dem Treppenaufgang zur »Boxen-Ebene« liegt, spricht Sportchef Jean Todt über die Vergangenheit. Sieben Jahre ist es her, dass der Franzose seinen Job in Maranello übernommen hat. »Das ist eine lange Zeit«, sagt er mit leiser Stimme, »ich glaube, es ist ein Rekord. Wenn du in der Formel 1 einen wichtigen Posten hast, dann ist es verdammt schwer, ihn zu behalten. Immer bist du dem Risiko ausgesetzt, dass du nach Hause geschickt wirst. Als ich meine Arbeit begann, fand ich eine Wüste vor. Inzwischen sind wir ein starkes Team. Das sagt sich in sieben Sekunden, aber der Aufbauprozess dauerte sieben Jahre.«
Abends geht es im Fahrerlager sportlich zu. Bevor sich der F1-Tross im Umkreis von 100 Kilometern auf Hotels, Gasthöfe und Pensionen verteilt, kommt es unter den Vorzelten der Motorhomes zu Gruppenerlebnissen vor den TV-Geräten. Niederlande gegen Italien – das Halbfinale der Fußball-EM interessiert nicht nur die Landsleute der Kicker. Weil die Gastgeber an den simpelsten Aufgaben der Zunft scheitern, jubeln letztlich die Italiener.
Als Jos Verstappen am nächsten Morgen das Fahrerlager betreten will, gibt sein elektronisches Dauerticket die Balken des Drehkreuzes nicht frei. Ungeduldig unternimmt er einen neuen Versuch – nichts bewegt sich. Da fällt sein Auge auf den Schriftzug im Display der Kontrollanlage: »Zutritt für Verlierer verboten!« Sicherheitschef Pasquale Lattuneddu hat sich wieder einmal einen seiner gefürchteten Scherze erlaubt…
Die ersten 60 Minuten des freien Trainings verlaufen ohne Hektik. Auf der Piste wurde in der Vorwoche intensiv getestet, entsprechend reichhaltig sind die gesammelten Set-up-Daten. Barrichello und das Jordan-Duo begnügen sich mit Installationsrunden und ziehen sich anschließend zum Reifensparen zurück in die Boxen. Und da gibt es noch einen vierten Fahrer, der zunächst »ohne Zeit« in den Listen steht: David Coulthard, dessen Silberpfeil wegen eines mechanischen Defekts der Benzinpumpe nur einmal im Zeitlupentempo um den Kurs kroch, bevor die McLaren-Mechaniker über den Boliden herfielen. Kilometer machen lediglich die beiden Minardi-Piloten, die nicht an den Testfahrten teilgenommen hatten. Auf den ersten vier Plätzen landen drei deutsche Superlizenzinhaber: Michael Schumacher, Nick Heidfeld und Ralf Schumacher. Nur Häkkinen kann als Zweiter in die germanische Phalanx eindringen.
Als nach Ablauf der zweiten Stunde Bilanz gemacht wird, rangiert DC an der Spitze. Hinter dem Schotten folgt Michael Schumacher vor Häkkinen und Barrichello. Ein weiteres Kapitel der Dauerduells Rot gegen Silber ist

eingeläutet. Das extrem turbulente F1-Wochenende vor Jahresfrist ist noch in bester Erinnerung. Werden sich die sintflutartigen Regenfälle, die 1999 während des Qualifying niedergingen, wiederholen? Teams und Beobachter halten Kontakt zu den Wetterfröschen des Flughafens von Nevers. Und natürlich – wie bei jedem Grand Prix – hängt der aktuellste Wetterbericht am Schwarzen Brett. Der Verfasser des Textes ist offenbar kein Spezialist. Am Sonntag, heißt es da schwarz auf weiß, könne es während des Rennens regnen und stürmen. Und jetzt kommt´s: Falls es tatsächlich stürmt, könne es gleichzeitig windig werden... Ein anderer Lapsus wirkt im direkten Vergleich geradezu harmlos – der Name eines der wichtigsten Sponsoren taucht bei Start-und-Ziel als »Mobli« auf, was keineswegs die korrekte Schreibweise darstellt.

Seit Gutenbergs folgenschwerer Erfindung im XV. Jahrhundert wird vergeblich der Versuch unternommen, druckfehlerfreie Erzeugnisse auf den Markt zu bringen. Auch die Pressestelle des französischen Grand Prix scheitert an dieser Hürde: Sie stellt Ferrari als Gewinner der Konstrukteurs-WM des Jahres 2000 vor... Das schlechte Beispiel macht Schule. In Mogyoród wird im offiziellen Ferrari-Statistikfaltblatt, das donnerstags zur Verteilung kommt, Mika Häkkinen als Gewinner des GP von Ungarn verkündet. Tragisch für den Absender: Der Hinweis erweist sich später als korrekt. Und McLaren-Mercedes, auch nicht faul im Zusammentragen von Zahlen, Daten und Fakten, setzt am selben Wochenende den eigenen Team-Namen an die Spitze des Zwischenklassements der Konstrukteurs-WM – tatsächlich steht es zum Zeitpunkt der Drucklegung 102:98 für Ferrari.

Am späten Nachmittag feiert Ralf Schumacher Geburtstag. Auf ein Vierteljahrhundert Lebenserfahrung darf der Williams-Pilot jetzt zurückblicken. Selbstverständlich wird eine Torte gereicht, und es ist auch keine Überraschung, dass Bruder Michael seine Aufwartung macht – natürlich mit Backwerk unter dem Arm. Entgegen allen Erwartungen kommt es nicht zur obligatorischen Kuchenschlacht. »Schumi« erklärt auf Nachfrage, er werfe nicht mit Lebensmitteln. Man lernt nie aus, denn diesbezüglich pflegte er auch schon völlig andere Bräuche... Völlig ungeschoren kommt das Geburtstagskind allerdings nicht davon. Als er

Deutlich markiert die bunte Wagenkette die Ideallinie auf der Start- und Zielgeraden

gebeten wird, die kleinen Kerzen auf der Torte auszublasen, bemüht sich der Rennfahrer vergeblich. Die brennenden Juxartikel entzünden sich immer wieder aufs Neue, und »Schumi II« entsorgt sie mit einer Gabel. Da eine Kerze daraufhin drauf und dran ist, seinen linken Schuh zu entzünden, legt der Pilot einen unfreiwilligen Flamenco ein. Motorracing is dangerous… Am Samstagmorgen gelingt David Coulthard die erste 15er-Zeit. Aber der Schotte leidet unverändert unter unzuverlässigem Material. Der Motor seines MP4/15 geht hoch. Die Mechaniker müssen eine Sonderschicht einlegen, um für das Qualifying einen frischen Zehnzylinder einzubauen. Parallel ist eine neue Benzinpumpe fällig. Den Monteuren läuft unaufhaltsam die Zeit davon.

Als Achter des freien Samstagstrainings empfiehlt sich Michael Schumacher nicht gerade als Favorit für das Qualifying. Trotzdem verbreitet der Kerpener Zuversicht: »Ich fuhr während der gesamten 90 Minuten mit Reifen, die gestern schon im Einsatz waren. Ich bin mit dem Handling meines Ferrari absolut zufrieden. Die Sekunde Rückstand auf David hat nichts zu bedeuten.«

Damit nimmt »Schumi« den Mund keineswegs zu voll. Im Qualifying sichert er sich die vierte Pole des Jahres – die 27. seiner F1-Karriere. »Das Auto«, schwärmt er, »war gleich beim ersten Versuch perfekt. Wir brauchten im weiteren Verlauf praktisch nichts zu verändern.« Trotz des positiven Zeugnisses, das er seinem F1-2000 ausstellt, steht Schumacher unterm Strich nur knapp vor Coulthard. Nur eine Zehntelsekunde trennt die beiden. Der Schotte erlebte stressige 60 Minuten. Wo wäre er wohl nach einer problemlosen Sitzung gelandet? Wegen der Reparaturarbeiten an seinem Einsatzauto musste DC die beiden ersten Versuche im T-car unternehmen, dann der Umstieg in den eigenen Wagen und ein Dreher in der Haarnadelkurve »Adelaide«. Auch für die zweite Startreihe hat sich ein rotsilbernes Pärchen qualifiziert: Um drei Tausendstel hat Barrichello die Nase vorn, obwohl er sich im Abstimmungs-Labyrinth verirrt hat und zunächst die falsche Bodenfreiheit wählte.

Damit startet Michael Schumacher zum dritten Mal hintereinander von der Pole-Position. In Monaco und Montreal konnte er den besten Startplatz auf den ersten Metern optimal nutzen und die Führung übernehmen. Gelingt das jetzt erneut? »Schumi« gilt nicht zwingend als souveräner Starter. Bisher stand der Kerpener hier in Frankreich nur einmal ganz vorn. Das war 1996, als er während der Formationsrunde wegen eines kapitalen Motorschadens ausfiel. Auch diesmal wird ihm der Startplatz erste Reihe rechts kein Glück bringen.

Kaum sind die roten Lichter erloschen, spielt Michael Schumacher wieder einmal erfolgreich die Rolle eines Raumdeckers: Er zieht seinen Ferrari nach links, um die eigene Position gegen den ersten Angriff von David Coulthard zu verteidigen. Der Schotte, selbst optimal von der Linie weggekommen, muss lupfen… Barrichello nutzt die Sekundenbruchteile der Wehrlosigkeit und stößt auf Platz zwei hinter »Schumi« vor. Besser hätte der Start aus der Perspektive von Jean Todt und seiner Crew nicht laufen können.

Nach fünf Runden zeichnet sich ein deutliches Bild ab. Wer heute sein Geld nicht auf einen Schumi-Sieg gesetzt hat, sollte damit beginnen, sich mit dem Verlust des Einsatzes abzufinden: Der größte Sohn Kerpens führt mit 3,5 Sekunden Vorsprung vor Barrichello. Hinter dem Brasilianer folgen »im Stau« DC und der Titelverteidi-

David Coulthard attackiert Michael Schumacher bei »Adelaide« auf der Innenbahn und wird abgewehrt…

ger. Der fünftplatzierte Jacques Villeneuve kann den Anschluss nicht halten, zirkuliert allerdings ohne Druck durch seinen Hintermann Frentzen. Abgesehen von einem kleinen Scharmützel zwischen Trulli und »Schumi II« – das der Deutsche für sich entscheidet – sowie dem mehrfach umgruppierten Trio Alesi, Heidfeld, Fisichella wurden die Positionen bisher stur eingehalten.

... der nächste Angriff erfolgt außen und bringt den gewünschten Erfolg

Runde zwölf bringt das nächste Überholmanöver: »Quick Nick« Heidfeld attackiert erfolgreich seinen Vordermann Fisichella, bremst dabei aber vor Adelaide so spät, dass er seinen Teamkollegen berührt und ihn »umdreht«. Alesi nimmt´s später gelassen, obwohl ihn der Rempler vom 14. auf den 18. Rang zurückwirft.

Noch ist kein Pilot ausgefallen, aber im Verlauf der 17. Runde steht fest, dass weiterhin auf eine Wiederholung des »Wunders von Zandvoort« – 1961 kamen dort alle Starter ins Ziel – gewartet werden muss. Ricardo Zonta landet in den Leitplanken. An die Boxen zurückgekehrt, erklärt er sich für »nicht schuldig«. Der BAR-Brasilianer gibt seinen Leidensweg zu Protokoll: »Die Bremsen ließen nach. Immer früher trat ich das Pedal, und dann verzögerte mein Auto plötzlich gar nicht...« Kurz darauf parkt Johnny Herbert seine grüne Katze an den Boxen. Die letzte Formel 1-Saison des Briten bringt permanent mehr Frust als Lust.

Als Herbert das Gurtschloss öffnet, um unfreiwillig Feierabend zu machen, führt Michael Schumacher mit knapp sechs Sekunden Vorsprung vor Barrichello. Der Südamerikaner hat inzwischen alle Hände voll zu tun, den lästig drängelnden Silberpfeil-Piloten Coulthard in Schach zu halten. »Nach zehn oder 15 Runden«, wird sich der Südamerikaner später erinnern, »ließen meine Reifen nach. Damit hatte ich nicht gerechnet. Speziell, weil es morgens im Qualifying so gut lief.« Während des 22. Umlaufs ist es soweit. Im langen Rechtsbogen »Estoril« wird Rubinho aufgrund seiner maroden Gummis zu weit nach außen getragen. Augenblicklich wittert DC seine Chance und schiebt sich bei »Adelaide« an Schumachers Leutnant vorbei. Damit fehlt dem Deutschen der rote Puffer, aber noch hat er einen Vorsprung von 7,2 Sekunden. Anstelle des wohlgesonnenen Hintermanns sitzt dem Spitzenreiter jetzt ein gefährlicher Rivale im Nacken, der die erstbeste Gelegenheit zu einer »feindlichen Übernahme« nutzen wird.

Zu Beginn der 23. Runde lassen Villeneuve, Frentzen und »Schumi II« Service machen. Die Reihenfolge der Verfolger des souveränen rot-silbernen Quartetts ändert sich aufgrund der Boxenstopps nicht. Zwei Umläufe später biegt auch der Pole-Setter in die Boxengasse ab, um Sprit und Gummis zu holen. Sein silberner Jäger bunkert die nächsten Vorräte erst nach weiteren 4,2 Kilometern – gemeinsam mit Barrichello, dem Weggefährten des ersten Renndrittels. Als der Brasilianer wieder mitmischt, findet er sich hinter Häkkinen, der seine Crew bereits nach 23 Runden bemüht hatte, wieder. Michael Schumacher vor Coulthard, Häkkinen und Barrichello. An einen Ferrari-Spaziergang glaubt inzwischen niemand mehr.

Um seinen 5,3-Sekunden-Rückstand auf Michael Schumacher wettzumachen, benötigt Coulthard sechs Runden. Jetzt wird es für »Schumi« kritisch. Formatfüllend liegt der Schotte in den Rückspiegeln des Kerpeners. In Runde 34 greift DC vor »Adelaide« an. Aber der Gegner ist auf der Hut und lässt die Tür ins Schloss fallen. Coulthard »bedankt« sich mit dem ausgestreckten Mittelfinger... Aufgeschoben ist nicht aufgehoben. Sechs Runden später – natürlich vor »Adelaide« – zeigt der Jäger erneut die Zähne. Auf der Innenbahn täuscht er an, und als »Schumi« erneut zumacht, verlagert DC seine Angriffsaktivitäten auf die Außenbahn. Schumachers Ferrari wird immer breiter. Kurz berühren sich die Boliden, dann heißt der neue Spitzenreiter Coulthard.

Nur kurz kann Schumacher Kontakt zur Startnummer Zwei halten, dann beginnt er, Meter um Meter zu verlieren. Und es kommt noch schlimmer. Sogar der »Trostpreis« in Gestalt von sechs WM-Punkten ist in Gefahr. Jetzt lauert Häkkinen knapp außerhalb des Windschattens. Der Finne kann gar nicht anders als attackieren, denn ihm folgt Barrichello auf den Fersen.

Nach 43 Runden herrscht in den Boxen Krimistimmung. Nahezu zeitgleich bremsen Schumacher und Häkkinen vor ihren Tankstellen. Der Deutsche gewinnt dank seiner Mechaniker 2,1 Sekunden – noch kann er hoffen. Unterstützung durch Barrichello darf er wenig später nicht mehr einkalkulieren. Das rechte Vorderrad des F1-2000 klemmt. Rubinho verliert wertvolle zehn Sekunden. Ein Podestplatz liegt für ihn damit scheinbar endgültig außer Reichweite.

Scheinbar, denn immer noch hat dieser Grand Prix Überraschungen parat. So muss Coulthard zu Beginn der 46. Runde – jetzt ist auch er für die Restdistanz ausreichend mit Verbrauchsstoffen versorgt – gewaltig zaubern. Nur knapp entgeht er einem Abflug in der »Grande Courbe«.

Nur ein Defekt oder ein Fahrfehler kann Coulthard jetzt noch am Sieg hindern. Der Fight um Platz Zwei ist hingegen unverändert völlig offen. Michael Schumacher, der auf den Spitzenreiter permanent an Boden verliert, hat in Mika Häkkinens McLaren einen lästigen silbernen Schatten. Der Abstand zwischen den beiden schwankt dauerhaft um die Sekundenmarke. Damit ist der Finne in Schlagdistanz. Und so ist es keine Überraschung, als der Champion in Runde 58 – natürlich im Streckenabschnitt »Adelaide« – attackiert. Auf der Bremse stellt sich der rote »Hase« leicht quer, und schon ist der Jäger vorbei. »Schumi« wird heute anstelle der erhofften zehn WM-Punkte scheinbar nur vier Zähler einstreichen. Aber auch das ist nur ein Wunschtraum: Kurz nach dem Überholmanöver signalisiert eine Rauchfahne am Heck des Ferrari einen irreparablen Motorschaden.

Nach dem Ausfall des Pole-Setters steht auf den ersten zehn Rängen die Reihenfolge für den Zieleinlauf fest: Hinter Coulthard und Häkkinen spulen Barrichello, Villeneuve, Ralf Schumacher, Trulli, Vorjahressieger Frentzen, Button, Fisichella und Salo die Restdistanz ab.

Das Bilderbuchergebnis im Rücken, hat McLaren-Boss Ron Dennis Oberwasser: »Das Resultat spricht für sich. Zugegeben – wir erlebten ein frustrierendes Qualifying. Aber gerade deshalb befriedigt der Doppelsieg um so mehr.« In der Formel 1 ist es wie im richtigen Leben: Wer zuletzt lacht, lacht am besten. Die Weisheit ist auch Ferrari-Sportchef Jean Todt bekannt: »Ich habe ja immer gesagt, dass die WM noch nicht entschieden ist. Heute erlebten wir den Beweis für diese Behauptung. Zu Beginn des Rennens sahen wir ja noch sehr gut aus – aber dafür gibt es keine Punkte... Die Regeln des Jahres 2000 scheinen recht klar zu sein – wenn wir nicht gewinnen, dann siegt McLaren.«

Rubens Barrichello entschuldigt sich geradezu für seinen dritten Platz: »Vielleicht hätte ich Mika noch abfangen können. Aber nach Michaels Ausfall sagte mir das Team per Sprechfunk, ich solle etwas Gas wegnehmen.« Was der Scuderia jetzt Sorgen bereitet, ist nicht der Motorschaden, der »Schumi« ohne Vorwarnung matt gesetzt hat. Sorgen bereitet vielmehr der rätselhafte Reifenverschleiß. Michael Schumacher: »Anders als McLaren können wir die Reifen nicht über längere Distanz in optimaler Form halten. Keine Ahnung, woran das liegt – vielleicht ist der Gripverlust eine Verschleißfolge, vielleicht arbeiten unsere Reifen bei falschen Temperaturen.« Dem Rheinländer wäre es wohler in seiner Haut, wenn die Ursachen für das Versagen bekannt wären. Der Frust sitzt tief. Mehr als 30 Minuten lang hat er sich nach seinem Ausfall vergraben. Erst dann beruhigt er sich so weit, dass er erste Interviews geben kann.

Ralf Schumacher freut sich derweil über sein verspätetes Geburtstagsgeschenk, das er sich selbst beschert hat: Platz fünf und zwei WM-Punkte: »Vielleicht hätte ich Villeneuve in der Schlussphase noch packen können. Aber das Team riet mir, keine Risiken einzugehen.« Nachdem »Schumi II« und Villeneuve vor 14 Tagen in Kanada kollidiert waren, einigte sich das Duo diesmal also auf eine friedliche Zielankunft. Jacques Villeneuve, der Sünder von Montreal, registriert das dankbar: »Es war ein guter Fight mit Ralf. Er war schneller in den Kurven, ich auf den Geraden.«

Die Abschiedsworte von Magny-Cours gehören Michael Schumacher. Als könne er in die Zukunft blicken, sagt er: »Der Weg nach Sepang ist noch lang. Und jetzt reichen zwei Ausfälle, um die Silberpfeile wieder im Nacken zu haben.« Wahr gesprochen. Bis Mitte August wird er nicht einmal eine komplette Rennrunde drehen.

GROSSER PREIS VON FRANKREICH (Circuit de Nevers Magny-Cours)

STRECKE

Ort und Datum	Magny-Cours, 2. Juli
Wetter	sehr warm, schwül, wechselnd bewölkt
Streckenlänge	4,251 km
Runden	72
Renndistanz	306,072 km
Bestehender Rundenrekord	1.17,070 = 198,521 km/h Nigel Mansell, Williams-Renault FW14B; GP 1992
GP-Sieger 1999	Heinz-Harald Frentzen, Jordan-Mugen 199 1:58.24,343 = 154,965 km/h

ERGEBNISSE UND AUSFÄLLE:

1. David Coulthard	McLaren-Mercedes MP4/15	1:38.05,538 = 187,100 km/h
2. Mika Häkkinen	McLaren-Mercedes MP4/15	14,748 Sekunden zurück
3. Rubens Barrichello	Ferrari F1-2000	32,409 Sekunden zurück
4. Jacques Villeneuve	BAR-Honda 002	1.01,322 Minuten zurück
5. Ralf Schumacher	Williams-BMW FW22	1.03,981 Minuten zurück
6. Jarno Trulli	Jordan-Mugen EJ10	1.15,604 Minuten zurück
7. Heinz-Harald Frentzen	Jordan-Mugen EJ10	1 Runde zurück
8. Jenson Button	Williams-BMW FW22	1 Runde zurück
9. Giancarlo Fisichella	Benetton-Playlife B200	1 Runde zurück
10. Mika Salo	Sauber-Petronas C19	1 Runde zurück
11. Pedro Diniz	Sauber-Petronas C19	1 Runde zurück
12. Nick Heidfeld	Prost-Peugeot AP03	1 Runde zurück
13. Eddie Irvine	Jaguar-Cosworth R1	2 Runden zurück
14. Jean Alesi	Prost-Peugeot AP03	2 Runden zurück
15. Marc Gené	Minardi-Fondmetal M02	2 Runden zurück

Michael Schumacher	Ferrari F1-2000	59. Runde, Motor
Pedro de la Rosa	Arrows-Supertec A21	46. Runde, Getriebe
Alexander Wurz	Benetton-Playlife B200	35. Runde, Dreher
Gastón Mazzacane	Minardi-Fondmetal M02	32. Runde, Unfall
Jos Verstappen	Arrows-Supertec A21	26. Runde, Getriebe
Johnny Herbert	Jaguar-Cosworth R1	21. Runde, Kupplung
Ricardo Zonta	BAR-Honda 002	17. Runde, Unfall

SCHNELLSTE RUNDE: (28. Rd.) – David Coulthard, McLaren-Mercedes MP4/15
1.19,479 = 192,548 km/h

STARTAUFSTELLUNG:

3 Michael Schumacher
Ferrari F1-2000 203
1.15,632

2 David Coulthard
McLaren-Mercedes MP4/15-5
1.15,734

4 Rubens Barrichello
Ferrari F1-2000 202
1.16,047

1 Mika Häkkinen
McLaren-Mercedes MP4/15-6
1.16,050

9 Ralf Schumacher
Williams-BMW FW22-2
1.16,291

7 Eddie Irvine
Jaguar-Cosworth R1-04
1.16,399

22 Jacques Villeneuve
BAR-Honda 002/04
1.16,653

5 Heinz-Harald Frentzen
Jordan-Mugen EJ10/006
1.16,658

6 Jarno Trulli
Jordan-Mugen EJ10/005
1.16,669

10 Jenson Button
Williams-BMW FW22-4
1.16,905

8 Johnny Herbert
Jaguar-Cosworth R1-06
1.17,176

17 Mika Salo
Sauber-Petronas C19-05
1.17,223

18 Pedro de la Rosa
Arrows-Supertec A21-03
1.17,279

11 Giancarlo Fisichella
Benetton-Playlife B200/04
1.17,317

16 Pedro Diniz
Sauber-Petronas C19-07
1.17,361

15 Nick Heidfeld
Prost-Peugeot AP03-05
1.17,374

12 Alexander Wurz
Benetton-Playlife B200/02
1.17,408

14 Jean Alesi
Prost-Peugeot AP03-03
1.17,569

23 Ricardo Zonta
BAR-Honda 002/01
1.17,668

19 Jos Verstappen
Arrows-Supertec A21-04
1.17,933

20 Marc Gené
Minardi-Fondmetal M02-03
1.18,130

21 Gastón Mazzacane
Minardi-Fondmetal M02-04
1.18,302

West

Mika ist wieder Mika

Falscher Blinddarm-Alarm – Villeneuve attackiert Michael Schumacher – Keine Hexerei sondern Logik – Williams ohne Grip – Chaos in der ersten Runde – Abbruch oder Safety-car? – Coulthards Ferndiagnose – Arrows stark wie einst in Ungarn – Jean Alesi dachte… – Jenson Button: Erst ins Kiesbeet, dann in die Punkte – Sonderurlaub für den Sieger

Ein Jahr ist es her, dass sich in der Steiermark das »Wunder von Zeltweg« ereignete. Michael Schumacher pflegte daheim in der Schweiz sein geschundenes Silverstone-Bein, und Eddie Irvine trat erstmals als Nummer Eins der Scuderia Ferrari an. Trotz des ungewohnten Drucks zog sich der flippige Nordire sensationell aus der Affäre: Irvine gewann die volle Punktzahl. Das war ihm zuvor lediglich ein einziges Mal gelungen. Zurück am Schauplatz der Großtat, spricht nichts für eine Wiederholung der Glanzleistung. Einen Tag vor Trainingsbeginn ist der Brite – ganz gegen seine Art – zu keinerlei Scherzen aufgelegt. Irvine hat Bauchschmerzen. Mit dem Verdacht auf eine akute Blinddarmentzündung wird er sich bereits am Freitag in Richtung Heimat absetzen. In London werden die behandelnden Ärzte den Rennfahrer jedoch nicht von seinem Wurmfortsatz befreien. Eine Darmschwellung setzt Irvine schachmatt, die Skalpelle kommen nicht zum Einsatz.
Obwohl das »Lästermaul« außer Gefecht gesetzt ist, fliegen die Fetzen. In Erinnerung an Michael Schumachers Diagonal-Manöver in Magny-Cours schimpft Ex-Champion Jacques Villeneuve: »Das regt mich auf! Es ist doch immer derselbe, der das macht. Aber warum sollte er auch damit aufhören? Er kommt doch immer ungeschoren davon.« Die Diskussion entbrennt, als das Thema »Start« auf die Tagesordnung des obligatorischen Donnerstags-Briefing gesetzt wird. Bei dieser Gelegenheit erklärt Renn-Direktor Charlie Whiting unmissverständlich: »Ich kann nicht erkennen, dass Shuey in Magny-Cours unfair fuhr.« Villeneuve kritisiert trotz dieser klaren Aussage: »Das ist es ja gerade. Auch wenn es erlaubt ist – ein anständiger Sportler tut so etwas nicht. Die Ethik verbietet das. Schumacher ist unanständig.« David Coulthard teilt die Meinung seines kanadischen Freundes: »Michael macht das, was man auch auf Fußballplätzen sehen kann. Auf dem Rasen heißt das unfaires Grätschen. Es ist doch gar kein Problem für die Funktionäre zu erkennen, wenn jemand Foul spielt.« Auch McLaren-Boss Ron Dennis ereifert sich: »Immer heißt es, die Regeln erlauben einen Spurwechsel zur Verteidigung der eigenen Position. Wo steht das denn

Was die Integration der Piste in die umgebende Landschaft betrifft, verdient der ehemalige Österreichring Bestnoten

Die Shuey-Brothers im fröhlichen Plausch mit Jean Alesi. Letztlich hatte das Trio in der Steiermark nichts zu lachen

Trainingsbetrieb in der Boxengasse. Wenn der Verkehr fließt, ist manchmal Geduld gefragt

geschrieben? Es ist lediglich Gewohnheitsrecht, sich auf diese Art während des Rennens gegen einen Angreifer zu wehren. Das ist ein Riesenunterschied. Im Duell während des Rennens geht es um zwei Piloten – ein vergleichbares Manöver beim Start beeinträchtigt das komplette Feld.«

Von neutraler Seite nimmt Gerhard Berger zu der Problematik Stellung: »Ich kann überhaupt nicht verstehen, was die Diskussion soll. Zu meiner Zeit fuhr das komplette Feld bis zur ersten Kurve zickzack und kein Mensch hat sich darüber aufgeregt.«

Auch Abwesende sorgen für Gesprächsstoff. Bei Jordan sucht man Mike Gascoyne vergeblich. Der Technische Direktor der Gelben ist ein Opfer Hondas geworden. Weil der Ingenieur das Team ohnehin in Richtung Benetton verlassen wird, erklärten ihn die Japaner zur persona non grata. Die Asiaten befürchten Spionage – jedenfalls möchten sie nicht, dass der Abtrünnige auch nur das kleinste Detail über die Saison-Vorbereitung 2001 erfährt, weil er es möglicherweise später bei Flavio Briatore und dessen Crew ausplaudern könnte. Als Gascoyne-Ersatz ist Gustav Brunner im Gespräch, doch der Österreicher winkt lächelnd ab: »Kein Interesse. Ich bleibe bei Minardi.« Erstens soll der Ingenieur Anteile des Teams Minardi besitzen, und zweitens liebt er den Job in Faenza tatsächlich: »Ich habe hier Freiheiten, die es anderswo in der Formel 1 nicht gibt. Ein größeres Budget wäre zwar reizvoll, aber es gleicht die Nachteile nicht aus. Ich möchte weiterhin laut meine Meinung sagen dürfen. In einem der großen Rennställe ist das heutzutage nicht denkbar.«

Im Mittelpunkt des Interesses steht auch ein ehemaliger Formel 1-Pilot: Olivier Panis, der Gewinner des turbulenten Grand Prix von Monaco 1996. Seit Saisonende ´99 ist der Franzose nur noch »halb« im Geschäft. Er verdient sein Geld als Testpilot bei McLaren, außerdem chauffiert er den silbernen Doppelsitzer. Jetzt verbreitet er die Nachricht, er habe einen Vertrag für die Saison 2001 unterschrieben. Bei welchem Team, das könne er nicht verraten. Der Mann, der 91 Grand Prix bestritt und von 1994 bis 1999 56 WM-Punkte sammelte, löst damit zwangsläufig eine »Suchaktion« aus. Die Fäden laufen bei BAR zusammen, doch Craig Pollock blockt ab: »Unsere Piloten für das kommende Jahr stehen noch nicht fest.« Vier Wochen wird es dauern, dann wird Pollock offiziell verkünden, dass er sich »freut, die Verpflichtung von Olivier Panis bekanntgeben zu dürfen«...

Aber jetzt ist Panis noch zum Schweigen verdonnert. Doch über seinen aktuellen Job darf er frei sprechen: »Ich habe bei McLaren viel gelernt. Ron Dennis machte mir ein sehr gutes Angebot, auch 2001 für ihn zu arbeiten. Aber ich will Rennen fahren, meine Karriere ist noch lange nicht beendet.« Hat er im Verlauf der letzten Monate erkannt, weshalb die Silberpfeile so stark sind? »Es ist weder nur das Chassis noch allein der Motor«, erklärt Panis, »es ist das gesamte Team – speziell der Arbeitsstil. Da gibt es kein geheimnisvolles Erfolgsrezept. Die sind gut, weil hart gearbeitet wird und zwar ohne dass irgendwann auch nur einmal ein lautes Wort fällt! Die Disziplin ist großartig. Natürlich hat das Team Probleme, wie jeder andere Rennstall auch. Aber wenn eins auftaucht, dann gibt es weder Panik noch Geschrei. Die vermeiden jeden Druck. Okay, wir haben ein Problem – na und? Man freut sich, dass es erkannt wurde und analysiert die Fakten, um einen Ausweg zu finden. Was McLaren stark macht, ist keine Hexerei sondern Logik.« Nach dem Qualifying wird Panis, wie an jedem Rennwochenende, abreisen. »Nein«, sagt er, »ich kann nicht zuschauen, wie die anderen um Punkte kämpfen. Ich bin Rennfahrer! Zu Hause vor dem Fernseher ist es schlimm genug...«Im freien Training zeichnet sich ab, dass sich die Testarbeit von Panis bezahlt macht: Mika Häkkinen und David Coulthard geben den Ton an. Ferrari muss nach der Enttäuschung in Magny-Cours die Vormachtstellung der Silberpfeile eingestehen. Ausgerechnet in der vorentscheidenden Sommerphase scheinen die Roten aus Maranello den Anschluss zu verlieren. Ross Brawn, Ferraris Technischer Direktor, bekennt: »Ja, McLaren scheint die Nase knapp vorn zu haben. Wir werden es schwer haben, hier die Pole zu erkämpfen und das Rennen aus eigener Kraft zu gewinnen. Aber das ist kein Drama. Wir kommen zurück. Ich rechne bis zum Finale in Sepang mit einem Kopf-an-Kopf-Rennen – mal sind die vorn, mal wir.«

„Pulverdampf" steigt auf und scheinbar hört man den fernen Schlachtenlärm...

Zum Abschluss des Wochenendes wird sich McLarens Chef-Designer Adrian Newey zum Thema Kräfteverhältnis äußern: »Wir wissen nicht, was Ferrari heute hätte zeigen können. Shuey war sofort out und Rubens' Auto war beschädigt. Für mich ist jedoch nur eines wichtig – wir siegten in Magny-Cours und hier auch. Wer auf zwei derart unterschiedlichen Rennstrecken gewinnt, der ist auf dem richtigen Weg.«

Im Qualifying macht sich die »Psycho-Medizin Marke Dennis« positiv bemerkbar. Nach dem GP von Frankreich hatte Mister Perfect seinen Lieblingspiloten in einen Zwangsurlaub geschickt: »Er braucht nicht zu testen – es wird Mika gut tun, wenn er einmal für ein paar Tage keinen Rennwagen sehen muss.« Zum ersten Mal seit dem GP von San Marino stellt Häkkinen seinen MP4/15 auf die Pole-Position. Was so ein paar Tage auf dem Deckstuhl einer Yacht im Mittelmeer ausmachen können! Mit seinem Erfolg entkräftet der Finne die Argumentation des dreifachen Ex-Weltmeisters Niki Lauda. Der Wiener Luftfahrtunternehmer hatte behauptet: »Die Pause ist ein Fehler. Gerade wenn Häkkinen mit seinem Auto nicht hundertprozentig zufrieden ist, muss er testen.« Unlogisch klingt das nicht, doch jetzt erklärt der Skandinavier: »Der Urlaub war genau das Richtige. Weil es für mich nicht nach Plan lief, begann ich, nervös zu werden.« Der Kopf bereitete also die Probleme und keineswegs der Rennwagen. Ein Wunder ist das nicht – der mörderische 14-Tage-Rhythmus frisst die Piloten mit Haut und Haaren. In diesem Punkt hat Michael Schumacher einen kleinen Vorteil: Die Verletzungspause im Vorjahr gab ihm eine Gelegenheit zur psychischen Regeneration.

David Coulthard, der seinen Teamkollegen im Qualifying zuvor viermal hintereinander schlagen konnte, steckt die Niederlage als Zweiter locker weg. Wäre ihm in der Castrol-Kurve kein Fehler unterlaufen, dann stünde der Schotte auf der Pole. Er hat nichts von seinem Speed verloren. DCs gute Laune ist aber vielleicht auch auf das relativ schlechte Abschneiden von Michael Schumacher zurückzuführen, der hinter den beiden Silberpfeilen und Rubens Barrichello vom vierten Startplatz aus ins Rennen gehen wird. pener nur im zweiten Drittel des 4,3 km-Kurses mithalten. Ross Brawn gibt zu: »Es ist verdammt schwierig, hier das richtige Set-up zu finden. Wenn das Auto in der einen Passage schnell ist, passt es in der nächsten nicht.«

Anderen geht es weitaus schlechter: In der Reihenfolge Button vor Schumacher, landet das Williams-Duo auf den Plätzen 18 und 19... Vergeblich strengen sich die beiden Piloten an – kein Grip, keine tauglichen Zeiten. Erstaun-

... bei näherem Hinsehen wird deutlich, dass Michael Schumacher zu den Opfern des Startkurven-Crashs zählt

Coulthard lästert: »Ich sagte Rubens, er solle seinen Startplatz an Shuey abtreten, denn der landet nach ein paar Metern ja ohnehin auf der linken Pistenseite...«

Michael Schumacher akzeptiert sein Qualifying-Waterloo ohne Ausreden: »Ich war schlichtweg zu langsam, weil wir den Ferrari nicht so ausbalancieren konnten, dass er sowohl in den schnellen als auch in den langsamen Kurven gut ist. Ein paar Zehntel habe ich möglicherweise verschenkt, aber es hätte heute niemals für die erste Reihe gereicht.« Tatsächlich konnte der Ker-

lich: Das Pärchen hat sich in Absprache mit Patrick Head für die härtere der angebotenen Reifenmischungen entschieden. Das aktuelle Problem fordert hingegen laut Lehrbuch die weichen Pneus. Einer der Ingenieure klärt hinter vorgehaltener Hand auf: »Wir haben Ärger mit der Vorderachse. Wenn wir weich fahren, wird das Untersteuern noch grausamer.« Trotz des Frustes gibt »Schumi II« nicht auf. Vielleicht bringt ja der letzte Versuch die Wende zum Guten? Das Minimalziel: Der Platztausch mit Rookie Jenson. Aber dann verbremst sich der

Schwindelfreie Helfer gesucht. Um Fisichellas Benetton am Haken halbwegs in der Balance zu halten, wird ein biologisches Gegengewicht zum Motor benötigt

Deutsche schon in der ersten Kurve und wird nach außen getragen... Patrick Head schüttelt den Kopf und marschiert mit versteinerter Miene von der Boxenmauer in Richtung Pits – die Enttäuschung sitzt tief.

Und während Williams überraschend patzt, sieht man bei BAR-Honda ausnahmsweise zufriedene Gesichter: Ricardo Zonta hat sich für die dritte Startreihe qualifiziert, Teamkollege Villeneuve rangiert als Siebter einen Platz dahinter. In Montreal hatte die Pollock-Truppe mit den Rängen Sechs und Acht das bis dahin beste Qualifying-Ergebnis erzielt. Aber Ex-Champ Villeneuve ist trotzdem nicht happy: Um zwei Tausendstel muss sich der Kanadier im Team-internen Duell geschlagen geben. Wie brisant die Startaufstellung aufgrund von Zontas Sternstunde ist, wird allerdings erst in 24 Stunden sichtbar...

Als vor dem Start die Siegchancen der Akteure diskutiert werden, erinnert einer der McLaren-Mitarbeiter an eine Behauptung, die er bereits am Freitag aufgestellt hatte: »Hier ist Mika wieder Mika.« Will sagen: Der Finne wird endlich wieder einmal weltmeisterlich auftreten. Zu diesem Zeitpunkt hofft Michael Schumacher, er könne trotz seiner relativ schlechten Ausgangsposition mit um den Sieg kämpfen. Falls er gut von der Linie wegkommt, dann müsste ihm in der ersten Kurve zumindest Platz drei sicher sein, denn aus dem Ferrari-Headquarter sickert durch, dass Barrichello den Teamkollegen passieren lassen soll. Der Brasilianer hat eingewilligt. Michael Schumacher plant eine Zwei-Stopp-Strategie, ist also »leicht« unterwegs. Rubinho hat kein Interesse, dem Rheinländer im Weg zu stehen. Aber alles kommt ganz anders als geplant...

Als das Zeichen zum Start des »Dragster-Rennens« zur ersten Kurve gegeben wird, ziehen Häkkinen und Coulthard souverän davon. Hinter den beiden Silberpfeilen beschleunigen die zwei Ferrari Seite an Seite. »Schumi« kommt auf den ersten Metern wieder einmal nur mäßig in die Gänge, und Barrichello hat jetzt Probleme, seinem Versprechen gerecht zu werden. Dann knallt´s! Zonta hebelt auf der Innenbahn Michael Schumacher aus, und nebenan fährt Trulli in das Heck von Barrichellos Ferrari. Der Kerpener dreht sich. Barrichello, Zonta und Villeneuve kurven durch den Kies. Weiter hinten schiebt Diniz den Italiener Fisichella ins Aus. F1-Neuling Luciano Burti kann froh sein, dass er im T-car aus der Boxengasse startete, weil ihn sein Einsatz-Auto auf dem Startplatz im Stich ließ. Aus dem Tohuwabohu kann er sich stresslos heraushalten.

Während das McLaren-Pärchen auf und davon fährt, und Barrichello wegen eines Bruchs des Unterbodens augenblicklich chancenlos ist, lichtet sich die Szene: Michael Schumacher, Giancarlo Fisichella und Jarno Trulli sind sofort out. Im Durcheinander verlieren zahlreiche Piloten Zeit und Raum. Ralf Schumacher verbiegt im Gedränge die Nase seines Williams und muss nach nur einer Runde einen Reparaturstopp einlegen. Es ist nicht das Wochenende der Familie Schumacher, und schon bald wird sich herausstellen, es ist auch nicht das Wochenende der beiden anderen deutschen Superlizenzinhaber. Aber es gibt auch Nutznießer des Chaos: Jenson Button zählt zu denen, die in der Castrol-Kurve zur richtigen Zeit am richtigen Ort sind. Der Rookie, als 18. gestartet, wird nach der ersten Runde bei Start-und-Ziel als Siebter registriert.

Nacheinander treffen im Fahrerlager die Opfer des Zwischenfalls ein. Andere Augenzeugen und Beteiligte werden sich erst nach dem Rennen äußern. Die Meinungen gehen – je nach Perspektive – weit auseinander. Michael Schumacher gibt gefasst zu Protokoll: »Solche Dinge passieren, wenn sich junge Fahrer in der ersten Kurve überschätzen. Natürlich trägt Ricardo die

Die Kulisse könnte ebensogut der Oper „Der Freischütz“ dienen, denn auf dem A1-Ring geht es voll nach dem Motto „durch die Wälder, durch die Auen“

Schuld, doch deshalb sollte man ihn nicht verdammen. Es war ja schließlich keine Absicht. Auch ich habe zu Beginn meiner Karriere Fehler gemacht. Aber natürlich ist es ärgerlich, wenn man Opfer einer solchen Aktion wird.« Zonta sagt später aus: »Ich startete gut, aber wegen der beiden Ferrari war mir der Weg versperrt. Michael fuhr die erste Kurve dann ganz eng an und kam fast zum Stand. Ich bremste, so hart es möglich war, berührte ihn aber am Heck.«

Im weiteren Rennverlauf wird der Südamerikaner wegen des »bodychecks« zu einer Zehn-Sekunden-Strafe verdonnert. Diese Entscheidung der Funktionäre ist absolut unverständlich. Wenn irgend ein Zwischenfall der oft zitierte »normal racing incident« ist, dann ein Startcrash à la Zeltweg 2000. Immer wieder hat sich Vergleichbares ereignet, und immer wieder wird sich Vergleichbares abspielen. Eine Strafe auszusprechen, obwohl keinerlei erkennbare Absicht vorliegt, ist kein Akt der Gerechtigkeit.

Fisico, selbst kein Kind von Traurigkeit, flucht: »Unglaublich! Es war verdammt eng, und dann kommt dieser Diniz mit 200 km/h angebrettert und schießt mich ab. Ich kann nicht verstehen, weshalb nicht die roten Flaggen gezeigt wurden.« Auch Michael Schumacher glaubte zunächst an einen Abbruch: »Meiner Meinung nach hätte das Rennen neu gestartet werden müssen.« Seitens McLaren wird jetzt sogar der Vorwurf laut, »Schumi« habe einen Abbruch erzwingen wollen. Absichtlich hätte er seinen Ferrari nach der Karambolage mitten auf der Piste geparkt. Tatsächlich stand er zunächst mit Blick gegen die Fahrtrichtung. Und weil er den Motor nicht abgewürgt hatte, versuchte er, das Rennen nach einer »Schleuderwende« fortzusetzen. Doch der waidwunde Bolide schaffte nur noch wenige Meter. Von einer absichtlich errichteten roten Straßensperre kann keine Rede sein. In jedem Fall tat die Rennleitung das einzig Richtige: Der Einsatz des Safetycar reichte völlig aus, um die Situation zu bereinigen.

Auch Schumacher-Gegner David Coulthard wird sich nach dem Grand Prix in die Unfall-Diskussion einmischen. Der Schotte bleibt auf Konfrontationskurs und gießt Benzin ins Feuer: »Ich konnte nicht sehen, was passierte. Aber ich bin sicher – Michael Schumacher war´s schuld.«

Zwei Runden lang läuft der österreichische WM-Lauf unter gelben Flaggen. Mit Beginn des dritten Umlaufs darf wieder Gas gegeben werden. Zwei schnelle Silberpfeile und der ramponierte Ferrari Barrichellos – ein hochklassiges Rennen ist jetzt kaum noch möglich. »Mein Auto war mehr oder weniger unfahrbar«, wird der Südamerikaner später erklären, »es wurde allerdings etwas angenehmer, als meine Mechaniker während des Boxenstopps den Frontflügel flacher stellten – das verbesserte die Balance spürbar.« Immerhin: Rubinho kehrt als Achter aus der ersten Runde zurück und attackiert, nachdem das Safety-car ausgeschert ist. Nach vier Runden belegt er Rang fünf, und kurz darauf ist er Vierter. Heinz-Harald Frentzen ist nach einem Motorenplatzer auf dem eigenen Öl ausgeglitten. Barrichello rückt entsprechend auf.

Während der ersten zehn Runden fahren die beiden Silberpfeile dem Rest der Welt im Konvoi um eine Sekunde pro Umlauf davon. Und dieser Rest der Welt wird von Pedro de la Rosa angeführt. Nach den Startwirren – »Ich sah, wie sich die Autos überall drehten und wählte die Innenbahn – die Rechnung ging auf« – lag er zunächst hinter Mika Salo auf Rang vier, kämpfte den Finnen dann jedoch kurzentschlossen nieder. Der Spanier gibt eine exzellente Vorstellung. Seit Damon Hills Super-Gala 1997 in Ungarn ist kein Arrows-Pilot mehr derart stark aufgetreten.

Nach 17 Runden kommen die angeblichen »Sünder« Zonta und Diniz an die Boxen, um die umstrittenen Zehn-Sekunden-Strafen abzusitzen. Nahezu zeitgleich tut sich etwas an der Spitze: Mika Häkkinen beginnt, seinem Teamkollegen unaufhaltsam davonzufahren. Sieben, acht Zehntel nimmt er DC pro Umlauf ab. Mika ist tatsächlich wieder Mika. Der Weltmeister bleibt einem seiner alten Geheimrezepte treu – er trumpft ganz besonders spektakulär auf, wenn man am wenigsten mit ihm rechnet. Hatten ihn nicht die meisten Beobachter längst abgeschrieben? Und jetzt dreht er souverän seine Runden, als sei es gar keine Frage, dass er der heißeste Anwärter auf den WM-Titel ist.

30 Sekunden trennen die beiden Silberpfeile bereits, als der GP 30 Runden alt ist und sich der »Halbzeit« nähert. Für den Klassenunterschied zwischen den beiden McLaren-Piloten wird Coulthard später eine plausible Erklärung haben: »Ich war schon nach der ersten Runde happy, weil mir sechs WM-Punkte praktisch nicht mehr zu nehmen waren. Weshalb sollte ich sie

Die langsame Remus-Kurve erweist sich alljährlich als »Falle« – hier hat sich Jos Verstappen verschätzt

aufs Spiel setzen? Für mich ist eines von Bedeutung – ich will Michael Schumacher einholen. Und was das betrifft, habe ich heute einen großen Schritt tun können.«

Kurz nachdem sich der Abstand zwischen den zwei MP4/15-Piloten bei 15 Sekunden einzupendeln beginnt, ist de la Rosas Show vorüber. Der ehemalige Champion der Formula Nippon muss weiterhin auf seinen wohlverdienten ersten Podestplatz warten.

Als Spitzenreiter Häkkinen seinen Boxenstopp einlegt, hat er mit Ausnahme von DC und Barrichello bereits das komplette Feld überrundet. Vorübergehend fällt er hinter den Teamkollegen auf Platz zwei zurück, doch als auch der seine Crew bemüht, ist die alte Reihenfolge wieder hergestellt. Mehr Aufmerksamkeit als das Betanken der McLaren weckt allerdings der Prost´sche Doppelabgang: Ungespitzt knallt Jean Alesi in der Castrol-Kurve in Nick Heidfelds AP03. »Ich dachte«, versucht der Franzose, sich zu rechtfertigen, »Nick lässt mich vorbei, weil ich schneller unterwegs war. Aber leider berücksichtigte ich nicht, dass er mich nicht sehen konnte.«

Häkkinen, Coulthard und Barrichello. Dahinter zementiert Villeneuve seinen vierten Platz dank eines taktisch klugen Boxenstopps, den der Kanadier erst nach 49 Runden einlegte. Nur Alexander Wurz fuhr einen ebenso langen ersten Stint. Hinter diesem Quartett der friedlichen Koexistenz tobt zwischen Button, Salo und Herbert ein Kampf um Platz Fünf. Grünschnabel Button behält die Nase vorn, obwohl er in Runde 53 kurz durch den Kies rodelt.

Dann signalisiert die schwarzweißkarierte Flagge das Ende der McLaren-Demonstration. Und der Sieger zieht ein nüchternes Fazit: »Die Probleme scheinen gelöst. Ich bin wieder dort, wo ich hingehöre. Diese WM ist noch lange nicht vorbei.« Das stimmt. Und deshalb schickt Ron Dennis den Finnen erneut in die Ferien.

Drei Girls und zwei Nasen – die Sponsoren bemühen sich regelmäßig, Fotomotive zu arrangieren

GROSSER PREIS VON ÖSTERREICH (A1-Ring)

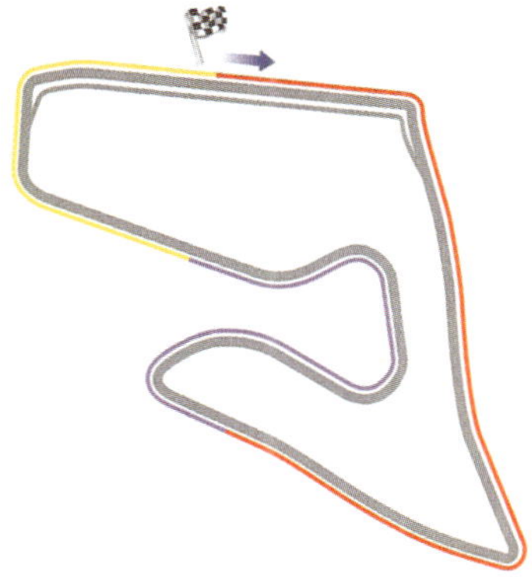

STRECKE

Ort und Datum	Zeltweg, 16. Juli
Wetter	mäßig warm, wechselnd bewölkt
Streckenlänge	4,319 km
Runden	71
Renndistanz	306,649 km
Bestehender Rundenrekord	1.11,814 = 216,709 km/h Jacques Villeneuve, Williams-Renault FW19; GP 1997
GP-Sieger 1999	Eddie Irvine, Ferrari F399 1:28.12,438 = 208,587 km/h

ERGEBNISSE UND AUSFÄLLE:

1. Mika Häkkinen	McLaren-Mercedes MP4/15	1:28.15,818 = 208,792 km/h
2. David Coulthard	McLaren-Mercedes MP4/15	12,535 Sekunden zurück
3. Rubens Barrichello	Ferrari F1-2000	30,795 Sekunden zurück
4. Jacques Villeneuve	BAR-Honda 002	1 Runde zurück
5. Jenson Button	Williams-BMW FW22	1 Runde zurück
6. Mika Salo	Sauber-Petronas C19	1 Runde zurück
7. Johnny Herbert	Jaguar-Cosworth R1	1 Runde zurück
8. Marc Gené	Minardi-Fondmetal M02	1 Runde zurück
9. Pedro Diniz	Sauber-Petronas C19	1 Runde zurück
10. Alexander Wurz	Benetton-Playlife B200	1 Runde zurück
11. Luciano Burti	Jaguar-Cosworth R1	2 Runden zurück
12. Gastón Mazzacane	Minardi-Fondmetal M02	3 Runden zurück
Ricardo Zonta	BAR-Honda 002	59. Runde, Motor
Ralf Schumacher	Williams-BMW FW22	53. Runde, Bremsen
Nick Heidfeld	Prost-Peugeot AP03	42. Runde, Unfall
Jean Alesi	Prost-Peugeot AP03	42. Runde, Unfall
Pedro de la Rosa	Arrows-Supertec A21	33. Runde, Getriebe
Jos Verstappen	Arrows-Supertec A21	15. Runde, Motor
Heinz-Harald Frentzen	Jordan-Mugen EJ10	5. Runde, Motor
Michael Schumacher	Ferrari F1-2000	1. Runde, Unfall
Jarno Trulli	Jordan-Mugen EJ10	1. Runde, Unfall
Giancarlo Fisichella	Benetton-Playlife B200	1. Runde, Unfall

SCHNELLSTE RUNDE: (67. Rd.) – David Coulthard, McLaren-Mercedes MP4/15
1.11,783 = 216,953 km/h
Neuer Rundenrekord

STARTAUFSTELLUNG:

1 Mika Häkkinen
McLaren-Mercedes MP4/15-6
1.10,410

2 David Coulthard
McLaren-Mercedes MP4/15-7
1.10,795

4 Rubens Barrichello
Ferrari F1-2000 202
1.10,844

3 Michael Schumacher
Ferrari F1-2000 198
1.11,046

6 Jarno Trulli
Jordan-Mugen EJ10/005
1.11,640

23 Ricardo Zonta
BAR-Honda 002/01
1.11,647

22 Jacques Villeneuve
BAR-Honda 002/04
1.11,649

11 Giancarlo Fisichella
Benetton-Playlife B200/04
1.11,658

17 Mika Salo
Sauber-Petronas C19-05
1.11,761

19 Jos Verstappen
Arrows-Supertec A21-04
1.11,905

16 Pedro Diniz
Sauber-Petronas C19-07
1.11,931

18 Pedro de la Rosa
Arrows-Supertec A21-03
1.11,978

15 Nick Heidfeld
Prost-Peugeot AP03-02
1.12,037

12 Alexander Wurz
Benetton-Playlife B200/02
1.12,038

5 Heinz-Harald Frentzen
Jordan-Mugen EJ10/006
1.12,043

8 Johnny Herbert
Jaguar-Cosworth R1-06
1.12,238

14 Jean Alesi
Prost-Peugeot AP03-03
1.12,304

10 Jenson Button
Williams-BMW FW22-4
1.12,337

9 Ralf Schumacher
Williams-BMW FW22-3
1.12,347

20 Marc Gené
Minardi-Fondmetal M02-03
1.12,722

7 Luciano Burti *
Jaguar-Cosworth R1-05
1.12,822

21 Gastón Mazzacane
Minardi-Fondmetal M02-04
1.13,419

* Start aus der Boxengasse

Ein Joker namens Rubens

Nachspiel zu Zeltweg – Villeneuve mit Scheunentor-Vertrag – Ecclestone trifft Teufel – Kaffeekränzchen oder Formel 1? – »Land unter« in der Pitlane – Coulthard sieht rot – Erneut Kurzarbeit für Michael Schumacher – Der Mann mit der Plastikhaut kostet McLaren den Sieg – Alesi dreht Horror-Pirouette – Rubens Barrichello im 123. Anlauf – Motorroller contra S-Klasse

Der Grand Prix von Österreich endet erst während der »Pause« vor der elften Runde des Championats auf dem Hockenheimring. Weil an der Blackbox des Siegerautos von Mika Häkkinen ein Siegel fehlte, drohte dem Finnen tagelang eine Disqualifikation. Der Rechtsstreit geht aus wie das Hornberger Schießen: McLaren bekommt die zehn Siegerpunkte von Zeltweg aberkannt, Häkkinen – weil er kein Siegelbewahrer ist – darf sie behalten. Das Urteil ist unbefriedigend und erinnert an die umstrittene Entscheidung, die 1995 nach dem Grand Prix von Brasilien getroffen wurde. Logisch wäre: Freispruch für alle, oder Strafe für alle.

Aber glücklicherweise gibt es noch andere Themen als Entscheidungen, die am grünen Tisch getroffen wurden. Viele Beobachter der Formel 1-Szene reagieren überrascht, als BAR-Chef Craig Pollock sechs Tage vor dem WM-Lauf in Hockenheim verkündet: »Jacques Villeneuve wird auch in Zukunft für uns starten. Er unterschrieb einen Dreijahresvertrag.« In den Wochen zuvor war der Kanadier immer wieder mit Benetton in Verbindung gebracht worden. Doch warum hätte er das Team wechseln sollen? Villeneuve sucht aufgrund seines fahrerischen Anspruchs ein Siegerauto. Aber wirklich erstklassige Formel 1-Boliden bieten zur Zeit lediglich McLaren und Ferrari, und weder bei Silber noch bei Rot sind freiwerdende Cockpits in Sicht. Ob Williams, Benetton, BAR, Jaguar oder Jordan als nächstem der Aufstieg in die Elite-Clique gelingen wird, steht in den Sternen. Villeneuve handelte also nach dem Motto »abwarten und Tee trinken«, als er seinen Friedrich-Wilhelm unter die Pollock-Offerte setzte.

Erneut ist das Rennen für Michael Schumacher nach wenigen Sekunden beendet. Schumacher (rot) und Giancarlo Fisichella (blau) diskutieren die Schuldfrage kontrovers…

Aber weshalb bindet sich der Ex-Champion gleich für drei Jahre, obwohl es doch keinerlei Garantien für den weiteren Anstieg der BAR-Formkurve gibt? Nach seiner Ankunft im Fahrerlager des Hockenheimrings steht Villeneuve Rede und Antwort. »Niemand kann in die Zukunft blicken«, erklärt das Enfant Terrible des F1-Sports, »aber wenn man sich anschaut, wie sehr sich der BAR-Honda während der letzten Wochen verbesserte, dann stimmt das zuversichtlich. Die haben Unglaubliches geleistet.« Der Indy-500-winner der Saison 1995 erkennt die Überlegenheit einiger Konkurrenten an und stellt in diesem Zusammenhang klar: »Es ist doch nicht so, dass man unter den elf Teams die freie Auswahl hat…« Die ganze Wahrheit darf Villeneuve nicht sagen, aber er kann auch nicht verhindern, dass sie durch undichte Stellen der BAR-Festung im Fahrerlager sickert: Villeneuve hat sich vertraglich Hintertüren im Format von Scheunentoren gesichert, die ihm den vorzeitigen Ausstieg aus dem langfristigen Kontrakt ermöglichen. Falls BAR-Honda 2001 in der Konstrukteurs-WM nicht mindestens Platz drei belegt, darf Villeneuve sein Bündel schnüren.

Die Hockenheimring GmbH wird von ganz anderen Sorgen geplagt als dem alljährlich wiederkehrenden Bäumchen-wechsle-dich Spiel. Bernie Ecclestone hat einen Katalog diverser Forderungen aufgestellt, der kurzfristig erfüllt werden soll: Die Piste muss auf die »Einheitslänge« von vier plus x Kilometern verkürzt werden, neue Tribünen werden verlangt, und schließlich sollen erweiterte Parkplatzflächen her. Neu sind die Wünsche keineswegs. Schon Anfang der 80er Jahre lagen die fertigen Pläne für eine Streckenverkürzung auf dem Tisch. Umweltschützer sangen damals das Hohelied vom ach so wertvollen Nadelbaum und erstickten damit die weitere Diskussion im Keim. Weil Ecclestone damit droht, samt seiner Formel 1 ab 2002 einen weiten Bogen um die Region zu machen, herrscht Panik. Selbst Baden-Württembergs Ministerpräsident Dr. Erwin Teufel

Pedro Diniz führt seinen Sauber-Petronas Gassi

hat sein Erscheinen angekündigt, um sonntags einen Kniefall vor Ecclestone machen zu dürfen.
Michael Schumacher gibt sich bei seiner Ankunft trotz der zwei Nullrunden in Magny-Cours und Zeltweg optimistisch: »Jede Serie geht einmal zu Ende. Das gilt auch für meine aktuelle Pechsträhne. Es wird Zeit, dass ich wieder einmal ins Ziel komme.« Auf die Frage, welchen der beiden McLaren-Piloten er aktuell als seinen stärksten Gegner einstuft, antwortet »Schumi« wenig befriedigend: »Den Schnelleren.« Fehl am Platz ist diese Bauernschläue nicht, denn trotz des österreichischen Häkkinen-Hochs wird die Tagesform über den Ausgang des McLaren-Duells entscheiden.
Verbal, das wird deutlich, scheint David Coulthard nicht in Hochform zu sein. Während der obligatorischen FIA-Donnerstags-Pressekonferenz kommt das Dauerthema »Verhalten beim Start« auf den Tisch. Michael Schumacher bleibt zunächst cool. Sachlich weist er auf die Whiting-Aussage von Zeltweg hin: Ein Spurwechsel ist auf dem Weg zur ersten Kurve erlaubt. Wo denn das geschrieben stünde, wird Schumacher gefragt. Da platzt ihm der Kragen: »Sind wir denn hier bei einem Kaffeekränzchen oder in der Formel 1! Ich fahre hart, aber fair, und daran wird sich nichts ändern.« DC sitzt mit am Tisch, und als er sich äußern soll, ist der Schotte plötzlich ganz bescheiden: »Ich habe mich nie beschwert. Die Gefahr ist immer ein Teil des Sports. Lasst uns also besser über Gartenarbeit sprechen.«
Als »Schumi« anschließend zum anderen Ende des Paddock wandert, wo er seine rote Fluchtburg weiß, lässt er mit Blick auf seine Lieblingskritiker Jacques Villeneuve und Eddie Irvine noch einmal Dampf ab: »Mit David habe ich keine Probleme mehr. Aber es gibt immer irgendwelche Idioten, die sich durch dumme Sprüche wichtig machen wollen. Ich werde gar nicht mehr hinhören.«
Bevor Michael Schumacher freitags ins Cockpit klettert, um seine ersten Runden zu drehen, wundert er sich über einen Zeitungsartikel, der ihn in seinem Heim-GP als chancenlos einstuft. »Chancenlos?«, wundert er sich. »Im Gegenteil, ich habe allen Grund, optimistisch zu sein. Aber vielleicht wissen die mehr als ich. Hier wurde ja nicht getestet, deshalb gibt es vielleicht Überraschungen.«
Die gibt es tatsächlich. Zunächst freitags, als nach dem freien Training ein tropisch anmutender Platzregen niedergeht, der die Boxen überflutet und eine Pressekonferenz hochkarätiger Besetzung verhindert: Die Wassermassen trommeln derart auf das Dach des Pressezentrums, dass die Lautsprecheranlage nicht gegen den Lärm ankommt. Dann im Qualifying, als Heinz-Harald Frentzen abgeschlagen auf Platz 17 landet und Rubens Barrichello noch schlechter abschneidet. Der Brasilianer »erobert« Position 18. Aber all das ist nur ein bescheidener Vorgeschmack auf das, was der LXII. Große Preis von Deutschland den Fans bringen wird.
Während sich die Piloten auf dem Startplatz in ihren Boliden anschnallen lassen – noch sind es elf Minuten bis zum Start – beginnt es zu tröpfeln. Im weiten Rund des Motodroms werden Schirme aufgespannt, aber die Wolken verschwinden, bevor ernsthaft von Regen gesprochen werden darf. Der Start ist jetzt das Gesprächsthema Nummer eins. Wird »Schumi« wieder zacken? Was brüten die Rivalen aus? Die haben bereits ihre Köpfe zusammengesteckt! Villeneuve, Irvine und Coulthard – das eiserne Dreieck hat beschlossen, offiziell gegen Michael Schumacher zu protestieren, falls der Rheinländer seine Gegner auf den ersten Metern »belästigen« sollte. Die Atmosphäre ist brisant.

Unmittelbar bevor die 22 Piloten in die Formationsrunde starten dürfen, tut sich Merkwürdiges im Bereich der Nordkurve. Nur von Zuschauern auf der Nordtribüne und am Ende der Start-und-Zielgeraden beobachtet, hat sich ein Besucher bis auf den Asphalt durchgekämpft. Der offenbar verwirrte Fan wird aufgegriffen und verschwindet von der Bildfläche. Es ist nicht der letzte Auftritt dieses Mannes am Renntag. Frei nach dem Motto »Ich komme wieder – keine Frage« führt er weiteres im Schilde.
Noch aber spielt er nicht einmal eine Nebenrolle. Das allgemeine Interesse gilt zunächst Jenson Button. Der BMW-V10 seines Williams will beim Start in die Formationsrunde nicht anspringen. Erst mit Verspätung jagt der Brite dem Feld nach und muss nun – so verlangen es die Regeln – aus der letzten Reihe starten.
Der Motorenlärm der 22 hochdrehenden Zehnzylinder schwillt zum Orkan, dann erlöschen die fünf roten Lichter. Die Hatz beginnt. DC, der seine Pole zur sofortigen Führung nutzen will, lässt die Antriebsräder seines MP4/15 etwas zu stark durchdrehen. Aber er ist verständlicherweise wild entschlossen, Platz eins zu verteidigen. Er zieht seinen Silberpfeil diagonal vor den Ferrari des Publikumslieblings und blockt ihn damit erfolgreich ab. Doch er kann nicht verhindern, dass Mika Häkkinen, der raketengleich davonzieht, die Spitze übernimmt.
Immer noch beschleunigt das Feld in Richtung Nordkurve, als sich auf dem Asphalt Sensationelles abspielt: Coulthard, ausgerechnet der schottische Oberlehrer in Sachen Fairplay, wechselt die Spur erneut. Jetzt lenkt er nach links – keine Frage, das ist der zweite Spurwechsel, der eigentlich nicht den Segen der FIA-Funktionäre findet. Mit dem illegalen Manöver löst der Pole-Setter eine Kettenreaktion aus. »Schumi« muss ausweichen, um eine Kollision mit dem Silberpfeil zu vermeiden und gerät prompt in die Schusslinie von Giancarlo Fisichella. Der Ferrari kreiselt mit ramponiertem Heck in die Reifenstapel und auch der Benetton des Italieners kommt unwiderruflich vom rechten Weg ab. In der Box vergräbt Schumacher-Manager Willi Weber konsterniert das Gesicht in den

Die letzten Minuten vor dem Start. Zwischen den Boliden drängen sich Ingenieure, Mechaniker und Journalisten

Händen. Das Brisante: Ausgerechnet Fisichellas Chef Flavio Briatore hat vor dem Start gewettet, dass Schumacher nicht über die erste Runde hinauskommt...

Während das dezimierte Feld in Richtung Ostkurve verschwindet, reagiert das Publikum im Motodrom mit lähmendem Entsetzen. Viele von ihnen sind gekommen, um Michael Schumacher zu sehen, und jetzt ist das Spiel aus, bevor es richtig begonnen hat. Der Kerpener lässt in den Boxen Dampf ab: »Es ist eine Schande! Wie in Österreich, wieder kam ich nicht über die erste Kurve hinaus. Ich weiß, dass so etwas passieren kann – aber es ist verdammt schwer zu akzeptieren, wenn es zweimal hintereinander passiert.« Fisichella wäscht seine Hände in Unschuld: »Ich fuhr meine Linie und plötzlich kam mir Schumacher in den Weg. Ich konnte nicht verhindern, in das Heck des Ferrari zu knallen.«

David Coulthard, der Verursacher des Chaos, wird später von einem »Akt der Gerechtigkeit« sprechen, findet aber seinen Kumpel Villeneuve nicht auf seiner Seite. Der Kanadier kopfschüttelnd: »Unmöglich. Erst kritisieren wir Michael wegen seines Fahrstils und dann dreht David solch ein Ding.«

Wie Mika Häkkinen nach dem Rennen berichten wird, ist ihm der frühe Ausfall des deutschen Rivalen völlig schnuppe: »Während der ersten zehn Runden war mir alles egal. Wegen meines Bilderbuchstarts befand ich mich im siebten Himmel.« Als der Finne beginnt, sich wieder auf das Irdische zu konzentrieren, spricht alles für einen McLaren-Doppelsieg: Mit 1,6 Sekunden Vorsprung auf DC kommt der amtierende Champion aus der zehnten Runde zurück. Jarno Trulli fehlen bereits 7,6 Sekunden auf den Spitzenreiter.

Weiter hinten begeistern die Qualifying-Pechvögel Barrichello und Frentzen. Jenson Button hatten die beiden aufgrund der »Verbannung« des Williams-Juniors bereits hinter sich, bevor die Startampeln erloschen. Zwei weitere Plätze machte das Duo kampflos nach 280 Metern gut, als sie die havarierten Boliden von Michael Schumacher und Fisico passierten. Anschließend muss Boden im Nahkampf gutgemacht werden. Jetzt, nach zehn Umläufen, rangiert der Süamerikaner auf Position fünf und hängt Pedro de la Rosa im Genick. HHF ist Siebter und im Begriff, Johnny Herbert niederzu-

Das Feld fliegt auf die Nordkurve zu. Weltmeister Häkkinen führt vor Coulthard - dahinter kollidieren Michael Schumacher und Fisichella

ringen. Beide entschlossen sich zu einer Zweistopp-Strategie und haben entsprechende Gewichtsvorteile. Und Barrichello verfügt über ein zusätzliches Plus, das sich zu diesem Zeitpunkt noch nicht positiv auswirkt: Weil die Ferrari-Meteorologen Regen einkalkulieren, wurden die Flügel des F1-2000 vor dem Start etwas steiler gestellt…
Barrichello ist bereits Dritter, als er nach 17 Runden seine Boxen ansteuern muss. In 7,2 Sekunden wird er abgefertigt und geht als Sechster, hinter Frentzen, wieder ins Rennen. Nur einen Umlauf später stoppt auch der gelbe Aufholjäger, dessen Crew für den Service 1,4 Sekunden mehr braucht. HHF reiht sich auf Platz sechs hinter Häkkinen, DC, Trulli, de la Rosa und Barrichello wieder ein.
Die 26. Runde läuft, da taucht jener ungestüme Besucher wieder auf, der um 13.59 Uhr in der Nordkurve »kassiert« wurde. Jetzt treibt er 500 Meter vor der Clark-Schikane sein Unwesen. Ausgerechnet dort, wo Coulthard mit beachtlichen 361,8 km/h durch die Lichtschranke der Zeitmessung fliegt, lustwandelt der unheimliche Gast auf dem Randstreifen umher. Um seine Gesundheit ist er durchaus besorgt: Wegen des drohenden Regens hat er eine Plastikhaut übergeworfen – man will sich schließlich keinen Schnupfen holen…
Die Marshals haben verständliche Scheu, sich dem Mann zu nähern. Er könnte in Panik geraten und auf die Piste laufen. Barrichello später: »Ich sah den Kerl und hatte wahnsinnige Angst, er sei ein Selbstmörder, der sich jeden Augenblick vor einen der Rennwagen werfen könnte.« Tatsächlich kreuzt er die Rennstrecke, knapp bevor ein Wagenpulk heranfliegt. Die Rennleitung erkennt schnell, dass der Irre nur unter Gelb geborgen werden kann und schickt das Safety-car auf die Piste.
Unmittelbar bevor Bernd Mayländer zu Beginn der 27. Runde die Regie übernimmt und das Feld zum Bummeltempo zwingt, herrscht an den Boxen Hochbetrieb. Häkkinen ist unter denjenigen, die Reifen und Sprit holen, Barrichello ist dabei und auch HHF – die letztgenannten planmäßig bereits zum zweiten Mal. Sie alle werden nicht weit zurückgeworfen. DC hat hingegen Pech: Als auch er stoppt, ist das Safety-car schon unterwegs. Die Abstände zwischen den einzelnen Boliden sind deshalb bereits gering. Der Schotte kann sich erst hinter Häkkinen, Trulli, Barrichello, de la Rosa und Frentzen wieder einfädeln.
Mit Beginn des 29. Umlaufs darf wieder Gas gegeben werden. Der Unhold ist dingfest gemacht und wird als ein 47jähriger Franzose entlarvt. Der Mann ist nach 22jähriger Betriebszugehörigkeit bei Mercedes entlassen worden und wollte mit dieser Untat gegen die Kündigung protestieren. Nach Wissen des Chronisten hat sich die Firmenleitung durch die lebensgefährliche Aktion jedoch nicht umstimmen lassen…
Weil wegen des SC-Einsatzes ein 30-Sekunden-Vorsprung des Silberpfeil-Duos auf Null schrumpft und Coulthard vier Plätze verliert, wird Mercedes-Sportchef Norbert Haug später sagen: »Dieser Mann hat uns den Sieg gekostet.« Vermutlich liegt er mit dieser Behauptung richtig, auch wenn es noch einen zweiten SC-Einsatz gibt, der Barrichello ohnehin aufschließen lassen wird. Aber der nun folgende Unfall hätte sich ohne den Mann mit der Regenhaut vermutlich nie ereignet…
Safety-car-Phasen beschwören Gefahren herauf. Das zuvor auseinandergezogene Feld kämpft nach dem Neustart Rad-an-Rad, und prompt passiert es: Ausgerechnet im schnellen Streckenabschnitt vor der Clark-Schikane schießt Pedro Diniz den Franzosen Jean Alesi ab. Der Prost-Peugeot dreht sich wie ein Kreisel und wird beim Kontakt mit den Planken arg beschädigt. Tagelang wird Alesi über Bauchschmerzen und Schlaflosigkeit klagen. Vorübergehend scheint sogar sein Start in Ungarn fraglich. Doch

zunächst ist der Prost-Pilot nur sauer: Frustriert knallt er seinen Sturzhelm auf den Waldboden.
Erneut rückt Mayländer aus, der das Feld in einer Zeit von 2.54,9 Minuten durch die 31. Runde geleitet – dann ist der Weg nicht mehr durch den Mercedes blockiert.
Während die Spitze in der Reihenfolge Häkkinen vor Trulli, Barrichello, de la Rosa, Frentzen, Coulthard, Villeneuve und Zonta zirkuliert, läuft hinter den Kulissen ein Protest gegen den zweitplatzierten Italiener. Angeblich, so behauptet die Teamführung von Ferrari, hat Trulli »unter Gelb« Barrichello überholt. Nur formaljuristisch sind die Funktionäre im Recht, wenn sie Trulli wenig später zu einer Zehn-Sekunden-Strafe an die Boxen holen. Tatsächlich aber hatte der schnelle Jordan-Pilot den Südamerikaner »überholt«, als der gerade aus den Boxen kam. Hätte er sich etwa hinter dem Ferrari einbremsen sollen? Die Fehlentscheidung wirft Trulli aus den Punkten.
In Runde 32 werden wieder Regenschirme aufgespannt. Die Niederschläge werden sich im weiteren Verlauf des Rennens steigern, die Piste allerdings nur partiell – speziell im Bereich des Motodroms – »aufweichen«. Wegen der zunehmend schwieriger werdenden Bedingungen holen sich Häkkinen, Trulli, de la Rosa, Salo, Verstappen, Villeneuve, Mazzacane und Irvine nach 35 Umläufen Regenpneus. »Schumi II« und Coulthard werden dem Beispiel nach 36 respektive 38 Runden folgen.
In dieser Phase entscheidet sich der Kampf um Sieg und Niederlage. Barrichello: »Ross unterrichtete mich per Funk, dass Mika (Häkkinen) Regenreifen holt. Ich rückte auf Platz eins vor und antwortete, außerhalb des Motodroms sei die Piste weitgehend trocken. Wir beschlossen deshalb, dass ich zunächst auf Trockenreifen bleibe.« Der Versuch glückt und wieder meldet sich Ross Brawn im Helmlautsprecher des Brasilianers: »Wenn du dieses Tempo halten kannst, dann wirst du siegen!« Die Ferrari-Rechnung geht auf. Barrichello bleibt vorn. Dank seiner meisterlichen Fahrt im nassen Motodrom unterscheiden sich seine Rundenzeiten praktisch nicht von denen Häkkinens auf Regenreifen. Während Rubinho dem Sieg entgegenfährt, spielen sich in seinem Rücken dramatische Szenen ab: Frentzen wird wegen eines Batterie-Defekts um einen bereits sicher geglaubten Podestplatz gebracht, und Zonta hebelt seinen Teamkollegen Villeneuve in der Nordkurve aus. Der Brasilianer, der sich durch die Unachtsamkeit beinahe die sofortige Entlassung einhandelt, bleibt dabei auf der Strecke. Dann ist Barrichellos Triumph perfekt: Im 123. Anlauf hat er seinen ersten Grand Prix gewonnen. Das ist ein neuer »Rekord«. Häkkinen brauchte zuvor 96 Anläufe, Thierry Boutsen 95 und Alesi 91. Vor diesem Hintergrund gilt Nigel Mansell, der damals erst im 72. GP die volle Punktzahl kassierte, geradezu als Senkrechtstarter… Auf dem Siegerpodest bricht Rubens Barrichello beim Klang der brasilianischen Nationalhymne in Tränen aus. Zu lange hat er auf diesen Augenblick warten müssen. Gerührt widmet er den Sieg seinem unvergessenen Landsmann Ayrton Senna. Feiern will er heute Nacht. Aber dazu kommt er nicht: Begeistert sieht er sich immer wieder die Videoaufzeichnung seiner Siegesfahrt an. Auf einem Motorroller verlässt er am frühen Abend bescheiden lächelnd das Fahrerlager. Wenig später reist die werdende Familie Häkkinen – trotz der Niederlage des Ernährers – standesgemäß ab: Fast unsichtbar, hinter dem getönten Glas eines S-Klasse-Mercedes.

Flankiert von den beiden Silberpfeil-Piloten genießt Überraschungssieger Rubens Barrichello sichtlich gerührt seinen Triumph

GROSSER PREIS VON DEUTSCHLAND (Hockenheimring)

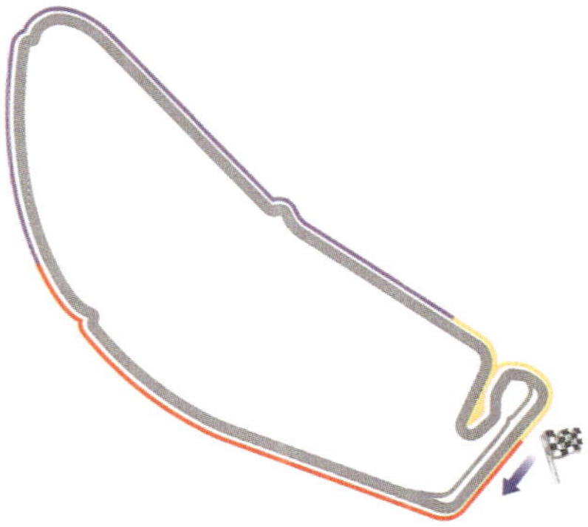

STRECKE

Ort und Datum	Hockenheim, 30. Juli
Wetter	warm, leicht windig, partiell Regen ab Runde 33
Streckenlänge	6,825 km
Runden	45
Renndistanz	307,125 km
Bestehender Rundenrekord	1.45,270 = 233,331 km/h David Coulthard, McLaren-Mercedes MP4/14; GP 1999
GP-Sieger 1999	Eddie Irvine, Ferrari F399 1:21.58,594 = 224,723 km/h

ERGEBNISSE UND AUSFÄLLE:

1. Rubens Barrichello	Ferrari F1-2000	1:25.34,418 = 215,340 km/h
2. Mika Häkkinen	McLaren-Mercedes MP4/15	7,452 Sekunden zurück
3. David Coulthard	McLaren-Mercedes MP4/15	21,168 Sekunden zurück
4. Jenson Button	Williams-BMW FW22	22,685 Sekunden zurück
5. Mika Salo	Sauber-Petronas C19	27,112 Sekunden zurück
6. Pedro de la Rosa	Arrows-Supertec A21	29,079 Sekunden zurück
7. Ralf Schumacher	Williams-BMW FW22	30,897 Sekunden zurück
8. Jacques Villeneuve	BAR-Honda 002	47,537 Sekunden zurück
9. Jarno Trulli	Jordan-Mugen EJ10B	50,901 Sekunden zurück
10. Eddie Irvine	Jaguar-Cosworth R1	1.19,664 Minuten zurück
11. Gastón Mazzacane	Minardi-Fondmetal M02	1.29,504 Minuten zurück
12 Nick Heidfeld *	Prost-Peugeot AP03	5 Runden zurück/Lichtmaschine
Heinz-Harald Frentzen	Jordan-Mugen EJ10B	40. Runde, Batterie
Jos Verstappen	Arrows-Supertec A21	40. Runde, Dreher
Ricardo Zonta	BAR-Honda 002	38. Runde, Dreher
Marc Gené	Minardi-Fondmetal M02	34. Runde, Motor
Alexander Wurz	Benetton-Playlife B200	32. Runde, Getriebe
Pedro Diniz	Sauber-Petronas C19	30. Runde, Unfall
Jean Alesi	Prost-Peugeot AP03	30. Runde, Unfall
Johnny Herbert	Jaguar-Cosworth R1	13. Runde, Getriebe
Michael Schumacher	Ferrari F1-2000	1. Runde, Unfall
Giancarlo Fisichella	Benetton-Playlife B200	1. Runde, Unfall

* Nicht im Ziel, aber aufgrund der zurückgelegten Distanz gewertet

SCHNELLSTE RUNDE: (20. Runde) Rubens Barrichello, Ferrari F1-2000
1.44,300 = 235,570 km/h
Neuer Rundenrekord

STARTAUFSTELLUNG:

2 David Coulthard
McLaren-Mercedes MP4/15-5
1.45,697

3 Michael Schumacher
Ferrari F1-2000 200
1.47,063

11 Giancarlo Fisichella
Benetton-Playlife B200-04
1.47,130

1 Mika Häkkinen
McLaren-Mercedes MP4/15-4
1.47,162

18 Pedro de la Rosa
Arrows-Supertec A21-05
1.47,786

6 Jarno Trulli
Jordan-Mugen EJ10B/005
1.47,833

12 Alexander Wurz
Benetton-Playlife B200-02
1.48,037

8 Johnny Herbert
Jaguar-Cosworth R1-06
1.48,078

22 Jacques Villeneuve
BAR-Honda 002/04
1.48,121

7 Eddie Irvine
Jaguar-Cosworth R1-05
1.48,305

19 Jos Verstappen
Arrows-Supertec A21-04
1.48,321

23 Ricardo Zonta
BAR-Honda 002/01
1.48,665

15 Nick Heidfeld
Prost-Peugeot AP03-02
1.48,690

9 Ralf Schumacher
Williams-BMW FW22-2
1.48,841

17 Mika Salo
Sauber-Petronas C19-05
1.49,204

10 Jenson Button *
Williams-BMW FW22-4
1.49,215

5 Heinz-Harald Frentzen
Jordan-Mugen EJ10B/006
1.49,280

4 Rubens Barrichello
Ferrari F1-2000 202
1.49,544

16 Pedro Diniz
Sauber-Petronas C19-07
1.49,936

14 Jean Alesi
Prost-Peugeot AP03-05
1.50,289

21 Gastón Mazzacane
Minardi-Fondmetal M02-04
1.51,611

20 Marc Gené
Minardi-Fondmetal M02-03
1.53,094

* Start aus der letzten Reihe

MARLBORO
MAGYAR
2000
Mercedes-Benz
Mobil 1
West
BOSS
HUGO BOSS
SIEMENS
WARSTEINER
West
LOCTITE
BAE SYSTEMS
1st

Sonntags-Überraschung

Zonta in Not – Hellseher bei Ferrari sagen Sieg von Mika Häkkinen voraus – Button verirrt sich – Häkkinen Erster im Qualifying, aber »Schumi« sichert sich die Pole – Gleich auf mit Fangio – Schumacher empfiehlt Pampers – Patrick Head nennt drei Gründe – F1-Stars als Straßenreiniger – Der Pole-Setter startet zu »vorsichtig« – Ross Brawn ist völlig sprachlos

Donnerstags empfängt Budapest die Formel 1 mit tropischen Temperaturen. Gerüchte aus dem BAR-Motorhome heizen die Atmosphäre zusätzlich an. Olivier Panis soll Ricardo Zonta bereits in 14 Tagen im Cockpit des Boliden mit Startnummer 23 ablösen! Der Hockenheimer Rammstoß hat den Südamerikaner bei Boss Craig Pollock und dessen Freund Jacques Villeneuve endgültig in Ungnade fallen lassen. Aber trotz der sengenden Sonne wird nichts so heiß gegessen, wie es gekocht wird. Bis Sonntagabend werden sich die Teamführung und Zonta wieder zusammenraufen. Zonta darf bis Saisonende bleiben.

Parallel hat Ferrari unfreiwillig den Joke des Wochenendes serviert: Im Statistik-Merkblatt der Scuderia steht bereits der Name des Siegers vom Sonntag: Mika Häkkinen, McLaren-Mercedes, Durchschnittstempo 172,52 km/h. Der finnische Silberpfeil-Pilot wird tatsächlich siegen, allerdings mit einem Schnitt von 173,96 km/h. Die Fehlprognose geht keinesfalls auf das Konto des unbekannten »Hellsehers« – tatsächlich wurde lediglich das Ergebnis der Saison 1999 als 2000er-Resultat veröffentlicht. Der italienische Patzer ist nicht der einzige Lapsus zum Auftakt des ungarischen GP-Wochenendes. Als die FIA zur obligatorischen Donnerstags-Pressekonferenz – der »Thursday-Five« – ruft, schleicht sich der geladene Williams-Pilot Jenson Button mit 20-minütiger Verspätung in den Pressesaal. Kleinlaut erklärt er: »Auf dem Weg vom Flughafen haben wir uns völlig verfranzt.« Entschuldigungen dieser Art lässt der Automobil-Weltverband nicht gelten. Der ortsunkundige Brite wird zu einer Geldstrafe in Höhe von umgerechnet gut 5000 Mark verdonnert.

Freitags beginnen bei unverändert gutem Wetter die Aktivitäten auf der Piste. Im Verlauf der ersten Trainingsstunde gehen sich die Favoriten aus dem Weg. Michael Schumacher fährt vor Rubens Barrichello Bestzeit, während sich die silbernen Rivalen zunächst bedeckt halten. Weil die Reifen geschont werden sollen, begnügen sich die beiden McLaren-Piloten mit je einer Installationsrunde. Erst im Verlauf der zweiten 60 Minuten lassen David Coulthard und Mika Häkkinen die Muskeln spielen und besetzen die obersten Plätze der Zeitenliste. Michael Schumacher, der auf Rang drei abrutscht, lässt sich dadurch nicht aus der Ruhe bringen: »Das letzte Wort ist noch nicht gesprochen. Wir haben noch einiges im Köcher.«

Mit Blick auf den WM-Titel ist das auch bitter nötig. Die optimistische Stimmung, die das Lager der Roten während der erfolgreichen Frühjahrs-Offensive beherrschte, ist längst verflogen. Auf die aktuelle Situation angesprochen, gesteht Ferrari-Obertechniker Ross Brawn: »Wir durchlaufen

Geschafft! Nach dem Qualifying sprach alles für einen Sieg von Michael Schumacher. Mika Häkkinen schien vorzeitig geschlagen. Doch sonntags feiert der Finne durch einen eindrucksvollen Sieg seine eigene Auferstehung

Nachdenkliche Gesichter. Williams-Pilot Ralf Schumacher und BMW-Motorsportdirektor Gerhard Berger

eine schwierige Phase. Michael hat im Verlauf der zurückliegenden fünf Grand Prix zehn WM-Punkte gesammelt. In dem Stil holt man keinen Titel… Wir müssen aus diesem Tal heraus, und wir werden das schaffen.« Verborgen hinter seinen dicken Brillengläsern, lässt sich der ehemalige Nuklear-Experte nicht in die Karten schauen. Doch einiges spricht dafür, dass Ferrari das Potential der Reifen nicht optimal nutzen kann. Seit Magny-Cours steckt die Scuderia in der Gummi-Krise, deren Ende nicht absehbar ist. Auch hier in Ungarn scheint das »schwarze Gold« dem italienischen Team wieder Rätsel aufzugeben, denn die Reifenwahl sieht Michael Schumacher als ausgesprochen schwierig an.

Der Samstagvormittag verläuft voll nach dem Geschmack von »Aufholjäger« Ross Brawn. Michael Schumacher fährt als erster Pilot 17er-Zeiten und gibt damit deutlich den Ton an. Er scheint einer eigenen Liga anzugehören. DC fehlen als Zweitem auf diesen Wert 0,6 Sekunden, und er hat keineswegs »gebummelt«, denn gleich zweimal rodelte er übers Grün. Weltmeister Häkkinen liegt sogar mehr als eine volle Sekunde zurück. Der Finne versteht die Welt nicht mehr: »Was wir auch machen, wir bekommen die Balance nicht in den Griff! Das Problem schien gelöst – aber dann montierten wir frische Reifen, und das Theater begann von neuem.«

Aufgrund der morgendlichen Generalprobe gilt »Schumi« im Kampf um die Pole-Position als haushoher Favorit. Vom internationalen Flughafen Ferihegyi kommt die Nachricht, dass der befürchtete Regen ausbleiben wird. Lediglich Wolken seien im Anmarsch. Besondere Eile ist also zunächst nicht geboten, und deshalb beginnt die Zeitenjagd mit der traditionellen Poker-Partie. In der Ruhe liegt die Kraft – niemand will den Anfang machen. Aber diesmal endet das gegenseitige Belauern bereits nach 14 Minuten. Und es ist überraschend Mika Häkkinen, der als erster auf die Piste hinausfährt. Kein Beobachter kann sich daran erinnern, dass – unter normalen Wetterverhältnissen – jemals ein Spitzen-Pilot im Qualifying als erster auf die Piste ging! Bei 1.19,291 Minuten bleiben die Uhren für den Finnen stehen. Berauschend ist das nicht, aber jetzt wird auch die Absicht des frühen Versuchs deutlich: Weil das richtige Set-up bisher nicht gefunden werden konnte, will man Zeit für weitere Modifikationen haben.

Der erste ernsthafte Angriff auf die provisorische Pole-Zeit des Titelverteidigers kommt aus dem blauweißen Lager von Williams-BMW. Im Verlauf der 23. Minute scheitert zunächst Jenson Button beim Versuch, Häkkinen zu entthronen, aber für Ralf Schumacher liegt die Latte nicht zu hoch – seine 1.19,115 bedeuten Platz eins. Doch lange darf sich »Schumi II« nicht freuen, denn Coulthard sorgt kurz vor »Halbzeit« mit 1.18,155 vorerst für klare Verhältnisse zu seinen Gunsten. Sekunden später fliegt Barrichellos roter F1-2000 über die Linie – 1.18,509, das reicht vorläufig für Platz zwei.

Jetzt erst rollt Michael Schumachers Ferrari langsam hinaus auf die Piste, um Anlauf für seinen ersten »Schuss« zu nehmen. Deutlich ist erkennbar, dass er für die Vorderachse »alte« Pneus gewählt hat. Nur die Antriebsräder sind frisch bereift. Der Verkehr auf der Piste hat inzwischen zugenommen. Heinz-Harald Frentzen scheint am Steuer seines »Postautos« gut mit der Piste klarzukommen. Der Mönchengladbacher erobert Platz drei. Aber zu diesem Zeitpunkt konzentriert sich das Interesse bereits voll auf Michael Schumacher, der im Begriff ist, neue Maßstäbe zu setzen. Nach zwei Dritteln seiner ersten schnellen Runde liegt er mit 0,896 Sekunden Vorsprung auf Pole-Kurs. Im letzten Drittel verliert er dann zwar einige Zehntelsekunden, aber 1.17,514 Minuten bedeuten trotzdem Rang eins mit einem Polster von 0,641 Sekunden vor Coulthard.

Auf diese Leistung weiß niemand eine Antwort – auch »Schumi« selbst wird sich nicht mehr steigern können. Aber die Konkurrenz hat noch nicht resigniert. 20 Minuten vor Ende der Sitzung steigert sich DC auf 1.17,929 und stabilisiert damit seinen zweiten Platz. Auch Mika Häkkinen ist wieder einmal unterwegs. Für den Finnen, nach hinten auf Rang elf durchgereicht, wird es langsam eng. Doch jetzt liegt sein Silberpfeil sichtbar besser auf dem Asphalt – Häkkinen macht einen gewaltigen Satz nach vorn auf die dritte Position. Dass die Piste unverändert Top-Zeiten erlaubt, beweist Michael Schumacher in der 45. Minute: Der Kerpener »kopiert« seinen ersten Versuch – um zwei Tausendstelsekunden verfehlt er die eigene Bestzeit.

Damit sind die vorderen Startplätze vergeben, auch wenn es in den letzten Minuten noch einmal zu leichten Verbesserungen der Rundenzeiten kommt. Michael Schumacher ist der Held des Tages. Nur neun der erlaubten zwölf Runden hat er gedreht, was seine Gegner – die das Kontingent voll ausnutzten – als schallende Ohrfeige empfinden müssen. Und diese Pole-Position, die 28. seiner GP-Karriere, hat einen ganz besonderen statistischen Wert. In der »ewigen Pole-Liste« hat Michael Schumacher jetzt den großen Juan Manuel Fangio eingeholt und rangiert nun hinter Ayrton Senna (65), Jim Clark und Alain Prost (je 33) sowie Nigel Mansell (32) gemeinsam mit dem Argentinier auf Platz fünf.

„Schumi" öffnet nach dem Start die Tür, und Häkkinen lässt sich nicht zweimal bitten

In bester Laune stellt sich der Qualifying-Sieger den Fragen der Chronisten. Voller Zuversicht sei er angereist, gibt er zu Protokoll, und er wolle auch zuversichtlich abreisen. Der Pole-Setter, der sich selten mit optimistischen Vorhersagen weit aus dem Fenster lehnt, sagt: »Falls ich morgen ins Ziel komme, habe ich beste Siegchancen.« Die beeindruckende Leistung geht voll auf die Kappe Michael Schumachers, denn – zumindest optisch – konnte sein Ferrari, speziell auf der Bremse und ausgangs langgezogener Kurven, nicht überzeugen. In der Stunde des Triumphes greift der Kerpener auch das Dauer-Thema »Start-Manöver« noch einmal auf: »Ich weiß gar nicht, was meine Kritiker wollen. Gegen Senna, Mansell und Prost habe ich Duelle ganz anderen Kalibers ausgetragen. Meine aktuellen Gegner hätten in solchen Situationen wahrscheinlich Pampers angezogen.«

David Coulthard erkennt die Überlegenheit des Rheinländers zwar an, gibt sich aber keineswegs vorzeitig geschlagen, was das Rennen betrifft: »Meinen Rückstand empfinde ich nicht als Katastrophe. Zugegeben, im Qualifying-Trim konnten wir nicht mithalten, aber mit vollen Tanks liegt mein Auto wesentlich besser.«

Auch Champion Mika Häkkinen, der sich mit einem Startplatz in der zweiten Reihe zufrieden geben muss, lässt den Kopf nicht hängen. Stolz lächelnd weist er darauf hin, dass er als erster von allen 22 Piloten hinaus auf die Piste fuhr. Dann wird er ernst: »Nur dank radikaler Umbauarbeiten fand ich eine halbwegs brauchbare Balance. Leider unterlief mir dann im letzten Drittel ein kleiner Schnitzer, der mich Platz zwei kostete. Ich verlor jedenfalls mehr als nur die 0,036 Sekunden, die mir jetzt auf David fehlen. Mit einem gut ausbalancierten Rennwagen hätte ich mir die Pole geschnappt.« Tatsächlich hat Chef-Techniker Adrian Newey die McLaren bereits wiederholt umbauen lassen. Bis zum Start wird er den Überblick über die Anzahl unterschiedlicher Set-ups verloren haben.

Speziell weil Michael Schumacher auf dem Hungaroring traditionell stark auftritt, ist die Hackordnung an der Spitze keine Überraschung. Unerwartet kommt hingegen der »Absturz« von Rubens Barrichello, der sich nach zwölftägiger Freude über seinen Hockenheim-Sieg als Fünfter auf dem Boden der Realität wiederfindet. Und dass ausgerechnet Ralf Schumacher einen Keil in die rot-silberne Phalanx treiben kann, hatte wohl niemand auf der Rechnung. Bekanntlich zählen die Williams-BMW nicht zur ersten Garnitur, wenn auf Pisten gefahren wird, die viel Abtrieb verlangen. Entsprechend wundert sich »Schumi II«: »Damit hatte ich wirklich nicht gerechnet. In Monte Carlo lief im Qualifying nicht viel – und hier wird mit einem vergleichbaren Set-up gefahren.« Patrick Head nennt drei Gründe für die gute

Silber vor Rot – auf dem Hungaroring herrschen klare Verhältnisse

Ungarn-Form: »Erstens hat BMW einen Schritt nach vorn gemacht. Zweitens war unser Downforce-Paket schon in Monaco recht gut – zumindest am Renntag. Und drittens ist uns die spezifische Feinabstimmung sehr gut gelungen.« Als Achter rundet Jenson Button den starken Williams-Auftritt ab. Nur drei Zehntel fehlen dem jungen Briten auf Ralf Schumacher, und dem Rookie stand nicht die jüngste Evo-Stufe des bayerischen V10 zur Verfügung…

Rubens Barrichello macht für seine Niederlage allerdings nicht die drei Head´schen Argumente verantwortlich: »Ich war auf meiner letzten Runde sehr schnell unterwegs. Für Platz vier hätte es mindestens gereicht. Und dann stand mir Ralf im Weg. Ich musste verdammt hart bremsen.« Der vermeintliche Saboteur winkt ab: »Keine Absicht – ich fuhr langsam, weil ich mir Platz für meinen nächsten Versuch schaffen wollte.« Rubinho gibt sich mit dieser Erklärung nicht zufrieden und beschwert sich bei Rennleiter Charlie Whiting. Prompt wird Ralf Schumacher zum »Verhör« zu den Funktionären zitiert, aber die sehen anschließend keinen weiteren Handlungsbedarf.

Am Sonntagmorgen gibt es kaum jemand, der sein Geld nicht auf Michael Schumacher setzt. Im Warm-up landet er zwar nur auf Platz zwei hinter David Coulthard, aber vor dem Hintergrund der Qualifying-Dominanz hat das nicht viel zu bedeuten. DC, Ralf Schumacher, Frentzen, der seinen Jordan gestern »wie eine Zitrone ausquetschte«, und Button betätigen sich während des halbstündigen Aufgalopps als Straßenreiniger. Immer wieder wählen sie bei Start-und-Ziel die rechte Pistenseite, um Schmutz und Sand »wegzufahren« und gleichzeitig etwas Gummi auf den Asphalt zu legen. Sie alle müssen auf der »schmutzigen Seite« starten und haben deshalb wesentlich schlechtere Karten in Händen als Michael Schumacher, Häkkinen, Barrichello, Fisichella und deren »Hintermänner«.

Die Bemühungen sind verständlich. Auf dem Hungaroring ist der Start – wie in Monte Carlo – von vorentscheidender Bedeutung. Viele Kurven und kurze Geraden machen Überholmanöver praktisch unmöglich. Die ersten Meter sind von größter Wichtigkeit. Aber nicht nur deshalb steigt die Spannung im Verlauf der letzten 60

Minuten überdurchschnittlich an. Während der beiden letzten Grand Prix kam für Michael Schumacher das Aus jeweils nach weniger als zehn Sekunden... Wird er heute endlich wieder einmal über die Runden kommen? Fight der Titelanwärter will er nicht spielen: »Da halte ich mich raus.« Auch Michael Schumacher spekuliert nicht auf eine Familien-Aktion: »Ralf muss selbst sehen, wie er klarkommt.« Mit Ausnahme von Pedro de la Rosas

Das Spiel ist aus. Johnny Herbert hat seinen defekten Jaguar geparkt und klettert aus dem Cockpit

Wird er die Pole nutzen? Starts sind nicht gerade die Star-Disziplin des Ex-Champion. Fleißig hat er das Beschleunigen in der Vorwoche geübt, aber er ist sich nicht sicher, dass es in der Sekunde der Wahrheit klappen wird: »Wir sprechen hier über sehr viel Power, sehr große Hitze und eine sehr kleine Kupplung. Ohne ein bisschen Glück geht´s nicht.«Coulthard hofft auf einen »fairen Start«, ist aber davon nicht überzeugt, weil er keine »Kristallkugel« hat. Ralf Schumacher drückt sich selbst die Daumen, damit sein »Start so gut klappt, wie im Mai in Barcelona«. Eine taktische Rolle im Arrows, stehen alle Boliden auf den Bridgestones vom Typ »superweich«, als der Startplatz von Helfern und Funktionären geräumt wird. Nach zahllosen Spekulationen ist der Start eine Erlösung: »Schumi« kommt gut, aber keineswegs perfekt von der Linie weg. Häkkinens Silberpfeil beschleunigt wie eine Rakete, und DC hat die erwarteten Grip-Probleme. Auf dem Sprint zur ersten Kurve macht Häkkinen seinen Rückstand auf Michael Schumacher gut und schiebt sich auf der Innenbahn vorbei an die Spitze. Häkkinen, Michael Schumacher, Coulthard, Ralf Schumacher, Barrichello, Frentzen und Fisichella heißt die Reihenfolge auf den vorderen Plätzen. Schlusslicht ist Gastón Mazzacane, der in letzter Minute in das für Marc Gené vorbereitete T-car umsteigen musste, und aus der Boxengasse startete. Sieht man davon ab, dass »Schumi II« und Barrichello während der ersten Boxenstopp-Phase die Plätze tauschen werden, ist damit auf den Punkterängen bereits die endgültige Rangfolge gefunden.

»Schumi« wird später über den Verlauf der ersten Meter sagen: »In Hockenheim drehten die Antriebsräder zu stark durch. Deshalb war ich hier etwas vorsichtiger – vielleicht zu vorsichtig... Dann sah ich Mika. Ich machte es ihm nicht gerade leicht, aber letztlich musste ich ihm die Tür öffnen.« Nach zwei First-Corner-Shunts in unmittelbarer Reihenfolge blieb Michael Schumacher gar nichts anderes übrig, als nachzugeben. Der Kerpener durfte nicht das kleinste Risiko eingehen, eventuell ein drittes Mal in Kurve 1 im Kies zu landen. Noch im Verlauf der Startrunde – auf der Rückseite des Kurses – bremst Jacques Villeneuve die Schikane zu spät an und knallt ins Heck des Arrows von de la Rosa. Die Mechaniker-Crews der beiden Piloten sind dank der TV-Bilder vorgewarnt und empfangen die Havaristen, als die in die Boxengasse abbiegen.

Trotz des misslungenen Schumacher-Starts klingeln bei Ferrari nicht die Alarmglocken. Der Deutsche geht das Tempo des Spitzenreiters scheinbar mühelos mit, und aufgrund der Boxenstopps wird sich die Startreihenfolge früher oder später wieder herstellen lassen...Sechs Runden lang folgt die »Rote Drei« dem Silberpfeil, dann reißt der Kontakt. Innerhalb von nur einem Umlauf vergrößert Häkkinen seinen Vorsprung von 2,1 auf 3,1 Sekunden. Das ist kein Durchhänger

Hightech pur in ländlicher Idylle

des Jägers – das ist ein deutliches Signal für eine völlig unerwartete Ferrari-Niederlage. Michael Schumacher wird hoffnungslos zurückfallen und ist letztlich froh, mit einem blauen Auge davonzukommen und als Zweiter abgewinkt zu werden.

Häkkinen siegt eindrucksvoll und bestätigt damit den Ferrari-Statistikfolder... Und David Coulthard ärgert sich, dass es für McLaren nicht zu einem Doppelsieg gereicht hat: »Die Minardi-Piloten sind schuld. Beim Überrunden haben sie Michael vorbeigelassen – mich aber nicht. Weshalb haben sie nur ihn gesehen?« Diese Vorwürfe weist Minardi-Haupteigner Gabriele Rumi später empört von sich.

Michael Schumacher ist nach dem Rennen geschockt: »Mika war heute der schnellste Mann auf der Piste. Gestern war er zu langsam, aber McLaren hat einen Schritt nach vorn machen können, während wir stehen geblieben sind.« Beim nächsten Mal, tröstet er sich, könne alles schon wieder ganz anders aussehen. Dann aber warnt er: »Wenn wir in diesem Stil weitermachen, haben wir im Titelkampf keine Chance mehr.« An dieser Stelle muss spekuliert werden: Hat Ferrari aufgrund der Pole-Position das Rennen im Voraus gewonnen und darauf gesetzt, dass der Start klappt und anschließend ohnehin nicht überholt werden kann?

Es gehört zu den Traditionen des aktuellen Grand Prix-Sports, dass Ferrari-Ingenieur Ross Brawn spätestens eine Stunde nach den Rennen eine Analyse der eigenen Vorstellung geben kann. Aber diesmal ist das Ferrari-Gehirn sprachlos: »Ich weiß nicht, was passiert ist. Gestern waren wir stark, im Warm-up sah es gut aus und dann dieser Einbruch... Immer wenn Michael attackierte, hatte er keinen Grip. Er musste mit gedrosseltem Tempo fahren und sich voll darauf konzentrieren, David in Schach zu halten. Jede schnellere Runde bezahlte er anschließend mit einer langsameren. Eine Runde lang stimmte die Balance, dann fehlte der Grip. Wir müssen im Werk alles überdenken – kein Stein wird auf dem anderen bleiben.«

Während die Ferraristi ihre Wunden lecken, herrscht bei McLaren-Mercedes Party-Stimmung. Norbert Haug spricht von einem »der besten Grand Prix, die Mika je fuhr«. Auch Jody Scheckter, der 1979 als letzter Ferrari-Pilot Champion werden konnte, ist von der Woking-Truppe tief beeindruckt. Der Südafrikaner sieht Mika Häkkinen als alten und neuen Weltmeister. Michael Schumacher setzt er in seiner Endabrechnung auf Platz drei hinter David Coulthard...

GROSSER PREIS VON UNGARN (Hungaroring)

STRECKE

Ort und Datum	Mogyoród, 13. August
Wetter	heiß, aufgelockert bewölkt
Streckenlänge	3,975 km
Runden	77
Renndistanz	306,075 km
Bestehender Rundenrekord	1.18,308 = 182,418 km/h Nigel Mansell, Williams-Renault FW14B; GP 1992
GP-Sieger 1999	Mika Häkkinen, McLaren-Mercedes MP4/14 1:46.23,536 = 172,524 km/h

ERGEBNISSE UND AUSFÄLLE:

1. Mika Häkkinen	McLaren-Mercedes MP4/15	1:45.33,869 = 173,964 km/h
2. Michael Schumacher	Ferrari F1-2000	7,916 Sekunden zurück
3. David Coulthard	McLaren-Mercedes MP4/15	8,454 Sekunden zurück
4. Rubens Barrichello	Ferrari F1-2000	44,157 Sekunden zurück
5. Ralf Schumacher	Williams-BMW FW22	50,437 Sekunden zurück
6. Heinz-Harald Frentzen	Jordan-Mugen EJ10B	1.08,099 Minuten zurück
7. Jarno Trulli	Jordan-Mugen EJ10B	1 Runde zurück
8. Eddie Irvine	Jaguar-Cosworth R1	1 Runde zurück
9. Jenson Button	Williams-BMW FW22	1 Runde zurück
10. Mika Salo	Sauber-Petronas C19	1 Runde zurück
11. Alexander Wurz	Benetton-Playlife B200	1 Runde zurück
12. Jacques Villeneuve	BAR-Honda 002	2 Runden zurück
13. Jos Verstappen	Arrows-Supertec A21	2 Runden zurück
14. Ricardo Zonta	BAR-Honda 002	2 Runden zurück
15. Marc Gené	Minardi-Fondmetal M02	3 Runden zurück
16. Pedro de la Rosa	Arrows-Supertec A21	4 Runden zurück
Gastón Mazzacane	Minardi-Fondmetal M02	69. Runde, Motor
Johnny Herbert	Jaguar-Cosworth R1	68. Runde, Getriebe
Pedro Diniz	Sauber-Petronas C19	63. Runde, Motor
Giancarlo Fisichella	Benetton-Playlife B200	32. Runde, Bremsen
Nick Heidfeld	Prost-Peugeot AP03	23. Runde, Getriebe
Jean Alesi	Prost-Peugeot AP03	12. Runde, Aufhängung hinten

SCHNELLSTE RUNDE: (33. Rd.) – Mika Häkkinen, McLaren-Mercedes MP4/15
1.20,028 = 178,812 km/h

STARTAUFSTELLUNG:

3 Michael Schumacher
Ferrari F1-2000 203
1.17,514

2 David Coulthard
McLaren-Mercedes MP4/15-7
1.17,886

1 Mika Häkkinen
McLaren-Mercedes MP4/15-6
1.17,922

9 Ralf Schumacher
Williams-BMW FW22-2
1.18,321

4 Rubens Barrichello
Ferrari F1-2000 202
1.18,330

5 Heinz-Harald Frentzen
Jordan-Mugen EJ10B/006
1.18,523

11 Giancarlo Fisichella
Benetton-Playlife B200/05
1.18,607

10 Jenson Button
Williams-BMW FW22-4
1.18,699

17 Mika Salo
Sauber-Petronas C19-05
1.18,748

7 Eddie Irvine
Jaguar-Cosworth R1-05
1.19,008

12 Alexander Wurz
Benetton-Playlife B200/02
1.19,259

6 Jarno Trulli
Jordan-Mugen EJ10B/005
1.19,266

16 Pedro Diniz
Sauber-Petronas C19-07
1.19,451

14 Jean Alesi
Prost-Peugeot AP03-05
1.19,626

18 Pedro de la Rosa
Arrows-Supertec A21-01
1.19,897

22 Jacques Villeneuve
BAR-Honda 002/04
1.19,937

8 Johnny Herbert
Jaguar-Cosworth R1-06
1.19,956

23 Ricardo Zonta
BAR-Honda 002/05
1.20,272

15 Nick Heidfeld
Prost-Peugeot AP03-02
1.20,481

19 Jos Verstappen
Arrows-Supertec A21-04
1.20,609

20 Marc Gené
Minardi-Fondmetal M02-03
1.20,654

21 Gastón Mazzacane *
Minardi-Fondmetal M02-01
1.20,905

* Start aus der Boxengasse

Ferrari
FOSTER'S

Sieg auf der dritten Spur

Zugeknöpfte Schlüsselfiguren – Pollock ausgebootet? – Quick Nick im Trockenen – Ron Dennis spricht Klartext – »Schumi« steht vor einem Rätsel – Jenson Button wie Alain Prost – Die Schutzengel sind auf Zack – Karambolage bei »La Source« – Jean Alesi reagiert am schnellsten – Titelverteidiger auf Abwegen – Zonta im Horror-Sandwich – Noch nichts verloren?

Spa empfängt die Formel 1 donnerstags mit strahlendem Sonnenschein. Das Wetter lässt vorläufig keine Wünsche offen. Aber das ist von sekundärer Bedeutung. Was wirklich zählt, ist die Tatsache, dass mit dem belgischen WM-Lauf die größte Herausforderung auf dem Terminkalender steht. Einhellig schwärmen die Piloten von den legendären Kurven der Ardennen-Piste. Streckenabschnitte wie Eau Rouge und Blanchimont – das wird unmissverständlich deutlich – rangieren auch bei den Aktiven auf einem Level der Superlative.

Was die aktuelle Situation im Titelkampf betrifft, sind die Schlüsselfiguren des Championats allerdings zugeknöpft. Mika Häkkinen ist kaum redseliger als seine Schildkröten, und Michael Schumacher, der hier bereits zum zehnten Mal um F1-Punkte kämpfen wird, hat denkbar schlechte Laune. »Sorry«, entschuldigt sich sein Management, »er gab während der letzten Tage derart viele Interviews, dass er jetzt seine Ruhe haben will.« David Coulthard, um den es nach der Frühjahrs-Offensive des Schotten etwas ruhiger geworden ist, erklärt sich mit den Superstars solidarisch und mauert ebenfalls. McLarens inoffizielle Nummer zwei, gerade von einem Kurzurlaub zurück, schweigt sogar zum Thema Freizeit. Prinzipiell kann ihm das niemand verwehren, aber was würde er sich vergeben, wenn er den Vertretern der Yellow Press drei Sätze über Sonne, Strand und Surfen opfern würde?

Im Fahrerlager kursieren Gerüchte, Craig Pollock werde demnächst ausgebootet, weil der Amerikaner Barry Green den Rennstall BAR-Honda übernehmen wird. Quelle dieser »News« ist eine amerikanische Zeitung. Mit der Behauptung konfrontiert, reagiert BAR-Star Jacques Villeneuve ausgesprochen unwirsch: »Das ist doch kompletter Bullshit. Du kannst mir glauben, wenn sich irgend etwas in dieser Richtung tun würde, dann wäre ich der Erste, der das erfährt.« Trotzdem wird weiterhin wild spekuliert, speziell, als Pollock abreist... Die Wahrheit: Der Teamchef ist gesundheitlich nicht auf der Höhe und gönnt sich eine Verschnaufpause im Kreis der Familie.

Im »Fall Heidfeld« werden hingegen keine Gespenster gejagt. Am Sonntag

Kaum eine andere Piste bietet den Fans auf den Stehplätzen eine derart imposante Szenerie wie der Ardennen-Circuit

Böse Überraschung für David Coulthard im Warm-up! Versehentlich wurde der Schotte mit den Frontflügel-Abdeckungen auf die Piste geschickt – eine macht sich bei Les Combes selbständig und fliegt davon

wird die Option auslaufen, die Alain Prost für 2001 auf den jungen Mönchengladbacher hat. Heidfeld-Manager Werner Heinz sieht den Dingen gelassen entgegen: »Falls Prost Nick nicht mehr will, ist das für uns kein Problem. Nick bleibt garantiert in der Formel 1.« Am Sonntagabend wird der »Professor« die Option einlösen, aber gleichzeitig neue Vertragsbedingungen fordern. Unter diesen Voraussetzungen lehnt Heinz eine weitere Zusammenarbeit ab und unterschreibt ein Sauber-Angebot, das Quick Nick bis Ende 2003 einen Drive bei den Hinwilern garantiert. Peter Sauber selbst verpasst das Rennen in Spa wegen einer Operation an der rechten Schulter. Im Hospital wird eine Bänderverletzung kuriert, die sich der Schweizer vor zwei Jahren in Australien zugezogen hatte. Mercedes muss zum Auftakt des Wochenendes Nehmerqualitäten beweisen. So antwortet Ron Dennis öffentlich auf die Frage nach den Entscheidungsprozessen innerhalb des Rennstalls: »Wir diskutieren gemeinsam. Adrian Newey, Martin Whitmarsh und ich – wir drei treffen die Entscheidungen. Wenn es angemessen erscheint, werden Norbert Haug und Herr Hubbert von Daimler-Chrysler ebenfalls beteiligt.« Mit anderen Worten: Mercedes zahlt und liefert die Motoren, aber sprechen dürfen die Untertürkheimer nur, wenn sie gefragt werden... Parallel spielt »Mr. Perfect« die eigene Rolle in seinem F1-Team herunter: »Ich fahre nur deshalb zu den Grand Prix, weil ich mich entspannen will. In die Hierarchie des Teams bin ich nicht eingebunden. Die Arbeit in der TAG McLaren Group füllt mich voll aus. Weil ich viel Erfahrung im Motorsport gesammelt habe, werde ich allerdings zuweilen an den Rennstrecken von meinen Mitarbeitern um Rat gebeten. Den gebe ich natürlich gern.«

Spa bringt für den glücklosen Alexander Wurz eine weitere Enttäuschung. Erst in Monza wird die Pechsträhne des Österreichers enden

Am ersten Trainingstag herrschen unverändert hochsommerliche Temperaturen. Aber am Sonntag, so kündigen es die Meteorologen an, wird es regnen... Zunächst beherrschen Coulthard und Häkkinen die Szene. Michael Schumacher, der »König von Spa«, rangiert freitags abgeschlagen auf Platz fünf und wundert sich: »Wir sind zu langsam, was die Spitzengeschwindigkeit betrifft. Momentan stehen wir vor einem Rätsel und wissen nicht, woran das liegt.«

Im freien Samstagstraining bleibt »Schumi« als Siebter unverändert in der Außenseiterrolle. Vorn macht Jenson Button auf sich aufmerksam, der sich Platz zwei hinter dem amtierenden Champion erobern kann. Der Engländer kam ausgesprochen optimi-

stisch angereist, weil Spa zu den wenigen Pisten gehört, die er aus der Cockpit-Perspektive kennt. Button: »1999 bestritt ich hier ein Formel 3-Rennen und weiß deshalb, wo es lang geht.« Vorübergehend erlebte der Williams-Pilot dann Momente der Ernüchterung. Irritiert gab er nach seinen ersten Runden zu Protokoll: »Ich erkenne die Strecke nicht wieder. Jede Kurve ist mit dem F1-Auto ein völlig neues Erlebnis.« Jetzt aber fehlen ihm nur gut drei Zehntelsekunden zu Häkkinens Bestzeit, und Patrick Head schwärmt: »Jenson fährt hier in einem Stil, der mich an Alain Prost erinnert.« Mittags dann 60 Minuten mit einem überraschenden Resultat. »Wir werden alles tun«, tröstet sich Michael Schumacher als Vierter des Qualifying, »um für morgen ein besseres Setup zu finden.« Jetzt wird es eng für den Kerpener und die Scuderia Ferrari. Im Zwischenklassement liegen die Roten zurück, und nur wenig spricht dafür, dass das Blatt in den Ardennen gewendet werden kann. Die Situation ist kritisch. Schwächere Charaktere würden jetzt möglicherweise resignieren.
Pole-Setter Häkkinen wundert sich über seine unmittelbaren Nachbarn beim Start: »Von Trulli und Button umzingelt zu sein, ist für mich eine völlig neue Situation. Wie werden sie sich auf dem Sprint zur La Source verhalten? Wenn Michael Schumacher losfährt, dann weiß ich ganz genau, was er tut...« Der Finne zerbricht sich den Kopf zu früh. Am Sonntag wird das Rennen zwar beginnen, aber keineswegs im herkömmlichen Sinne gestartet werden.
Am Sonntagmorgen dürfen sich die Wetterfrösche gegenseitig auf die Schulter klopfen: Die angekündigte Regenfront hat die Region erreicht. Morgens um sieben Uhr ist das Hohe Venn in dichten Nebel gehüllt. Der Circuit von Spa-Francorchamps betreibt »Image-Pflege«. All diejenigen, die Regenjacken im Gepäck mitführten, haben jetzt doch noch Oberwasser.
Doch der befürchtete Dauerregen bleibt aus. Die Niederschläge fallen im Stop-and-Go-Rhythmus. Auch als das Warm-up beginnt, fallen Tropfen, doch noch während des 30minütigen Aufgalopps schließen die Wolken wieder ihre Schleusen. Auf dem nassen Asphalt ereignen sich prompt mehrere Zwischenfälle. Am schlimmsten erwischt es Giancarlo Fisichella. Ausgerechnet im schnellen Rechtshänder Stavelot gerät der Benetton des Italieners mit dem linken Hinterrad auf den weißen Begrenzungsstrich am Pistenrand. Und dann geht alles sehr schnell: Der hellblaue Bolide bricht aus, Fisicos korrigierender Lenkeinschlag misslingt, und ab geht die Post. Nach einem halben Dreher schlägt der Rennwagen breitseits in die Reifenpolster vor den Leitplanken. Der Aufprall ist gewaltig. Der Benetton versinkt fast vollständig in dem Gummipolster, als wäre es ein weiches Federbett. Sekundenbruchteile später wird das Auto aus dem lebensrettenden Polster katapultiert, steigt auf und bleibt kopfüber liegen.
Marshals, die unmittelbar neben der Unfallstelle postiert sind, haben Glück: Ein losgerissenes Reifengebinde wird über die Leitplanken gewuchtet und verfehlt die Streckenposten nur knapp. In 14 Tagen wird ein italienischer Kollege in Monza keinen aufmerksamen Schutzengel haben...
Fisichella wird von den Rennärzten durchgecheckt und erhält die Starterlaubnis. Eine Prellung am rechten Knie und die obligatorischen blauen Flecken behindern den Benetton-Piloten praktisch nicht. Unter denen, die

Eau Rouge - die „Eiger-Nordwand der Formel 1"

während des Warm-up vom rechten Weg abkommen, ist auch Jacques Villeneuve, der mit dem Heck seines BAR-Honda in die Planken rutscht. Der Kanadier, der in Spa schon weitaus spektakulärere Ausrutscher erlebt hat, nimmt´s gelassen. Auf die Frage, ob er Trouble gehabt hätte, antwortet er lächelnd: »Nein, eigentlich nicht... Ach ja, ich hatte einen kleinen Dreher.«

Schnellster im Warm-up ist Weltmeister Mika Häkkinen. Aber als Star der halben Stunde wird Jenson Button gefeiert, der – zwei Tausendstelsekunden hinter Michael Schumacher – als Dritter registriert wird.

Vor dem Start, während der vier Stunden Wartezeit gibt es immer wieder nassen Nachschub aus den Wolken, sind sich die Experten einig: Häkkinen ist klarer Favorit. Und diese Aussage gilt sowohl für trockenen Asphalt als auch für Regen. Das »Wunder-Differenzial« im Heck der Silberpfeile dürfte ausreichen, um »Schumi« in Schach halten zu können. Die einzige Chance des Kerpeners ist »Mischwetter«. Abwechselnd Regen und abtrocknender Asphalt, wechselnde Bedingungen – niemand kann sich darauf so schnell umstellen, wie »Schumi«.

Als sich die 22 Rennwagen zum Start formiert haben und die Ingenieure ihre letzten Checklisten abhaken, hat es aufgehört zu regnen. Die Piste ist noch nass und erfordert die Montage von Regenpneus, aber die Piloten stehen vor einer durchaus lösbaren Aufgabe. Trotzdem marschiert Charlie Whiting höchstpersönlich durch die Startaufstellung und spricht mit einigen Fahrern. Er fragt, ob man nicht hinter dem Safety-Car starten soll. Und tatsächlich: Von Michael Schumacher bis Jos Verstappen, von Mika Häkkinen bis Marc Gené – alle sprechen sich für das SC aus! Dabei sind die Bedingungen inzwischen so gut, dass Pedro Diniz den Start auf Trockenreifen wagen will...Und so ist es Bernd Mayländer am Steuer seines Mercedes, der das Feld nach dem Start in die Haarnadelkurve »La Source« führt. Die Entscheidung ist absolut lächerlich und stellt mit Sicherheit einen sportlichen Tiefpunkt in der Geschichte des Motorsports dar. Weder das Wetter noch die »unberechenbare« Startaufstellung mit Trulli und Button unter den ersten Drei rechtfertigt die Maßnahme übertriebenen Sicherheitsdenkens. Nach dem Rennen argumentieren die Piloten mit dem Zauberwort »Sicherheit«. Einhelliger Tenor: Hinter dem Safety-Car sei der Start in jedem Fall sicherer gewesen. Diese Behauptung ist natürlich korrekt. Aber wäre es nicht noch sicherer gewesen, zwei Runden hinter dem SC zu drehen, oder gar nicht erst in die Ardennen zu reisen? Mit Sicherheit...

Nach einer Runde ist der F1-unwürdige Spuk vorüber. Mayländer ist ausgeschert, und der »Baby-Lauf-Lern-Start« geht glatt über die Bühne. Häkkinen übernimmt das Kommando. Hinter dem Skandinavier beschleunigen Trulli, Button, Michael Schumacher, Coulthard, »Schumi II«, Villeneuve und der Rest an der alten Haupttribüne vorbei in Richtung Eau Rouge.

Für die Trockenreifen des mutigen Sauber-Brasilianers ist der Asphalt zwar noch zu feucht – er wird sofort an das Ende des Feldes durchgereicht –, aber für eine Schumi-Show ist er bereits zu stark abgetrocknet. Wer auf den ersten Kilometern eine erfolgreiche Attacke des Rheinländers gegen die Emporkömmlinge Button und Trulli erwartet hat, sieht sich jedenfalls getäuscht. Während der Titelverteidiger unbeschwert Gas geben kann, sitzt sein roter Herausforderer in der Falle. Nach vier Umläufen hat Michael Schumacher bereits 9,4 Sekunden auf Häkkinen verloren. Wenn sich seine Position nicht schnell verbessert, darf er

Zweifelhafte Entscheidung – Bernd Mayländer führt das Feld am Steuer des Safety-Car an

Als die Boliden das zweite Mal auf Les Combes zufliegen, dürfen sie das Tempo selbst bestimmen

sich keine Siegchancen mehr ausrechnen. Das Greenhorn Button hat er zwar vor der Bus-Stop-Schikane austricksen können, als der sich die Zähne vergeblich an seinem Vordermann ausbiss. Aber immer noch steht dem Deutschen Trulli im Weg. Dann ändert sich das Bild schlagartig. Als La Source zum fünften Mal angebremst wird, geht Schumacher später als sein Vordermann vom Gas und zieht an dem gelben Jordan vorbei. In einem Atemzug will auch Button durchschlüpfen, doch das Manöver des Briten verläuft weniger sauber: Trulli lenkt seinen EJ10B gerade in die Rechtskurve ein, da rammt ihn der angreifende Williams auf der Innenseite. Der Jordan dreht sich und ist out. Button setzt das Rennen als Dritter hinter Häkkinen und Michael Schumacher fort.

Nach dem kurzen Fußmarsch an die Boxen findet Trulli für seinen britischen Rivalen nicht gerade freundliche Worte: »Jenson fuhr viel zu aggressiv. Weil ich aufgrund des vollen Tanks Probleme mit den hinteren Reifen hatte, hätte ich mich ohnehin nicht mehr lange gegen ihn wehren können.« Jean Alesi hat inzwischen die Zeichen der Zeit erkannt: Nach einem Boxenstopp nimmt der Franzose die fünfte Runde auf Trockenreifen in Angriff, und einen Umlauf später tun es ihm sein deutscher Teamkollege, Gastón Mazzacane und Pedro de la Rosa gleich. Die Entscheidung ist goldrichtig. Die erste fliegende Runde auf Rillenreifen fährt Alesi in 2.02,2 Minuten – Spitzenreiter Häkkinen braucht 3,7 Sekunden mehr! Auch auf den Computern an der Boxenmauer werden Alesis Zeiten gelesen. Zum Ende des sechsten Umlaufs herrscht in den Pits Hochbetrieb, als zehn Piloten – darunter auch Michael Schumacher – Service machen lassen. Gemeinsam mit vier Kollegen entschließt sich Häkkinen gut 120 Sekunden später zu diesem Schritt. David Coulthard muss sich für eine weitere Runde gedulden und holt sich als Letzter des bisher nur minimal geschrumpften Feldes die Trocken-Gummis. Der Schotte darf sich bei seiner Teamführung dafür bedanken, dass er jetzt nur noch theoretische Chancen auf einen Podestplatz hat.

Nach zehn Runden ergibt sich folgender Zwischenstand: Häkkinen führt unverändert vor Michael Schumacher. Aber der Vorsprung des Finnen wird permanent kleiner. 5,1 Sekunden trennen die beiden noch. Dahinter folgen »Schumi II«, Frühwechsler Alesi, Button, Villeneuve, Barrichello, Frentzen, Coulthard und elf weitere Piloten.

Immer näher rückt Schumacher dem führenden Silberpfeil. Noch fehlen ihm 4,6 Sekunden, als die Spitze in die 13. Runde geht. Ob diese Mika Häkkinen Glück oder Unglück bringt, wird wohl niemals geklärt werden. Unten, am Fuß des neuen Streckenabschnitts, der die alte 14,1 km-Piste halbiert, passiert´s: In der Rechtskurve Stavelot stellt sich der führende Silberpfeil quer. Häkkinen zaubert, verhindert einen Dreher, weicht nun aber in entgegengesetzter Richtung um neunzig Grad vom Kurs ab und landet auf dem Rasen. Das ist Pech. Aber es ist Glück, dass Häkkinen nirgendwo anschlägt und der Motor nicht abgestorben ist. Der Weltmeister setzt die Fahrt fort und folgt nun dem neuen Spitzenreiter Michael Schumacher mit zunächst 5,6 Sekunden Rückstand.

Damit scheint die Entscheidung gefallen zu sein, denn »Schumi« kann sich unaufhaltsam weiter absetzen. Kurz vor »Halbzeit« beträgt sein Vorsprung 11,5 Sekunden. Dann legt er seinen zweiten Stopp ein und holt sich Sprit- und Gummireserven für die Restdistanz. Für fünf Umläufe liegt damit wieder Häkkinen vorn, nun hält auch

Button hat den Jordan-Piloten Trulli klassisch „ausgehebelt“ – der Italiener hat damit sein Tagwerk vollbracht

der Finne, und die alte Reihenfolge ist wieder hergestellt. Der neue Abstand: 5,8 Sekunden. Hinter dem Duo haben sich die Reihen inzwischen kaum gelichtet. Nur Fisichella und Heidfeld leisten Trulli in den Boxen Gesellschaft. Aber die Rangfolge der Verfolger hat sich geändert. Platz drei hält zwar unverändert der jüngere Bruder des Leaders, dann folgen HHF mit seinem Schatten Coulthard – beide biegen nach 28 Umläufen gemeinsam in die Boxengasse ab –, Barrichello, Alesi und Button, der seinen zweiten Halt bereits hinter sich hat.

Der gelb-silberne Parallel-Stopp ordnet die Duellanten neu. Frentzen verpasst seinen »Parkplatz« um knapp einen Meter. Der Tankwart, den schweren Schlauch auf der Schulter, muss einen korrigierenden Sidestep einlegen, der die entscheidenden Zehntel kostet. In der Reihenfolge DC vor Frentzen reihen sich die zwei Fahrer wieder ins Geschehen ein.

Nach eigener Aussage hat Häkkinen während seines Boxenstopps »kleine Änderungen« an seinem Rennwagen vornehmen lassen, die sich »sehr positiv« auswirkten. Das wird sofort deutlich. Nur noch 2,4 Sekunden trennen die beiden Führenden nach 32 Runden. Aber nicht nur an der Spitze wird gefightet. Ralf Schumacher und Barrichello, der eine Runde später mit leerem Tank in der Zufahrt zur Boxengasse stehenbleibt, folgen als Solisten. Dahinter jagt DC den Engländer Button gnadenlos vor sich her – Pit-Stop-Pechvogel Frentzen hat den Kontakt zu dem zweiten Silberpfeil verloren.Jetzt entwickelt sich das Rennen zum Krimi. Nach 37 Runden beträgt Häkkinens Rückstand nur noch Sekundenbruchteile. Verzweifelt sucht Michael Schumacher die letzten Pfützen am Pistenrand. Er traut den Pneus nicht. Auffallend auch: Auf den Geraden ist der Ferrari gut zehn km/h langsamer als der MP4/15. Ross Brawn hat nicht einkalkuliert, dass die Piste so rasch abtrocknet und den Heckflügel entsprechend steil stellen lassen. Zunächst ging die Rechnung auf. Doch nun werden die Nachteile deutlich. Lange wird er sich nicht mehr wehren können.

In Runde 40 – weiter hinten überholt DC den Williams-Wunderknaben – attackiert Häkkinen vor Les Combes. Aber »Schumi« macht die Tür zu. Die Boliden berühren sich – beide haben nach dem Rennen deutlich sichtbare Kampfspuren. Häkkinen glaubt zunächst an einen ernsthaften Schaden und gönnt Schumacher eine Verschnaufpause. Aber nur 6,9 Kilometer weiter, also wieder vor Les Combes, wagt er es erneut. Diesmal hat er leichtes Spiel. Der Spitzenreiter muss Ricardo Zonta überrunden, der Pistenmitte fährt. Links zieht der Rheinländer vorbei. Damit ist die rechte Seite »ungedeckt« – Häkkinen fliegt in Führung. Schumacher: »Ich war happy, als ich Ricardo vor mir hatte. Ich hoffte auf einige Extra-km/h durch den Windschatten und konnte zunächst nicht ahnen, dass er eine Linie wählt, die drei Autos Platz bietet. Wenn es Mika nicht geschafft hätte, dann wäre er halt eine Runde später in Führung gegangen.« Häkkinen: »Ich profitierte vom doppelten Windschatten, sah die Lücke und überholte beide auf einen Streich. Das war mein Glück, denn für ein normales Überholmanöver hätte mir Michael keinen Platz gelassen. Es war toll – Michael wird es allerdings nicht so gut gefallen haben...« Zonta: »In den Spiegeln sah ich lediglich Michael. Ich ließ ihm links zum Überholen Platz. Ganz nach rechts wollte ich nicht, weil es dort noch feucht war. Ja, und dann war Mika plötzlich auch noch da. Ich schrie ins Helm-Mikro – sind die verrückt geworden?«

Vier Rennen stehen noch aus. Michael Schumacher spricht trotz seines aktuellen Sechs-Punkte-Rückstands auf Häkkinen davon, dass noch nichts verloren sei. Diese Meinung wird nur von wenigen geteilt...

GROSSER PREIS VON BELGIEN

STRECKE

Ort und Datum	Spa-Francorchamps, 27. August
Wetter	mäßig warm, wechselnd bewölkt, anfangs nass
Streckenlänge	6,968 km
Runden	44
Renndistanz	306,592 km
Bestehender Rundenrekord	1.52,692 = 222,596 km/h Jacques Villeneuve, Williams-Renault FW19; GP 1997
GP-Sieger 1999	David Coulthard, McLaren-Mercedes MP4/14 1:25.43,057 = 214,595 km/h

ERGEBNISSE UND AUSFÄLLE:

1. Mika Häkkinen	McLaren-Mercedes MP4/15	1:28.14,494 = 208,467 km/h
2. Michael Schumacher	Ferrari F1-2000	1,103 Sekunden zurück
3. Ralf Schumacher	Williams-BMW FW22	38,096 Sekunden zurück
4. David Coulthard	McLaren-Mercedes MP4/15	43,280 Sekunden zurück
5. Jenson Button	Williams-BMW FW22	49,914 Sekunden zurück
6. Heinz-Harald Frentzen	Jordan-Mugen EJ10B	55,984 Sekunden zurück
7. Jacques Villeneuve	BAR-Honda 002	1.12,380 Minuten zurück
8. Johnny Herbert	Jaguar-Cosworth R1	1.27,808 Minuten zurück
9. Mika Salo	Sauber-Petronas C19	1.28,670 Minuten zurück
10. Eddie Irvine	Jaguar-Cosworth R1	1.31,555 Minuten zurück
11. Pedro Diniz	Sauber-Petronas C19	1.34,123 Minuten zurück
12. Ricardo Zonta	BAR-Honda 002	1 Runde zurück
13. Alexander Wurz	Benetton-Playlife B200	1 Runde zurück
14. Marc Gené	Minardi-Fondmetal M02	1 Runde zurück
15. Jos Verstappen	Arrows-Supertec A21	1 Runde zurück
16. Pedro de la Rosa	Arrows-Supertec A21	2 Runden zurück
17. Gastón Mazzacane	Minardi-Fondmetal M02	2 Runden zurück
Rubens Barrichello	Ferrari F1-2000	33. Runde, Benzindruck
Jean Alesi	Prost-Peugeot AP03	33. Runde, Benzinleck
Nick Heidfeld	Prost-Peugeot AP03	13. Runde, Getriebe
Giancarlo Fisichella	Benetton-Playlife B200	9. Runde, Elektrik
Jarno Trulli	Jordan-Mugen EJ10B	5. Runde, Unfall

SCHNELLSTE RUNDE: (30. Rd.) – Rubens Barrichello, Ferrari F1-2000
1.53,803 = 220,423 km/h

STARTAUFSTELLUNG:

1 Mika Häkkinen
McLaren-Mercedes MP4/15-6
1.50,646

6 Jarno Trulli
Jordan-Mugen EJ10B/005
1.51,419

10 Jenson Button
Williams-BMW FW22-4
1.51,444

3 Michael Schumacher
Ferrari F1-2000 205
1.51,552

2 David Coulthard
McLaren-Mercedes MP4/15-7
1.51,587

9 Ralf Schumacher
Williams–BMW FW22–2
1.51,743

22 Jacques Villeneuve
BAR-Honda 002/04
1.51,799

5 Heinz-Harald Frentzen
Jordan-Mugen EJ10B/006
1.51,926

8 Johnny Herbert
Jaguar-Cosworth R1-06
1.52,242

4 Rubens Barrichello
Ferrari F1-2000 202
1.52,444

11 Giancarlo Fisichella
Benetton-Playlife B200/03
1.52,756

7 Eddie Irvine
Jaguar-Cosworth R1-05
1.52,885

23 Ricardo Zonta
BAR-Honda 002/05
1.53,002

15 Nick Heidfeld
Prost-Peugeot AP03-02
1.53,193

16 Pedro Diniz
Sauber-Petronas C19-07
1.53,211

18 Pedro de la Rosa
Arrows-Supertec A21-05
1.53,237

14 Jean Alesi
Prost-Peugeot AP03-05
1.53, 309

17 Mika Salo
Sauber-Petronas C19-05
1.53,357

12 Alexander Wurz
Benetton-Playlife B200/02
1.53,403

19 Jos Verstappen
Arrows-Supertec A21-04
1.53,912

20 Marc Gené
Minardi-Fondmetal M02-03
1.54,680

21 Gastón Mazzacane
Minardi-Fondmetal M02-04
1.54,784

SIEMENS
Marlboro
TIM
BRIDGESTONE
BOSS

Großer Preis von Italien

Tränen in Monza

Optimistischer Michael Schumacher – Der 10. September… – Peterson und Clark in London – Die erste Startreihe ist rot – Montezemolos großer Wunsch – Die Gefahr lauert in der zweiten Schikane – Der Tod eines Feuerwehrmannes – Button zu stürmisch – »Schumi« auf und davon – Verstappen und de la Rosa begeistern – Emotionen besiegen den Sieger

Die Stimmung innerhalb der Scuderia Ferrari ist seit dem Grand Prix von Belgien gedämpft. Immer wieder weisen die Schlüsselfiguren des Teams – mit Blick auf Adam Riese – darauf hin, dass der Titelkampf keineswegs entschieden sei. »Das Rennen in Monza«, betont Michael Schumacher, »hat noch nicht einmal vorentscheidende Bedeutung, ganz gleich, wie das Resultat lautet. Es ist einer von vier WM-Läufen des Restprogramms – nicht mehr und nicht weniger. Der Titelkampf endet keinesfalls am 10. September.« Sprüche wie diese bezeichnet die internationale Fachpresse als »Schönfärberei«. Tatsächlich befinden sich die »Schumi-Aktien« im freien Fall. Speziell, weil das Autodromo von Monza trotz der beiden Schumacher-Siege in den Jahren 1996 und 1998 nicht als Ferrari-Piste eingestuft wird. Die Papierform spricht vielmehr für McLaren-Mercedes.

Als sich Michael Schumacher donnerstags erstmals im Fahrerlager sehen lässt, ist er ausgesprochen gut gelaunt. Er plaudert, als habe er den Titel bereits in der Tasche, obwohl er während der letzten fünf Grand Prix nur zwölf WM-Punkte sammeln konnte. Mika Häkkinen kassierte im selben Zeitraum deren 42! Doch völlig locker plaudert er darüber, dass die Piste im königlichen Park von Monza keinesfalls zu seinen Lieblingskursen zählt: »Spa mag ich, Monte Carlo, Suzuka und den Hungaroring. Hier gibt's die langen Geraden und ein paar Schikanen – fahrerisch ist das nicht gerade besonders anspruchsvoll.« Dann spricht er von der Extraportion Motivation aufgrund der begeisterten Tifosi und dem enormen Druck, der auf ihm lastet. Wer in Monza für Ferrari die Kastanien aus dem Feuer holt, der wird am Abend des Renntages wie ein Halbgott verehrt, wenn er siegt. Aber wehe, ihm unterläuft ein Patzer… Daran will er gar nicht erst denken. Seine Wünsche bringt der Kerpener auf einen kurzen Nenner: »Ich möchte dort weitermachen, wo ich in Montreal aufgehört habe.« Seit Juni wartet er auf den 41. Sieg seiner Formel 1-Karriere, der ihn in diesem Punkt auf einen Level mit dem unvergessenen Ayrton Senna bringt.

Dass Mika Häkkinen erneut mit der vollen Punktzahl abreisen wird, be-

Seht her, ich kann's noch – Michael Schumacher bei seinem Freudentanz nach dem eindrucksvollen Sieg in Monza

Das Feld schiebt sich nach dem Start in die umgebaute erste Schikane, die den Ruf einer gefährlichen Klippe genießt

Horror in der Startrunde: Barrichello landet im Kies. Im Hintergrund »DC«, der mitgerissen wurde

zweifelt am Abend des ersten Trainingstages sogar einer seiner Ingenieure. Rubens Barrichello und Michael Schumacher belegen in der Zeitenliste die Ränge eins und zwei. Mika Häkkinens Name taucht erst – hinter dem des Italieners Jarno Trulli – auf Platz vier auf. Nachdenklich meint der Techniker, der aus Furcht vor dem Vorwurf der »Nestbeschmutzung« darum bittet, ihn nicht namentlich zu erwähnen: »Ich habe das dumpfe Gefühl, dies wird nicht unser Wochenende.« Mangelnden Sachverstand, das wird der Sonntag zeigen, kann man diesem Mann nicht vorwerfen.

Monza. Auf kaum einer anderen Rennstrecke wird soviel über die potentiellen Gefahren des Motorsports diskutiert. »Am 10. September«, sagt einer der alten Hasen des F1-Business mit belegter Stimme, »wird in Monza gestorben. Ich bin froh, wenn das Rennen vorüber ist, ohne dass sich jemand ernsthaft verletzt hat.« Tatsächlich: Die Serie diverser Tragödien begann am 10. September 1933, als nacheinander die Spitzenpiloten Giuseppe Campari, Baconin Borzacchini und Graf Czaikowski tödlich verunglückten. Wolfgang Graf Berghe von Trips starb auf den Tag genau 28 Jahre später am Steuer seines Ferrari mit Startnummer drei. Mit dem rheinischen Adelsmann wurden 15 Zuschauer in den Tod gerissen. Der pfeilschnelle schwedische Lotus-Pilot Ronnie Peterson zog sich am 10. 9. 1978 bei einer Massenkarambolage nach dem Start schwere Verletzungen zu, denen er – vermutlich aufgrund ärztlichen Pfuschs – am folgenden Tag erlag. Silvio Moser, Jochen Rindt, Tommy Spychiger – die Liste der Opfer von Monza ist lang, auch wenn diese drei Rennfahrer nicht am gefürchteten 10. September verunglückten.

Das Thema »Peterson« ist aus skurrilem Anlass wieder Gesprächsthema. Der Reporter einer österreichischen Sport-Illustrierten hat den Skandinavier angeblich auf den Jungferninseln aufgespürt, wo er artig Rede und Antwort stand. Weil er die Formel 1 satt hatte, so der blonde Münchhausen, habe er sich damals heimlich aus der Mailänder Klinik geschlichen und sei untergetaucht. Und der 56jährige ist nach eigener Aussage nicht der einzige Zombie der Branche. Erst kürzlich, verriet er während des Interviews, habe er in England Jim Clark getroffen... Die Hemmungslosigkeit mancher Zeitgenossen kennt offenbar keine Grenzen.

Ferrari dominiert auch im zweiten freien Training. Diesmal rangiert Michael Schumacher vor Mika Häkkinen. Damit geht der Deutsche als Favorit ins Qualifying, und was nach der Niederlage von Spa nur wenige für möglich gehalten hatten, wird wahr: Ferrari feiert in Monza Auferstehung. »Mikele« sichert sich die Pole und Rubens Barrichello rundet die rote Renaissance als Zweiter ab. Unerwartet steckt McLaren in einer Krise. Häkkinen muss sich mit Rang drei begnügen und DC landet hinter Jacques Villeneuve nur auf Platz fünf.

Am Vorabend des 71. Gran Premio d'Italia lädt Ferrari-Präsident Luca di Montezemolo zum – inzwischen bereits traditionellen – GP-Dinner. Der Gastgeber ist aufgrund des Qualifying-Resultats blendender Laune. Überschwenglich bedankt er sich bei Sportchef Jean Todt, Michael Schumacher, Rubens Barrichello und Testpilot Luca Badoer. Dann gestattet er einen Blick in sein Herz: »Unsere beiden Autos stehen auf den Plätzen eins und zwei – ich wünschte, es wäre nicht Samstagabend sondern Sonntagabend...«

Während der letzten Stunde vor dem Start dreht sich alles um zwei Fragen. Wie weit wird der gefürchtete »Raketenstarter« Jacques Villeneuve auf den ersten Metern vorstoßen? Seine Vorderleute in der Startaufstellung warnte der Kanadier bereits am Vortag. Pole-Setter »Schumi« macht sich wegen des BAR-Stars keine Sorgen. »Hunde, die bellen«, meint er lächelnd, »beißen nicht.« Frage Nummer zwei betrifft die erste Kurve. Das langsame Eck erscheint wie die Garantie für eine Karambolage. Andererseits gilt: Eine erkannte Gefahr ist gebannt. Erinnerungen an 1986 werden wach, als den Piloten in Le Castellet aufgrund der »Halbierung« der Piste ebenfalls eine unzumutbare erste Kurve serviert wurde. Die enge Rechtskurve war das Gespächsthema Nummer eins. Und prompt verhielt sich der Pulk beim Anbremsen ausgesprochen diszipliniert. Der Respekt verschwand in den folgenden Jahren, und dann – als jeder davon überzeugt war, dass die Ecke in Wahrheit völlig harmlos ist – krachte es ganz fürchterlich.

Entsprechende Überlegungen werden jetzt unter Experten angestellt. Man kommt zu dem Resultat: In der ersten Schikane wird nichts passieren. Dann aber, im trügerischen Bewusstsein, die gefährlichste Klippe gemeistert zu haben, kann es dramatisch werden. Die zweite Schikane wird die kritische Stelle der Startrunde sein…

Auf den ersten Metern beschleunigt Michael Schumacher nicht perfekt, aber durchaus flott. Einen Angriff von Häkkinen, der Barrichello scheinbar mühelos übersprintet, kann der Kerpener erfolgreich abwehren, dann lenkt er seinen F1-2000 als Spitzenreiter durch die »Stromschnelle« mit Namen erste Schikane. Die Fans halten den Atem an, aber problemlos fädelt sich der Knäuel bunter Boliden ein, bis… Pedro Diniz den Bremspunkt überfährt und Eddie Irvine auf Mika Salo schiebt. Die grüne Katze ist mit defekter Vorderradaufhängung aus dem Rennen, während sich Salo mit luftleerem linken Hinterreifen auf den langen Weg an die Boxen begibt. Zunächst ist das Sauber-Duo wegen des Remplers verärgert. Nach dem Rennen werden Diniz und Salo unisono sagen: Ein Glück, dass uns dieses Missgeschick passierte, sonst wären wir in der zweiten Schikane mitten im Schlamassel gewesen.

Die Spitze fliegt inzwischen bereits mit einem Tempo von deutlich mehr als 300 km/h durch die Curva Grande auf diese zweite Schikane zu. Und jetzt nimmt das Unheil in Sekundenschnelle seinen Lauf: Nahezu zeitgleich berührt Heinz-Harald Frentzens Jordan den Ferrari Barrichellos und den Wagen des eigenen Teamgefährten. Trümmer fliegen durch die Luft. In diesen Sekunden zieht sich der Fire-Marshal Paolo Ghislimberti tödliche Verletzungen zu. Aber nur wenige registrieren den tragischen Zwischenfall. Die Blicke sind auf die Piste gerichtet. Unkontrolliert kreiselt das Trio in die Auslaufzone und räumt auf dem Weg in den Kies Coulthards McLaren mit ab. Staub und Sand rauben den nachfolgenden Kollegen die Sicht…

In der brenzligen Situation nimmt Johnny Herbert bereits vor dem Bremspunkt Gas weg, und prompt knallt Pedro de la Rosas Arrows ins Heck des Jaguar. Der Bolide des Spaniers steigt auf, überschlägt sich mehrfach und verfehlt den Piloten des Ferrari mit Startnummer vier um Millimeter, bevor er kopfüber im Kies landet. Die betroffenen Fahrer rechnen mit einem Abbruch des Rennens. Aber Charlie Whiting, der verantwortliche Funktionär, handelt korrekt, als er sich für den Einsatz des Safety-Car entscheidet. Erst Minuten später wird Whiting über Ghislimbertis Schicksal informiert. Mit Beginn der zweiten Runde übernimmt Bernd Mayländer die Führung.

Jetzt erst wird das ganze Ausmaß des Crashs deutlich. Ärzte bemühen sich um den 33jährigen Ghislimberti. Aber die Verletzungen sind zu schwer – der

Die Trauer steht dem Streckenposten im Gesicht geschrieben. Gerade hat er die Nachricht vom schweren Unfall seines Kollegen erfahren

Ferrari-Fan, der so stolz auf seine Arbeit an den Pisten war, ist verloren. Während der verzweifelte Kampf um das Leben des Feuerwehrmannes fortgesetzt wird und dessen Kollegen mit vereinten Kräften das Chaos beseitigen, gibt Barrichello zu Protokoll: »Frentzen bremste zu spät und löste die Karambolage aus.« Der Mönchengladbacher nimmt ebenfalls Stellung: »Ich wollte Barrichello überholen, als der unerwartet früh bremste.« Aber der Brasilianer bleibt bei seiner Theorie. Zwei Tage später wird er massive Angriffe gegen HHF vortragen: »Der Wahnsinnige hätte uns alle umbringen können.« Kritik dieser Art ist untypisch für die Szene. Will Rubinho eventuell von eigener Schuld ablenken? Er erkennt, dass er mit seiner Kritik über das Ziel hinausgeschossen ist und entschuldigt sich bei Frentzen… Letztlich wird die Unfallursache wohl nie restlos geklärt werden. Das Feld zirkuliert zunächst unverändert mit Rundenzeiten von knapp 150 Sekunden, als auch Pedro de la Rosa im Fahrerlager eintrifft. »Ich sah gelbe Flaggen und bremste«, erinnert er sich, »überall flogen Trümmer umher, und die Luft war blau vom verbrannten Gummi der Pneus. Plötzlich war die Sicht wieder frei – vor mir sah ich zwei extrem langsame Autos. Es gab gar nichts, was ich hätte tun können. Es war ein Unfall, wie er passieren kann. Dieser Gefahr sind wir immer ausgesetzt. Aber ich will nicht sagen, dass ich Pech hatte. Im Gegenteil – ich hatte heute unglaubliches Glück.«

Über Funk bitten die beiden Sauber-Piloten ihre Crew, die Rennleitung zu informieren, dass kleinere Kohlefaser-Stücke auf dem Asphalt liegen. Die scharfkantigen Splitter gefährden die Reifen… Aber die Marshals sind auf Zack und geben erst dann Entwarnung, als die Piste besenrein ist. Das ist im Verlauf der elften Runde der Fall.

Durch entsprechende Signale werden die Piloten informiert, dass die Freigabe des Tempos unmittelbar bevorsteht. Auf der Anfahrt zur Parabolica bereitet sich Michael Schumacher auf den Neustart vor. Er beschleunigt, dann tritt er auf die Bremse, weil die Kohlefaserscheiben aufgrund des Bummeltempos unterkühlt sind. Jenson Button wird durch dieses Manöver überrascht. Um nicht auf Villeneuve und »Schumi II« aufzufahren, weicht er nach links auf den Grünstreifen aus, wo er einen unvorsichtigen Streckenposten – der sich vor der Leitplanke aufhält – knapp verfehlt. Der Williams schlägt mit dem linken Hinterreifen gegen die Begrenzung, aber der Brite merkt zunächst nicht, dass der Pneu aufgrund eines Felgenschadens Luft verliert. Erst in der Parabolica macht sich der Defekt bemerkbar, als der FW22 ausbricht und in den Planken landet. Da waren´s nur noch 14… Michael Schumacher entschuldigt sich später für sein Bremsmanöver: »Sorry, wenn ich einigen Kollegen Probleme bereitet habe, dann tut mir das leid.

Michael Schumacher führt das Rennen vor Titelverteidiger Mika Häkkinen an und kann dem Finnen peu à peu davonfahren.

Nur wer hart bremst, ist schnell im Ziel ...

Aus meiner Sicht war es selbstverständlich, die Bremsen aufzuheizen.«
Als das Rennen gut 25 Minuten nach dem schweren Unfall ein zweites Mal beginnt, wird schnell deutlich, dass Michael Schumacher keinen Gegner zu fürchten braucht. 1,4 Sekunden Vorsprung bringt er aus der zwölften Runde, die irgendwie auch die erste ist, mit. Innerhalb der nächsten drei Umläufe wächst das Zeitpolster, dass ihn von seinem finnischen Verfolger trennt, auf drei Sekunden an.
Im Jubel der Tifosi geht die wahre Sensation beinahe unter. Villeneuve hatte bereits nach den erfolgreichen Monza-Tests angekündigt: »Auf dieser Piste sind wir so stark, dass wir aus eigener Kraft in die Punkte fahren können.« Jetzt liegt der Kanadier auf Rang drei und hat damit das Podest im Visier. Aus einem bestimmten Grund ist der starke Auftritt ganz nach dem Geschmack von BARs Motorenpartner Honda. 26 Jahre nach dem Debüt der Japaner auf der Nordschleife des Nürburgrings feiern sie ihren 200. GP.
Aber die Freude der Asiaten währt nicht lange. Zu Beginn der 15. Runde rollt der BAR-Honda aus. Ein elektrischer Schluckauf hat die Startnummer 22 gestoppt. Der Zehnzylinder hat sich verabschiedet, und JV wandert tief enttäuscht zurück an die Boxen. »Es ist eine Schande«, diktiert er der Presse in die Notizbücher, »denn so nah waren wir dem Podest noch nie. Das war die große Chance der Saison, und die haben wir wegen des dummen Defektes nicht nutzen können.« Es ist tatsächlich eine Schande, dass ein Ass vom Kaliber eines Villeneuve seit dem 28. September 1997 – damals gewann er auf der GP-Piste des Nürburgrings den GP von Luxemburg – vergeblich auf seinen zwölften F1-Sieg warten muss. Was Villeneuve später zusätzlich nervt: Als sein Bolide nach dem Rennen in den Boxen gestartet wird, springt der Motor klaglos an. Immerhin, für Craig Pollock und seine Crew wird es einen Trostpreis geben.
Die Zuschauer auf den Rängen sind begeistert, obwohl sich auf der Piste keineswegs Sensationelles abspielt. Ricardo Zonta und Jos Verstappen sind die zwei einzigen Piloten, die dem Rennen Farbe verleihen. Beide sind mit leichten Autos unterwegs. Der Südamerikaner setzt auf eine Zwei-Stopp-Taktik, »Jos the Boss« fährt einen kurzen ersten Stint. Entsprechend können sie die Sporen geben. Sie spurten nach vorn und liegen nach 16 Runden – in der Reihenfolge Verstappen vor Zonta – auf den Plätzen drei und vier. Selbst ein Ralf Schumacher hat das Duo nicht in Schach halten können. Als er von den Außenseitern ausgebremst wird, macht sich »Schumi II« allerdings keine großen Sorgen: »Ich wusste, dass ich sie während der Stopps wieder packen würde. Eine echte Gefahr stellten sie für mich deshalb nicht dar.«
Mit einem atemberaubenden Manöver verdrängt Zonta seinen niederländischen Gegner zu Beginn der 21. Runde von Platz drei. Zwei Umläufe später geht der ehemalige GT-Champion an die Boxen. Auf dem vorletzten Platz findet er sich wieder. Daraufhin beginnt das Spiel von neuem – Zonta pflügt durchs Feld und wird letztlich mit dem zweiten WM-Punkt seiner Karriere belohnt.
Nach 39 Runden, Häkkinen liegt mehr als zehn Sekunden hinter dem deutschen Spitzenreiter zurück, fährt »Schumi« zum Routinestopp an die Boxen. Innerhalb von 7,2 Sekunden wird der Publikumsliebling abgefertigt. Jetzt führt der Titelverteidiger, aber der muss ja auch noch zum Service. Nach 42 Umläufen hält der Finne. Er wird nach nur 6,6 Sekunden »ent-

1996 – 1998 – 2000: Alle zwei Jahre siegt Michael Schumacher im königlichen Park von Monza für die Scuderia Ferrari

lassen« und reiht sich zwölf Sekunden hinter dem Ferrari-Star wieder ins Geschehen ein. Das Rennen ist gelaufen.
Runde 43 bringt die letzten Positionsverschiebungen, als Ralf Schumacher, inzwischen längst wieder Dritter, und Fisichella Service machen lassen. Der Bruder des Leaders gibt nach 6,4 Sekunden wieder Gas. Doch für Fisico wird der Stopp zum Alptraum: Wegen eines Kupplungsdefektes stirbt der Motor ab, als der Pilot den ersten Gang einlegen will. Wilde Gesten, Hektik – endlich setzt sich der Benetton wieder in Bewegung. Aber jetzt ist der Italiener nicht mehr Vierter, sondern Elfter und damit Vorletzter.
Michael Schumacher, Häkkinen, Ralf Schumacher, Verstappen, ein überglücklicher Wurz, der erstmals seit Zeltweg 1999 punktet, und Zonta – die WM-Punkte sind vergeben. Happy sind nur fünf der sechs Erstplatzierten. Denn Häkkinen träumt nach der Zieldurchfahrt immer noch von seinem ersten Monza-Sieg, auf den er schon so lange vergeblich wartet. Kaum ist die schwarzweiß-karierte Flagge gefallen, da versinkt alles in einem Meer roter Ferrari-Fahnen.
Es ist kein Geheimnis, dass Michael Schumacher Statistiken aller Art wenig Beachtung schenkt. Deshalb ist seine Reaktion nach der Siegerehrung überraschend. Während der obligatorischen TV-Pressekonferenz, die grundsätzlich der »richtigen PK« im Pressezentrum vorgeschaltet wird, erinnert ihn der Fragesteller daran, dass er jetzt seinen 41. GP gewonnen hat und damit auf einer Stufe mit Ayrton Senna steht. Ob ihm dies etwas bedeute, wird Schumacher gefragt.
Kurz zögert der Deutsche. Dann sagt er mit zitternder Stimme: »Ja, das bedeutet mir sehr viel...« Unmittelbar darauf wird er von einem Weinkrampf geschüttelt. Anschließend wird gerätselt, wie es zu diesem Gefühlsausbruch kam. Michael Schumacher will sich dazu nicht äußern. Es gibt nur eine plausible Erklärung: Weltweit konnte sich nie zuvor jemand in die Lage des Ayrton Senna des Jahres 1994 versetzen. Aber Michael Schumacher kann es in der Stunde seines Triumphes. Ausgelöst durch die verbindende »41« spürt er unerwartet, wie sich der große Rivale im Jahr seines Todes fühlte. Jetzt blickt »Schumi« auf zehn Saisons F1-Sport zurück. Jetzt ist er der Superstar, auch wenn er – wie Senna – sein Ausnahmetalent nicht immer in Siege ummünzen kann. Ruhm und Reichtum, alles scheint identisch zu sein. Noch nie war Michael Schumacher seinem Rivalen so nah wie in diesem Augenblick. Und jetzt, quasi aus der Perspektive des Brasilianers, wird ihm das tragische Schicksal dieses Mannes so bewusst, wie es keinem der zahlreichen Senna-Fans je war oder sein wird...
Auch vier Tage nach dem Rennen wird geweint. In seinem Heimatort Barco di Levico bei Trient wird Paolo Ghislimberti zu Grabe getragen. Eine Ferrari-Fahne schmückt den Sarg. Mit unter den Trauergästen: Jarno Trulli, Heinz-Harald Frentzen und Luca Badoer. Um die Witwe, sie ist im achten Monat schwanger, zumindest vor akuter materieller Not zu bewahren, haben die elf F1-Teams 110.000 US-Dollar gespendet. Bernie Ecclestone stockte den Betrag auf 150.000 $ – oder mehr als 300.000 Mark – auf. Die Kollegen des Verstorbenen haben ihre Arbeit auf der Piste von Mugello, wo bereits für den GP der USA getestet wird, unterbrochen. Der Chef der Feuerwehrtruppe erklärt: »Seit 30 Jahren machen wir diesen Job. Nie hat sich jemand auch nur am kleinen Finger verletzt. Natürlich machen wir weiter – das ist auch ganz im Sinn von Paolo.«

GROSSER PREIS VON ITALIEN
(Autodromo Nazionale di Monza)

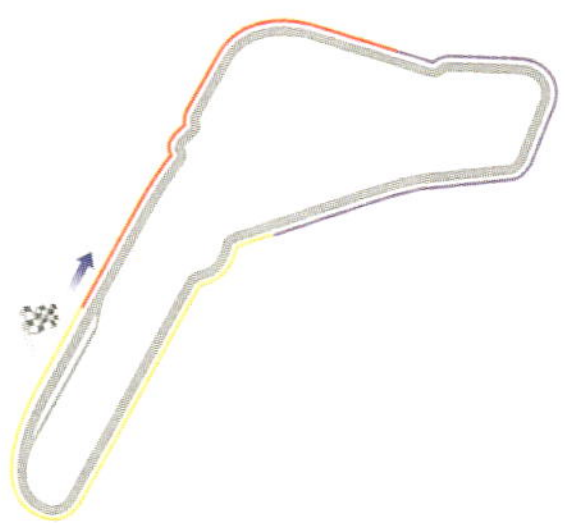

STRECKE

Ort und Datum	Monza, 10. September
Wetter	sehr warm, leicht diesig
Streckenlänge	5,793 km
Runden	53
Renndistanz	307,029 km
Bestehender Rundenrekord	1.24,808 = 244,929 km/h Mika Häkkinen, McLaren-Mercedes MP4/12A; GP 1997
GP-Sieger 1999	Heinz-Harald Frentzen, Jordan-Mugen 199 1:17.02,923 = 237,938 km/h

ERGEBNISSE UND AUSFÄLLE:

1. Michael Schumacher	Ferrari F1-2000	1:27.31,638 = 210,286 km/h
2. Mika Häkkinen	McLaren-Mercedes MP4/15	3,810 Sekunden zurück
3. Ralf Schumacher	Williams-BMW FW22	52,432 Sekunden zurück
4. Jos Verstappen	Arrows-Supertec A21	59,938 Sekunden zurück
5. Alexander Wurz	Benetton-Playlife B200	1.07,426 Minuten zurück
6. Ricardo Zonta	BAR-Honda 002	1.09,292 Minuten zurück
7. Mika Salo	Sauber-Petronas C19	1 Runde zurück
8. Pedro Diniz	Sauber-Petronas C19	1 Runde zurück
9. Marc Gené	Minardi-Fondmetal M02	1 Runde zurück
10. Gastón Mazzacane	Minardi-Fondmetal M02	1 Runde zurück
11. Giancarlo Fisichella	Benetton-Playlife B200	1 Runde zurück
12. Jean Alesi	Prost-Peugeot AP03	2 Runden zurück

Nick Heidfeld	Prost-Peugeot AP03	16. Runde, Dreher
Jacques Villeneuve	BAR-Honda 002	15. Runde, Elektrik
Jenson Button	Williams-BMW FW22	11. Runde, Unfall
Johnny Herbert	Jaguar-Cosworth R1	2. Runde, Unfallfolgen
Rubens Barrichello	Ferrari F1-2000	1. Runde, Unfall
David Coulthard	McLaren-Mercedes MP4/15	1. Runde, Unfall
Jarno Trulli	Jordan-Mugen EJ10B	1. Runde, Unfall
Heinz-Harald Frentzen	Jordan-Mugen EJ10B	1. Runde, Unfall
Pedro de la Rosa	Arrows-Supertec A21	1. Runde, Unfall
Eddie Irvine	Jaguar-Cosworth R1	1. Runde, Unfall

SCHNELLSTE RUNDE: (50. Runde) – Mika Häkkinen, McLaren-Mercedes MP4/15
1.25,595 = 243,645 km/h
Rundenrekord – Strecke in dieser Form erstmals gefahren

STARTAUFSTELLUNG:

3 Michael Schumacher
Ferrari F1-2000 205
1.23,770

4 Rubens Barrichello
Ferrari F1-2000 202
1.23,797

1 Mika Häkkinen
McLaren-Mercedes MP4/15-4
1.23,967

22 Jacques Villeneuve
BAR-Honda 002/04
1.24,238

2 David Coulthard
McLaren-Mercedes MP4/15-5
1.24,290

6 Jarno Trulli
Jordan-Mugen EJ10B/005
1.24,477

9 Ralf Schumacher
Williams-BMW FW22-2
1.24,516

5 Heinz-Harald Frentzen
Jordan-Mugen EJ10B/006
1.24,786

11 Giancarlo Fisichella
Benetton-Playlife B200/05
1.24,789

18 Pedro de la Rosa
Arrows-Supertec A21-04
1.24,814

19 Jos Verstappen
Arrows-Supertec A21-05
1.24,820

10 Jenson Button
Williams-BMW FW22-4
1.24,907

12 Alexander Wurz
Benetton-Playlife B200/03
1.25,150

7 Eddie Irvine
Jaguar-Cosworth R1-05
1.25,251

17 Mika Salo
Sauber-Petronas C19-05
1.25,322

16 Pedro Diniz
Sauber-Petronas C19-07
1.25,324

23 Ricardo Zonta
BAR-Honda 002/05
1.25,337

8 Johnny Herbert
Jaguar-Cosworth R1-06
1.25,388

14 Jean Alesi
Prost-Peugeot AP03-01
1.25,558

15 Nick Heidfeld
Prost-Peugeot AP03-02
1.25,625

20 Marc Gené
Minardi-Fondmetal M02-03
1.26,336

21 Gastón Mazzacane
Minardi-Fondmetal M02-04
1.27,360

»Schumi« erobert Indy

Back to the roots? – Von Alberto Ascari und Troy Ruttman – Standing Ovations für die F1 – Ferrari erobert die Pole mit vereinten Kräften – Voreiliger Coulthard – Blockade im Infield – Später Wechsel zahlt sich aus – Häkkinens McLaren nur Schall und Rauch – Jacques Villeneuve im Kampf um „Bronze“ flügellahm – Michael Schumacher schon fast am Ziel

Indianapolis, das ist eine unbestrittene Tatsache, zählt weltweit zu den Hauptstädten der Motorsport-Szene. Das legendäre 500 Meilen Rennen, die Indy 500, genießt internationalen Ruf, auch wenn die Traditionsveranstaltung nach 1995 etwas von ihrem Glanz verloren hat. Seit 1911 wird sie ausgetragen. In jenen Jahren wagte im fernen Europa kaum jemand auch nur daran zu denken, eine permanente Rennstrecke zu bauen.

Jetzt erwartet die Hauptstadt des US-Bundesstaates Indiana die Formel 1, die zuletzt 1991 in den USA gastiert hat. Das Comeback im Land der unbegrenzten Möglichkeiten zählte natürlich schon seit dem Frühjahr zu den wichtigen Themen der Branche. Und quer durch die Rennställe sind sich die Schlüsselfiguren einig: Die Rückkehr des Grand Prix-Sports in die Staaten ist ein Pluspunkt für das Championat. Man plant, sich von der besten Seite zu zeigen, um die Fans in der neuen Welt an die – aus der »Cowboy-Perspektive« – exotische Rennserie zu binden.

Was viele vergessen haben: Bereits am 30. Mai 1950 wurden in Indy WM-Punkte für das Fahrer-Championat vergeben. Nach den Rennen in Silverstone und Monte Carlo war es der dritte Meisterschaftslauf der PS-Historie. Damals siegte ein gewisser John Parsons. Die Rückkehr der Punktejäger erlebt dieser Mann leider nicht – 1984 wurde er zu Grabe getragen. Bis 1960 blieben die Indy 500 im Championats-Kalender, dann wurde ein Schlussstrich unter dieses merkwürdige Kapitel gezogen. Merkwürdig deshalb, weil an den WM-Läufen auf dem Ovalkurs des Agrarstaates – mit Ausnahme von Alberto Ascari in der Saison 1952 – kein GP-Pilot teilnahm. Und umgekehrt verzichteten die US-Helden auf einen Start bei den übrigen WM-Läufen. Auch hier bestätigt eine Ausnahme die Regel: Troy Ruttman, 1952 im Alter von nur 22 Jahren der jüngste Indy-Sieger aller Zeiten, versuchte sein Glück 1958 in Europa. In Reims und auf dem Nürburgring pilotierte er einen Maserati 250F der Scuderia Centro Sud.

Jetzt sollen zum zwölften Mal WM-Punkte in Indianapolis vergeben werden, aber es ist der erste »richtige« Weltmeisterschaftslauf auf der Piste

Die imposante Anlage im Land der unbegrenzten Möglichkeiten, die eigens für die Formel 1 modifiziert werden musste

Die Reste des ursprünglichen Ziegelbelages dienen als Ziellinie. Überraschend sorgten die Klinker für diplomatische Verstimmungen

im Herzen des weltweit größten Maisanbaugebietes der Erde. Bernie Ecclestone und seine Mannen haben die Weichen klug gestellt: Die »F1-Schnupperproben« im Jahr des Neuanfangs werden praktisch gratis verteilt. Freitags kosten die Tickets zehn US-Dollar, samstags deren 20. Jeweils gibt es freie Sitzwahl auf den mächtigen Tribünen. Der Renntag, bei Preisen zwischen 50 und 140 US$, ist ohnehin seit Monaten ausverkauft.
Die europäischen Gäste, sofern sie keinerlei Indy-Erfahrung haben, wundern sich nach der Ankunft am Mittwoch. Während ein Thunderstorm wütet – wie schon in Hockenheim heißt es in der Boxengasse für Stunden »Land unter« –, tun sich viele schwer, den Indianapolis Motor Speedway zu finden... Tatsächlich ist die Beschilderung dürftig. Den Grund hierfür erklärt einer der »Yellow Shirts«, einer der greisen Ordner, die in Indy traditionell für Disziplin sorgen: »Die Tradition ist schuld. Schon unsere Großväter wussten, wo die Rennstrecke liegt. Wer nach bald 100 Jahren den Weg nicht kennt, ist das selbst schuld.« Ja, sie sind sehr stolz auf ihren Speedway, auch wenn er jetzt – eigens für die Formel 1 – verändert wurde. Das Oval wird nur, und zwar entgegen der klassischen Fahrtrichtung, partiell befahren. Ein zusätzliches Kurvengeschlängel im Infield macht die Anlage F1-tauglich.
Natürlich wird die Frage aufgeworfen, weshalb nicht im »Nudeltopf« gefahren wird. Ovalkurse entsprechen zwar nicht der F1-Weltanschauung, aber einmal im Jahr könnte man sich diesen Spaß ja erlauben. »Nein«, meint Adrian Reynard, der jetzt für den Bau des BAR-Honda 002 verantwortlich ist, in früheren Jahren allerdings auch schon Indy-Boliden konstruierte, »das ist aus Sicherheitsgründen nicht möglich – es würde Tote geben.« Patrick Head argumentiert mit den Kosten: »Aufgrund der speziellen Herausforderung müsste jedes Team neue Autos bauen. Nur für dieses eine Rennen! Das würde die Budgets sprengen. Bereits für diesen Grand Prix mussten wir wegen der überhöhten Kurve Spezial-Frontflügel konstruieren, die in der nächsten Woche in den Müll wandern. 2001 werden die Dinger wegen neuer Paragraphen im Technischen Reglement nicht mehr erlaubt sein...«
Die überhöhte Kurve! Die europäische Boulevard-Presse verkauft diesen »Turn 13«, den die alten Indy-Hasen nur als »Turn 1« kennen, als »Steilkurve«. Nein, steil ist sie nicht. Der optische Eindruck täuscht aufgrund der gigantischen Tribünen im Hinter-

Der Frühstart von David Coulthard brachte dem Schotten schon auf den ersten Metern die Führung ein

Weit ist der Weg hin bis zur ersten Kurve ...

grund. Die Überhöhung beträgt allerdings immerhin neun Grad und zwölf Sekunden. Bridgestone hat Spezialreifen gefertigt, denen die spezifische Belastung in »Turn 13« nichts anhaben kann.

Donnerstag, das nasse Sturmtief ist abgezogen, steht die erste offizielle Pressekonferenz auf dem Programm, und für die amerikanischen Journalisten gilt es, einen Schock zu verdauen. Wie selbstverständlich erwarten sie von Weltmeister Mika Häkkinen, Michael Schumacher und Co. einige Komplimente für die imposante Anlage. Fehlanzeige. »Indy«, erklärt der Titelverteidiger, »interessiert mich nicht. Das ist eins von 17 Rennen des Jahres. Ich bin voll auf die WM konzentriert.« Und »Schumi« erklärt, weshalb er nicht vor Ehrfurcht erstarrt: »Ich kümmere mich grundsätzlich nicht um Geschichte, außerdem hatte ich bisher noch nicht die Zeit, mich richtig umzuschauen.« Auf Nachfrage gestehen immerhin die beiden Hauptakteure, dass »alles recht groß« wirke, aber bisher, so Schumacher, kenne er nur das Fahrerlager. Jacques Villeneuve wittert die peinliche Lage und gibt den Amis Nachhilfeunterricht: »Ich weiß ja, wie ihr das seht. Als ich das erste Mal hier war – und wegen des Indy-Rennens mit allem drum und dran dauert der Aufenthalt ja vier Wochen – wurde mir auf Schritt und Tritt erläutert, welcher Indy-Star wann durch welche Tür geschritten sei, wo er auf dem Klo war und welchen Weg er anschließend ging. All diese heiligen Plätze... Hier mag das von Bedeutung sein, aber die Europäer können damit überhaupt nichts anfangen – dort ist das anders.«

Die Piloten und ihre Schlachtenbummler – 35.000 sind aus dem Ausland, das Gros aus England und Deutschland, angereist – werden aufgrund dieses Einstandes von den Einheimischen kritisch begutachtet. Freitags schreibt der »Indianapolis Star«: »Eine neue Rasse von Race-Fans ist in der Stadt. Diese Menschen tragen keine T-Shirts, und sie trinken auch kein Dosenbier. Es sind Champagner-nippende Europäer in dunklen Anzügen.« Zunächst aber, einen Tag vor Trainingsbeginn, möchte Michael Schumacher mehr als nur das Fahrerlager kennenlernen. Er schwingt sich in den Sattel einer knallroten Vespa und rollt zum Ausgang der Boxengasse. Dort wird er von einigen Yellow Shirts gestoppt. Da könnte ja jeder kommen. Der Fremdling wird unter die Lupe genommen. Misstrauisch kontrollieren die Posten die berühmte Plastik-Karte, die jedes permanente Mitglied des GP-Zirkus um den Hals trägt. Michael Schumacher? Kennen wir nicht, also darf er nicht weiterfahren. Basta! Aber »Schumi« hat Glück. Die beiden FIA-

Funktionäre Charlie Whiting und Herbie Blash – beide Ex-Brabham-Mechaniker, die Bernie Ecclestone unverändert unter seinen Fittichen hat – rollen am Steuer des Safety-car heran. Der Kerpener erläutert sein Problem. Blash, ohnehin ein grundgütiger Mitmensch, zeigt Verständnis: »Eigentlich darf niemand auf die Piste, weil sich gleich Bernd Mayländer mit dem Safety-car einschießen wird. Trotzdem darfst du fahren – aber gib Gas, in sechs Minuten musst du zurück sein.«
Hinten im Fahrerlager, das tatsächlich imposante Ausmaße hat, ist inzwischen auch Heinz-Harald Frentzen eingetrudelt. Ausnahmsweise ist ihm nicht zum Scherzen zumute. Der Monza-Schock war eine böse Erfahrung. »Das waren schlimme Tage«, sagt der Mönchengladbacher mit nachdenklicher Miene, »mit dem Unfall habe ich mich sehr schwer getan. Dabei geht es nicht um die Schuldfrage – es war ein Unglück. Eines ist klar – wir dürfen nicht damit aufhören, weiter für Sicherheit zu kämpfen.« Dass ihn Rubens Barrichello nach dem Crash mit schwersten Vorwürfen überhäuft hat, nimmt er dem Brasilianer nicht übel: »Das war eine impulsive Reaktion von Rubens.«
Freitags bemühen sich Bernie Ecclestone und Max Mosley persönlich darum, den am Vortag von den Top-Piloten angerichteten Schaden zu begrenzen. Beide gehen den Gastgebern artig um den Bart und verteilen exakt jene Komplimente, die vor 24 Stunden so schmerzlich vermisst wurden. Der nächste diplomatische Fauxpas wird allerdings nicht lange auf sich warten lassen…
Schlag elf Uhr ist es endlich soweit: Angeführt von Jordan-Pilot Frentzen rollen die Boliden hinaus auf ihre erste Indy-Runde. Circa 50.000 Fans haben sich versammelt, und die wissen, den feierlichen Augenblick zu würdigen: Die Zuschauer erheben sich von ihren Plätzen und applaudieren. Und weil jeder Erfahrung sammeln muss, Bridgestone hat zwei zusätzliche Reifensätze pro Pilot spendiert, herrscht sofort reger Verkehr.
Jetzt muss die Praxis zeigen, ob in der Vorbereitungsphase korrekt gearbeitet wurde. Alle Teams haben in den heimischen Werken die Herausforderungen der Piste von Indy simuliert. Aufgrund dieser theoretischen Grundlage wird zunächst mit wenig Abtrieb gefahren – die Flügel sind flach gestellt. Bis zum Sonntag ist dann ein interessanter Trend zu beobachten: Letztlich werden die Autos in der aerodynamischen Barcelona-Konfiguration, das bedeutet steilere Flügel als in Spa beobachtet wurden, abgestimmt. Auch die Motoren-Ingenieure haben sich sorgfältig vorbereitet. Frage an das Mercedes-Genie Mario Illien: Stimmt es, dass die Vollgaspassage im Start-und-Ziel-Bereich 24 Sekunden dauert? »Nie«, antwortet der Schweizer, »vielleicht bei Minardi…«
Die ersten 60 Minuten sehen Michael Schumacher und seinen südamerikanischen Teamkollegen auf den Plätzen eins und zwei. Im Verlauf der zweiten Stunde drehen die Silberpfeil-Piloten den Spieß um. David Coulthard, gefolgt vom Weltmeister, lässt sich als Tagessieger feiern. Die beiden Roten aus Maranello haben sich nicht steigern können.
Mit Spannung werden die ersten Aussagen der Piloten über den neuen Kurs erwartet. Allgemeiner Tenor: Die »Steilkurve« ist harmlos. Problematisch, da sind sich die 22 Akteure einig, könnte sie allerdings bei Regen sein. Dem Gros der Rennfahrer – allen voran Jacques Villeneuve – ist das Infield-Geschlängel nicht schnell genug. Die Kritik gilt speziell den Kurven »9« und »10«. Der BAR-Pilot: »Die müssen sich dort für nächstes Jahr etwas einfallen lassen.« Noch-Vizeweltmeister Eddie Irvine beschreibt die Rennstrecke zutreffend: »Mir erscheint der Speedway wie ein Mix aus Monza und Budapest.« Außen Indy, innen Mickey Mouse lautet der Nenner, auf den es die Beobachter bringen.
In der Nacht auf Samstag »kippt« das Wetter. Morgens um fünf Uhr ist über Indianapolis lautes Donnergrollen zu hören. Aber es gibt an diesem Tag Schlimmeres als ein paar Regentropfen im Laufe des Vormittags: Auf einem Parkplatz in der Nähe des Speedway sterben während der Nacht drei kanadische Fans in einem gemieteten Motorhome an einer Kohlenmonoxydvergiftung. Und einige Stunden später erwischt es auf tragische Art einen der Yellow Shirts, der von einem angetrunkenen Autofahrer überfahren wird. Der 58jährige Ordner wird schwerverletzt in ein Hospital eingeliefert.
Während sich diese Horrormeldungen langsam herumsprechen, schießen sich die 22 F1-Piloten, auf anfangs feuchter Piste, für das Qualifying und den Grand Prix am Sonntag ein. Dabei ist Ferrari auffallend fleißig: »Schumi« und Barrichello spulen gemeinsam 66 Runden ab und landen – wie am Freitagvormittag – auf den Plätzen eins und zwei. Damit gilt Michael Schumacher als Favorit für den Kampf um den besten Startplatz.
Als das Qualifying beginnt, ist der Asphalt trocken. Aber die Wetterlage ist keineswegs stabil. Jeden Augenblick, so scheint es, können die Niederschläge wieder einsetzen. So ist es keine Überraschung, dass auf dem Speedway sofort reger Verkehr herrscht: 19 Piloten gehen im ersten Ansturm auf die Piste. Nur Michael Schumacher, Pedro Diniz und Heinz-Harald Frentzen bleiben gelassen und

stürzen sich nicht in das Getümmel. Was die Fans auf den Rängen geboten bekommen – inzwischen sind es wohl 80.000 –, kann sich als echte Werbung für den Grand Prix-Sport sehen lassen. »Schumi« fährt im Verlauf der 36. Minute Tagesbestzeit. Die Runde ist deshalb spektakulär, weil sie auf Teamwork beruht. Barrichello und sein Teamkollege umrunden den Kurs im »Formationsflug«. Der Brasilianer fungiert gemäß Absprache als Schrittmacher und sorgt auf der Geraden für einen Windschatten, der Schumacher wertvolle Zehntelsekunden bringt. Natürlich stellt sich Schumacher anschließend ebenfalls als »Schlepper« zur Verfügung. Bis in die Schlussphase herrscht elektrisierende Spannung, denn in der 57. Minute kopiert McLaren den »Tandem-Trick« – Häkkinen zieht DC. Der Schotte kann sich tatsächlich steigern und verdrängt Barrichello aus der ersten Startreihe. Aber Schumachers Zeit verfehlt er um 0,126 Sekunden.

Schumachers Startplatz liegt nur wenige Meter vor dem Ziegelstreifen, der als Ziellinie dient und parallel daran erinnern soll, dass die Rennstrecke – der »Brickyard« – ursprünglich mit 3250000 Klinkern gepflastert war. Der Streifen, neun Steine breit, bereitet Ferrari-Sportchef Jean Todt Kopfzerbrechen. Sein Schützling überquert die Klinker-Klippe unmittelbar nach dem Start – möglicherweise drehen die Antriebsräder des Ferrari zu stark durch. Todt interveniert bei der Rennleitung und fragt nach, ob man diese Steine des Anstoßes nicht eventuell mit Asphalt bedecken könne.

Todt hätte die Gastgeber nicht mehr beleidigt, wenn er mitten auf die heiligen Ziegel... Die Amerikaner sind empört. »Und im nächsten Jahr«, kündigt ein einheimischer Journalist an, »werden sie die Hall of Fame einreißen, weil sie an dieser Stelle eine vielversprechende TV-Kamera-Position wittern.« Natürlich werden die Klinker nicht asphaltiert, und Todt kann trotzdem gut schlafen: Alle Startplätze werden um 17 Meter zurück verlegt. Damit hat auch der Pole-Setter genügend Anlauf, um die Gefahrenstelle mühelos passieren zu können. Am Renntag herrscht trotz Regenwetters Volksfest-Stimmung. Seit den frühen Morgenstunden weisen die lokalen Rundfunkstationen darauf hin, dass die Formel 1-Piloten auch bei diesem Wetter fahren werden. Rennautos auf nasser Bahn, so wie am Samstagmorgen, das hat es in Indianapolis noch nie gegeben. Und über die Radiolautsprecher kommen weitere nützliche Hinweise. »Wenn Sie ins Fahrerlager wollen«, warnt der Sprecher, »um sich Autogramme von den Piloten zu holen – vergessen Sie es. Versuchen Sie es erst gar nicht! In der Formel 1 betritt kein normal Sterblicher den Bereich hinter den Boxen.«

Abgesehen von Johnny Herbert lassen beim Start alle Fahrer Regenreifen aufziehen. Der Regen hat zwar seit langem aufgehört, aber noch ist die Bahn partiell nass. Die letzten Zeremonien vor der PS-Show verlaufen ganz nach dem Geschmack alter Indy-Kenner: Luftballons, Kapellen, die amerikanische Nationalhymne – natürlich live gesungen – und das Gebet einer Geistlichen. Die Dramaturgie ist gekonnt.

Weniger gekonnt ist der Start, den kurz darauf DC produziert. Der McLaren-Fahrer schießt davon, während sei-

Mit einem beherzten Manöver greift Michael Schumacher seinen Rivalen Coulthard auf der Außenbahn an und übernimmt die Führung

ne Kollegen in Gedanken noch beim Frühstück sind. Ein Fehlstart wie aus dem Lehrbuch. Das Feld fliegt die lange Gerade hinunter und bremst nach gut 300 Metern den Rechtsknick an, der ins Infield führt. Coulthard vor »Schumi«, Häkkinen, Barrichello, Trulli, Button, Publikumsliebling Villeneuve, »Schumi II« und Frentzen lautet die Reihenfolge.

Im Verlauf der zweiten Runde kollidieren Trulli und Button, was beide Piloten zu Reparaturstopps an die Boxen zwingt. Entsprechend wird aufgerückt, wobei das deutsche Verfolger-Paar die Plätze getauscht hat.

Als die Spitze aus dem dritten Umlauf zurückkehrt, beträgt Coulthards Vorsprung bereits knappe 1,8 Sekunden. Häkkinen hat als Dritter schon mehr als 3,6 Sekunden auf den Schotten verloren. Dann ändert sich das Bild schlagartig. Coulthard drosselt seine Rundenzeiten von ursprünglich 1.23,3 Minuten bis zur sechsten Runde auf 1.27,2... Nur im Infield, wo Michael Schumacher keine Überholmöglichkeit hat, bummelt der Brite. Die Situation ist eindeutig: Der Spitzenreiter ist bereits darüber informiert, dass er sich durch den Frühstart eine Zehn-Sekunden-Strafe eingehandelt hat. Damit hat er keine Chancen mehr auf einen der vorderen Plätze und stellt sich in den Dienst seines Teamkollegen, der sofort Anschluss an Schumacher findet.

Später wird DC sagen: »Es wäre ein Leichtes gewesen, Shuey abzuschießen.« Tatsächlich tut er alles, um einen Crash zu provozieren, aber Schumacher behält die Nerven. Zu Beginn der siebten Runde macht er dem Spuk ein Ende, indem er Coulthard am Ende der Zielgeraden spektakulär niederringt. Schumacher: »Davids Verhalten im Infield geht okay. Aber wie er sich gegen mein Überholmanöver wehrte, war unfair – unsere Autos berührten sich.«

Nach acht Runden muss DC an den Boxen die Strafe abbrummen, und Fisichella verliert – aus dem gleichen Grund – ebenfalls kostbarste Sekunden.

Zu diesem Zeitpunkt ist bereits fast das komplette Feld auf Trockenreifen unterwegs. Als aufrechte Freunde profilierter Pneus erweisen sich lediglich Michael Schumacher, Frentzen, Diniz und Mazzacane – in dieser Reihenfolge belegt das Quartett die ersten Plätze. Als letzter Pilot lässt »Schumi« nach 16 Runden die Reifen wechseln. Nach seinem Stopp führt er mit 10,9 Sekunden Vorsprung vor Häkkinen, und es zeigt sich schnell, dass dieses Rennen noch lange nicht entschieden ist. Häkkinen macht Druck auf den Spitzenreiter.

Nach 25 Runden trennen die beiden Erstplatzierten nur noch 4,1 Sekunden. Der Führungswechsel scheint nur noch eine Frage der Zeit zu sein. Dann erstarrt das Gesicht von McLaren-Boss Ron Dennis zu Stein. Auf dem Monitor an der Boxenmauer sieht er, dass Häkkinens Silberpfeil Tempo verliert – Flammen schlagen aus dem Heck. Nach zwölf defektfreien Grand Prix kollabiert der V10 im Rücken des Finnen. »Es passierte«, erläutert der Titelverteidiger an den Boxen, »ohne die geringste Vorwarnung.«

Damit ist die Entscheidung an der Spitze gefallen. Michael Schumacher führt vor seinem Bruder und Frentzen. Ein deutscher Dreifachsieg liegt in der Luft. Aber die germanische Gala wird auf unbestimmte Zeit verschoben. Immer wieder muss der FW22 von »Schumi II« an die Boxen, um das Ventil-Druckluftsystem »aufpusten« zu lassen, dann streikt der Motor völlig. Und Frentzen wehrt sich vergeblich gegen Barrichello, der nach 50 Runden Platz zwei übernimmt, als HHF zum Service an die Boxen fährt. Doch auch Rang drei hat der Mönchengladbacher noch nicht unter Dach und Fach. Villeneuve jagt den gelben Postler und attackiert ihn zu Beginn des 65. Umlaufs. Aber das Manöver ist zu ungestüm. Der Kanadier rodelt ins Aus. Kurzfristig darf Frentzen durchatmen, dann ist Villeneuve schon wieder auf Tuchfühlung. Doch der Jordan-Pilot bleibt cool und rettet sich vor Villeneuve über die Linie. Rückblickend verschenkte der BAR-Pilot den möglichen Podestplatz, weil er mit zuviel Flügel fuhr. Die Fans sind happy – der »Grawn Pree« hat ihnen gefallen. Und Sieger Schumacher teilt diese Meinung. Acht Punkte Vorsprung vor Häkkinen sind ein angenehmes Polster. Aus eigener Kraft kann der finnische Pechvogel seinen Titel jetzt nicht mehr verteidigen.

Geschafft. Der Ferrari-Doppelsieg nimmt der roten Scuderia den angestauten Druck und ist für die Piloten ein Grund zu ausgelassener Freude

GROSSER PREIS DER USA (Indianapolis Motor Speedway)

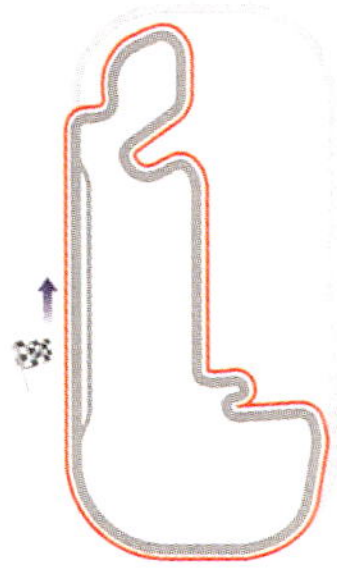

STRECKE

Ort und Datum	Indianapolis, 24. September
Wetter	kühl, windig, bewölkt, anfangs feucht
Streckenlänge	4,192 km
Runden	73
Renndistanz	306,016 km
Bestehender Rundenrekord	Strecke erstmals Schauplatz eines Rennens
(Letzter Grand Prix der USA 1991 in Phoenix)	Ayrton Senna, McLaren-Honda MP4/6 2:00.47,828 = 149,697 km/h

ERGEBNISSE UND AUSFÄLLE:

1. Michael Schumacher	Ferrari F1-2000	1:36.30,883 = 190,229 km/h
2. Rubens Barrichello	Ferrari F1-2000	12,118 Sekunden zurück
3. Heinz-Harald Frentzen	Jordan-Mugen EJ10B	17,368 Sekunden zurück
4. Jacques Villeneuve	BAR-Honda 002	17,935 Sekunden zurück
5. David Coulthard	McLaren-Mercedes MP4/15	28,813 Sekunden zurück
6. Ricardo Zonta	BAR-Honda 002	51,694 Sekunden zurück
7. Eddie Irvine	Jaguar-Cosworth R1	1.11,115 Minuten zurück
8. Pedro Diniz	Sauber-Petronas C19	1 Runde zurück
9. Nick Heidfeld	Prost-Peugeot AP03	1 Runde zurück
10. Alexander Wurz	Benetton-Playlife B200	1 Runde zurück
11. Johnny Herbert	Jaguar-Cosworth R1	1 Runde zurück
12. Marc Gené	Minardi-Fondmetal M02	1 Runde zurück

Jean Alesi	Prost-Peugeot AP03	65. Runde, Motor
Gastón Mazzacane	Minardi-Fondmetal M02	60. Runde, Motor
Ralf Schumacher	Williams-BMW FW22	59. Runde, Motor
Pedro de la Rosa	Arrows-Supertec A21	46. Runde, Getriebe
Giancarlo Fisichella	Benetton-Playlife B200	45. Runde, Motor
Jos Verstappen	Arrows-Supertec A21	35. Runde, Unfall
Mika Häkkinen	McLaren-Mercedes MP4/15	26. Runde, Motor
Mika Salo	Sauber-Petronas C19	19. Runde, Dreher
Jenson Button	Williams-BMW FW22	15. Runde, Elektrik
Jarno Trulli	Jordan-Mugen EJ10B	13. Runde, Aufhängung hinten

SCHNELLSTE RUNDE: (40. Runde) – David Coulthard, McLaren-Mercedes MP4/15
1.14,711 = 201,994 km/h
Rundenrekord

STARTAUFSTELLUNG:

3 Michael Schumacher
Ferrari F1-2000 205
1.14,266

2 David Coulthard
McLaren-Mercedes MP4/15-5
1.14,392

1 Mika Häkkinen
McLaren-Mercedes MP4/15-4
1.14,428

4 Rubens Barrichello
Ferrari F1-2000 203
1.14,600

6 Jarno Trulli
Jordan-Mugen EJ10B/005
1.15,006

10 Jenson Button
Williams-BMW FW22-4
1.15,017

5 Heinz-Harald Frentzen
Jordan-Mugen EJ10B/006
1.15,067

22 Jacques Villeneuve
BAR-Honda 002/04
1.15,317

16 Pedro Diniz
Sauber-Petronas C19-07
1.15,418

9 Ralf Schumacher
Williams-BMW FW22-6
1.15,484

12 Alexander Wurz
Benetton Playlife B200/03
1.15,762

23 Ricardo Zonta
BAR-Honda 002/01
1.15,784

19 Jos Verstappen
Arrows-Supertec A21-04
1.15,808

17 Mika Salo
Sauber-Petronas C19-05
1.15,881

11 Giancarlo Fisichella
Benetton-Playlife B200/05
1.15,967

15 Nick Heidfeld
Prost-Peugeot AP03-02
1.16,060

7 Eddie Irvine
Jaguar-Cosworth R1-05
1.16,098

18 Pedro de la Rosa
Arrows-Supertec A21-02
1.16,143

8 Johnny Herbert
Jaguar-Cosworth R1-06
1.16,225

14 Jean Alesi
Prost-Peugeot AP03-03
1.16,471

21 Gastón Mazzacane
Minardi-Fondmetal M02-04
1.16,809

20 Marc Gené
Minardi-Fondmetal M02-03
1.17,161

Red Bull
16

Alla Scuderia

Ist Suzuka eine McLaren-Piste? – Wir sind hier nicht in Le Mans – Treffen im Kiesbeet – Die Erde bebt – Verschlingt Buddha die Silberpfeile? – Diniz löst »Ölpest« aus – 55 Zentimeter entscheiden im Qualifying – Für alle Fälle Gutjahr - Vorsprung durch Taktik – Drei Deutsche out – Champagner nach 21jähriger Durststrecke – We are the champions – Weißbrot als »Gegengift«

Dank des Sieges in Indianapolis hat Michael Schumacher erstmals seit 1998 einen »Matchball« im Kampf um den WM-Titel. Gewinnt er, das ist die unmissverständliche Aussage der Taschenrechner, in Suzuka zwei Punkte mehr als Mika Häkkinen, dann hat er den Titel in der Tasche. Trotz erfolgreicher Testfahrten in Maranello beurteilt die deutsche Presse die Chancen des Rheinländers skeptisch. Die japanische Grand Prix-Strecke wird von ihr als »McLaren-Piste« gehandelt, auf der sich der Ferrari-Pilot keine großen Hoffnungen machen dürfe. Die Aussage beruht vermutlich auf den zwei Siegen, die Häkkinen hier in den bei den Vorjahren feiern durfte. Dabei wird übersehen, dass Michael Schumacher jeweils die Pole-Position erobern konnte.

Theoretisch muss der Deutsche nicht auf Angriff fahren. Zwei zweite Plätze – in Suzuka und beim Finale in Sepang – reichen ihm selbst dann zum Titelgewinn aus, wenn Häkkinen beide Grand Prix gewinnen sollte. Aber der Ferrari-Star will von einer Sicherheitsstrategie nichts wissen: »Wenn es möglich ist, mache ich den Sack hier zu.« Denkt Jean Todt anders? Nein, auf die Frage, ob sein Schützling möglicherweise mit einer defensiven Taktik ins Rennen geschickt wird, antwortet der Franzose geradezu empört: »Defensiv? In der Formel 1 ist das völlig ausgeschlossen – wir sind hier schließlich nicht in Le Mans.«

Fest steht: Mika Häkkinen wird kämpfen, so lange die Tür zu einer erfolgreichen Titelverteidigung auch nur einen Spalt breit offensteht. Im Gespräch mit Schumacher kündigt er an: »Ich werde jede Kurve drei Meter später anbremsen als normalerweise.« Der Kerpener kontert: »Dann verlege ich den Bremspunkt um fünf Meter.« Auch Häkkinen ist nicht auf den Mund gefallen: »Dann landest du im Kies.« Der Deutsche will das letzte Wort behalten: »Okay, dann treffen wir uns dort.«

Der freundschaftliche verbale Schlagabtausch macht die Psychostrategie der beiden Titelanwärter deutlich: Locker bleiben – keine Nervosität verraten. Und in diesem Spiel hat der Finne den leichteren Part erwischt. Wer will ihm ernsthafte Vorwürfe machen, wenn er nicht dreimal hintereinander

Auch am Ende des Feldes wird Gas gegeben. Zonta, Diniz, Fisichella, Gené und Schlusslicht Mazzacane im Verlauf der dritten Runde

Honda feiert auf heimischem Boden den 200. «GP-Geburtstag» nach – Ex-Champion John Surtees am Steuer eines Nippon-Oldie

Die Spannung knistert. Michael und Corinna scheinen auch nur ein Thema zu kennen – den möglichen dritten WM-Titel des Ernährers der Familie Sch.

Champion wird? Für den Ferrari-Piloten steht weitaus mehr auf dem Spiel... Im Lager der Silberpfeile scheint sich Mercedes-Sportchef Norbert Haug allerdings bereits mit einer Niederlage abgefunden zu haben. Der Stuttgarter verkündet zwar pflichtbewusst Durchhalteparolen, aber er trifft auch Vorkehrungen, um eine Niederlage diplomatisch abzufedern: »Nach den Erfolgen der letzten Jahre könnten wir auch mit dem Vizetitel leben. Aus meiner Sicht wäre das wirklich keine Schande. Und falls es wirklich so kommt, dann beginnen wir am nächsten Montag mit den Vorbereitungen zur Rückeroberung des Titels.«

Freitags beginnt sich die aufgestaute Spannung stufenweise zu entladen. Im ersten freien Training müssen die ersten Karten auf den Tisch gelegt werden. In diesem Stadium der Saison kann es sich niemand erlauben zu »bluffen«. Als nach zwei Stunden die Bilanz des ersten Trainingstages gemacht wird, rangiert »Schumi« mit 0,6 Sekunden Vorsprung vor seinem finnischen Rivalen. Der sieht sich jedoch trotz des Rückstandes auf dem richtigen Weg: »Alles läuft nach Plan. Kleinere Probleme habe ich lediglich in der Schikane. Noch suche ich nach der besten Linie durch diese Ecken. Auch beschleunigt mein Auto ausgangs dieser Passage noch nicht optimal.«

Hauptgesprächsthema ist überraschend jedoch keineswegs das Geschehen auf der Piste, sondern ein Naturereignis. Um 13.32 Ortszeit, während der zweiten 60 Minuten des freien Trainings, erschüttern die Ausläufer eines schweren Erdbebens die Region. Circa 15 Sekunden lang zittern und schwanken die Gebäude bei Start-und-Ziel. Unten im Fahrerlager verschieben sich einige Betonplatten des Bodenbelages. Während die japanischen Pressevertreter lächeln und beruhigende Signale geben, flüchten einige Journalisten aus dem Pressezentrum ins Freie. Die Piloten auf der Piste spüren nichts von dem Beben, das in der Gemeinde Yonago für schwere Sachschäden sorgt.

Willi Weber, seit fünf Jahren bekennender Buddhist, stellt sofort eine Verbindung zwischen Natur und Technik her: »Buddha öffnet die Erde und verschlingt die Silberpfeile.« Auch Pedro de la Rosa, Achter des Trainings, bleibt nicht streng sachlich: »Ich habe nichts gespürt – aber offenbar mein Rennwagen, denn sonst wäre ich schneller gewesen.« Bei Williams-BMW ist man hingegen sehr stolz auf den »erdbebensicheren« FW22. BMW-Sportdirektor Dr. Mario Theissen erklärt: »In Indy fiel Jenson Button aus, weil sich beim Überfahren der berühmten Ziegel ein Schalter selbständig gemacht hatte und den Motor abstellte. Wir haben das Problem inzwischen durch eine neue Software gelöst, und die hat sich während des Erdbebens bewährt...«

Samstags wird im freien Training deutlich, dass Mika Häkkinen mit seinen optimistischen Ankündigungen vom Vortag den Mund keineswegs zu voll genommen hat. Diesmal hat er die Nase vorn, kann Michael Schumacher jedoch nicht mehr als 0,139 Sekunden abnehmen. Ein Qualifying-Krimi zeichnet sich ab.

Für Pedro Diniz wird die morgendliche Sitzung zum Desaster. Dass der Petronas-V10 im Rücken des Südamerikaners hochgeht, ist prinzipiell noch zu verkraften, obwohl er sich jetzt nicht mehr für das Qualifying »einschießen« kann. Es kommt schlimmer. Trotz des Defektes ist der C19 noch fahrbar. Mit dezent brennendem Heck rollt der Sauber zurück an die Boxen – auf dem Asphalt bleibt eine Ölspur zurück. Die Stewards reagieren auf diesen »Sabotage-Akt« ausgesprochen streng. Im voraus werden Diniz die beiden schnellsten Qualifying-Runden gestrichen!

Die einstündige Zeitenjagd beginnt mit der traditionellen Passivität. Abwarten heißt die Devise. Es droht kein Regen, und deshalb gibt es keinen Grund zur Eile. Jede Runde eines Konkurrenten macht die Ideallinie schneller, weil zusätzliches Gummi auf den Asphalt geraspelt wird.

Fast eine halbe Stunde ist vergangen – Suzuka-Spezialist Eddie Irvine hat inzwischen durch beachtliche 1.37,393 auf seine Existenz aufmerksam gemacht –, als Michael Schumacher im Duell der Giganten vorlegt: 1.36,094! Nur 60 Sekunden später fliegt Häkkinens Silberpfeil über die Linie. Der Finne verpasst die Zeit des Rivalen um 0,074 Sekunden.

In der 41. Minute macht es der Titelverteidiger besser. Mit 0,077 Sekunden Vorsprung rückt er auf Platz eins. Schumacher nimmt sich mit seinem Konter Zeit, dann aber steigert er sich auf 1.35,908 Minuten und liegt damit um »satte« 0,109 Sekunden in Front. Weitere Verbesserungen scheinen kaum noch möglich. Doch Häkkinen hat sein Pulver noch nicht verschossen. Er schraubt den Bestwert auf 1.35,834, was einem Vorsprung von 0,074 Sekunden entspricht. »Schumi«, angeschnallt im Cockpit, sieht den Wert auf dem Monitor, schluckt und lächelt leicht verlegen. Jetzt liegt die Latte endgültig so hoch, dass die Grenzen des Möglichen scheinbar erreicht sind. Langsam rollt der Ferrari mit Startnummer drei durch die Boxengasse. Im Verlauf der Anlaufrunde steigt die Spannung spürbar an. Die Fans auf den Rängen halten den Atem an. Dann läuft die Stoppuhr. Nach einem Drittel fehlen dem Rheinländer 0,039 Sekunden auf Häkkinens Zeit. Nach zwei Dritteln liegt er 0,012 Sekunden vorn. Diesen Vorsprung kann Schumacher zwar nicht bis zur Linie retten, aber neun Tausendstel reichen aus, um Rang eins zurückzuerobern. 0,009 Sekunden – das entspricht umgerechnet weniger als 55 Zentimetern... Ein letzter Versuch Häkkinens in der Schlussminute scheitert. Die Pole-Schlacht, die der großen Bedeutung des Wochenendes gerecht wurde, ist geschlagen.

Am Morgen des Renntages sprechen die einheimischen Meteorologen von 70 Prozent Regenwahrscheinlichkeit. Tatsächlich gehen bereits morgens einige Tropfen nieder – aber es fällt nicht schwer, diese einzeln mitzuzählen. Auch 40 Minuten vor dem Start tröpfelt es ohne sichtbare Konsequenzen auf dem Asphalt.

Die letzten Diskussionen vor der möglichen Entscheidung im Titelkampf drehen sich um die Frage des Fairplay. Welche Rollen werden Barrichello und Coulthard übernehmen? Auch die »Backmarker«, die Nachzügler, könnten das Zünglein an der Waage spielen. Damit es mit rechten Dingen zugeht, hat die FIA den schweizer »Oberschiedsrichter« Paul Gutjahr einfliegen lassen, und der hat bereits angekündigt, dass er jedes Foul ahnden wird: »Jeder, der behindert, wird umgehend durch Zeigen der schwarzweißen Diagonal-Flagge verwarnt. Reagiert der Sünder nicht, dann nehmen wir ihn aus dem Rennen.«

Trotz dieser eindeutigen Erklärung brennt die Luft. McLaren-Mercedes ist keineswegs begeistert, dass ein Italiener in den Kreis der drei Stewards nominiert wurde. Die Objektivität von Roberto Causo wird hinter vorgehaltener Hand bezweifelt. Und im Gedränge des extrem kleinen Fahrerlagers macht ein heißes Gerücht die Runde: Falls Michael Schumacher siegt, so hat ein Mitglied der Silberpfeil-Crew angekündigt, werde man Protest einlegen. Man sei im Besitz der Beweise für eine illegale Traktionskontrolle an Bord der Ferrari...

Als das Rennen gestartet wird, spricht allerdings nichts für diesen Verdacht. Pole-Setter Schumacher kommt keineswegs optimal von der Linie. Auch

Sagen Sie einmal, Herr Sauber, sind Ihre Rennwagen besser als die Prost-Peugeot?

durch einen Spurwechsel kann der Kerpener nicht verhindern, dass Häkkinen die Führung übernimmt. Dahinter einigen sich die schnellsten der Verfolger auf die Formation Coulthard vor Ralf Schumacher (!), Irvine, Barrichello, Button, Herbert und Villeneuve Wird der Titelverteidiger dem Ferrari-Star jetzt davonziehen können, wie im August auf dem Hungaroring? Die Frage wird schnell beantwortet. Der Abstand zwischen den beiden Favoriten wächst tatsächlich, aber es sind nur Sekundenbruchteile, die der Finne seinem Jäger pro Runde abnehmen kann. Nach zehn Umläufen beträgt Häkkinens Vorsprung 1,8 Sekunden. Damit ist klar: Das Duell wird sich während der Boxenstopps entscheiden. Und noch etwas ist bereits deutlich erkennbar: Die beiden Spitzenreiter fahren auf einem Level, der außerhalb der Reichweite aller anderen Piloten liegt – dem drittplatzierten Coulthard fehlen bereits 8,9 Sekunden auf den eigenen Teamkollegen. Runde zehn bringt auch den ersten Ausfall des Rennens. Jos Verstappen, in der Top-Ten unterwegs, muss seinen schnellen Arrows mit einem Defekt an der Getriebe-Elektronik abstellen. Die nächsten Pannen folgen mit der Zuverlässigkeit eines Uhrwerks in den Runden 20 und 30.

Nach 22 Umläufen biegt Häkkinen in die Boxengasse ab, während Michael Schumacher die Führung übernimmt. In diesen Sekunden fällt eine Vorentscheidung zugunsten des Deutschen. Unter den Blicken der Ferrari-Crew wird Häkkinen innerhalb von 6,8 Sekunden abgefertigt. Ross Brawn, Chefdenker der Roten, kann damit die Dauer des zweiten »Stints« von Häkkinen beurteilen und plant für den eigenen Schützling zusätzliche Runden auf dem zweiten Reifensatz ein. Wenn der Gegner seinen zweiten Stopp einlegt, ist er verwundbar – dann soll »Shuey« das Rennen für sich entscheiden. Entsprechend wird er nach 23 Runden in 7,4 Sekunden betankt und frisch bereift.

Wenig später, Runde 28 läuft, beginnt es zu nieseln. Mal stärker, dann wieder schwächer werden die feinen Tröpfchen bis zum Ende des Rennens fallen. Der Asphalt wird unberechenbar schmierig – was Schumacher mehr als seinem Rivalen entgegenkommt. Doch die Montage von Regenreifen wird zu keinem Zeitpunkt gerechtfertigt sein. Fast zeitgleich mit dem Wetterwechsel kommt das Aus für Frentzen. Wegen eines Hydraulikschadens lässt sich das Getriebe nicht mehr schalten. Auch »Schumi II« hat keinen glücklichen Tag erwischt. Längst ist er nicht mehr auf Podiums-Kurs. Aufgrund der ersten Stopps fiel der Williams-Pilot hinter Barrichello auf Platz fünf

1:0 für Häkkinen. Der rote Pole-Setter kann auf den ersten Metern nach dem Start nicht mithalten

Bereits in der Startkurve zeichnet sich ab, dass Häkkinen und Schumacher den Sieg unter sich ausmachen werden

zurück. Diesen Rang verlor er in Runde 30 wegen eines Ausrutschers an seinen Teamkollegen Jenson Button. Es wird noch schlimmer kommen.

Bevor Häkkinen nach 37 Runden seinen zweiten Stopp einlegt, betrug sein maximaler Vorsprung auf Michael Schumacher 2,9 Sekunden. Aber beim Überrunden von Trulli und de la Rosa hatte der Skandinavier weniger Glück als sein Verfolger. Deshalb trennen jetzt lediglich 0,8 Sekunden die beiden Favoriten. Das Rennen tritt in seine entscheidende Phase ein.

17 Grand Prix – die Saison 2000 ist lang. Und jetzt erleben die Fans kurze fünf Minuten, in denen sich die WM entscheidet: Drei Runden, in deren Verlauf sich Michael Schumacher im Duell mit dem nun »unsichtbaren« Gegner durchsetzen muss. 6,9 Sekunden lang steht der McLaren an den Boxen still. Doch der Deutsche steckt im Verkehr und kann nicht die eingeplanten »Killer-Runden« drehen. Nach 40 Umläufen kommt auch er zum Service. Nach glatten sechs Sekunden wird der Lollipop hochgerissen. Zusätzliche sechs Zehntelsekunden macht der Kerpener gut, weil er beherzter bis zum Beginn des Speed-Limit-Punktes fährt. Die Rechnung geht auf – Schumacher kommt zurück auf die Piste, bevor Häkkinen heranfliegt.

Wenig später haben die beiden anderen, im Rennen verbliebenen, deutschen Piloten Pech: Nick Heidfeld muss seinen Prost wegen mysteriöser Handling-Probleme an den Boxen abstellen, und Ralf Schumacher dreht sich beim Überrunden des Spaniers Marc Gené, weil der vergisst, in den Rückspiegel zu schauen... Vorn aber kontrolliert »Schumi« das Geschehen. Die schwarzweiß-karierte Flagge wird geschwenkt. Nach vier Jahren harter Arbeit hat Michael Schumacher »seinen« WM-Titel, den er Ende 1996 nach eigener Aussage an Damon Hill »ausgeliehen« hatte, zurückerobert. Nach der Auslaufrunde parkt er seinen F1-2000 im Parc fermé, klettert zunächst allerdings nicht aus dem Cockpit. Erst als er seine verständlichen Emotionen wieder im Griff hat, folgen Umarmungen und Gratulationen. Auf dem Siegerpodest werden die beiden McLaren-Piloten und Jean Todt geduscht, dann stellt sich der neue Champion der Presse: »Ich fühle mich ähnlich, wie nach dem Sieg in Monza..., aber erwartet nicht, dass ich wieder weinen muss.« Tränen sind bereits im Cockpit beim Anblick der erlösenden Zielflagge geflossen.

Nein, trotz des intensiven Glücksgefühls sei ihm noch nicht in vollem Umfang bewusst, was geschehen ist. »Ich kann mich allerdings nicht erinnern«, sagt er, »dass ich mich im Verlauf meiner Karriere schon einmal derart gefreut habe wie jetzt.« Dann lässt er die entscheidenden Momente des Rennens noch einmal Revue passieren: »Mein Start war keineswegs weltmeisterlich. Ich wechselte die Linie, um meine Position gegen Mika zu verteidigen, aber der war schon neben mir – damit konnte ich die Führung vergessen.«

Anschließend hoffte er, »irgendwie durch die Boxenstopps nach vorn gespült« zu werden. Aber nach den ersten Stopps war die Reihenfolge unverändert. Schumacher: »Da war es für mich schwer vorstellbar, das Blatt noch einmal wenden zu können. Ich ging davon aus, dass es beim zweiten Halt auch nicht klappen würde. Entscheidend war dann, dass ich einen längeren zweiten Stint als Mika fahren konnte. Die Taktik war großartig. Doch wegen Verkehrs und des kreiselnden

Benetton konnte ich dieses Plus nach eigenem Gefühl gar nicht richtig nutzen. Deshalb erlebte ich wirklich schlimme Augenblicke, als ich nach dem Stopp mit 80 km/h durch die Boxengasse rollte. Wegen der Boxenmauer hatte ich ja keinerlei Übersicht. Aber ich hörte per Funk die Stimme von Ross – es sieht gut aus, sagte er und wiederholte das. Wieder: Es sieht gut aus, und dann plötzlich – es sieht verdammt gut aus.« Dann Hoffen und Bangen. Bloß keinen Fehler machen – hält das Auto? Der Champion: »Wegen des Regens war es wirklich nicht leicht. Auf dem neuen dunklen Asphalt konnte ich nicht erkennen, wo es wirklich nass ist. Und Mika machte mir das Leben auch schwer. Bis zur letzten Kurve machte er Druck.«

Jetzt ist der Druck verschwunden. Die Ausfälle des Jahres 1996. Die unnötige Niederlage gegen Jacques Villeneuve mit dem Reflexfoul 1997. Eine Saison später das Startdrama in Suzuka und der Reifenschaden im Verlauf der verzweifelten Aufholjagd. Die Operation im General Hospital von Northampton nach dem Crash in Silverstone. Das Sommertief vor wenigen Wochen. Von all dem ist er jetzt befreit.

Während seine Mechaniker ein Versprechen einlösen und sich von ihrem Haupthaar trennen, freut sich natürlich auch der harte Kern des Schumi-Clans. Willi Weber kann durchaus verschmerzen, dass er nicht komplett ausgerüstet ist... Weil er gegebenenfalls nicht wieder »wie ein Idiot« dastehen wollte, hat der Schumacher-Manager diesmal darauf verzichtet, vorab »Weltmeister-Kappen« produzieren zu lassen. Dieser Schuss war 1997 nach hinten losgegangen. Damals musste die komplette Kollektion eingestampft werden, weil Jacques Villeneuve anstelle von Schumacher triumphierte. Einige wenige Exemplare entkamen allerdings dem Reißwolf, und diese »Fehldrucke« werden als kostbare Raritäten in Ehren gehalten...

Erschöpft, als sei er die 53 entscheidenden Runden des Jahres gejoggt, sitzt Weber auf einem der Transport-Container hinter den Ferrari-Boxen. Nein, als Häkkinen den Start gewann, habe er nicht mehr damit gerechnet, dass sein Schützling das Land der aufgehenden Sonne als neuer Champion verlassen werde: »Okay, dachte ich, dann muss ich halt in Malaysia zittern.«

Jetzt aber wird gefeiert, anstatt zu zittern. Weil Michael Schumacher – »Da bin ich abergläubisch« – keine Vorbereitungen einer WM-Party zulassen wollte, muss jetzt improvisiert werden. Bevor im nahen Circuit Hotel Speis und Trank geordert werden, bittet Jean Todt im Kreis seiner Mitarbeiter um Ruhe. Mehrere Anläufe sind notwendig – dann genießt er endlich die gewünschte Aufmerksamkeit. Er hebt die Rechte mit einem gefüllten Glas und ruft: »Alla Scuderia!« Auf den Rennstall – unbeschreiblicher Jubel bricht aus. Man muss wohl wirklich 21 Jahre lang auf das Erreichen eines großen Ziels warten, um sich derart freuen zu können.

Nach dem Festmahl verlagert sich die Party des Champions in die Cabin Lodge, wo sich Michael Schumacher erlaubt, recht tief ins Glas zu schauen. Arm in Arm mit seinem Rivalen Mika Häkkinen – »Der netteste, fairste und stärkste Rivale, den ich je in der Formel 1 hatte« – singt er in der Karaoke-Bar den Deep Purple Song »Smoke on the Water«. Ross Brawn will nicht zurückstehen und schmettert »We are the Champions«. Bis in die frühen Morgenstunden hält »Schumi« durch. Dann wird er etwas einsilbig, fragt Corinna nach einem Stück Weißbrot und ward nicht mehr gesehen. Anders als bei seinem ersten Titelgewinn im Jahr 1994, als der Kerpener anlässlich seiner Siegesfeier in Adelaide lediglich den Beschwipsten mimte, hat er diesmal zugelangt. Als Leistungssportler hat er jetzt natürlich verständliche Probleme mit den Promille...

Jean Todt lässt das Team hochleben: «Alla Scuderia!«

GROSSER PREIS JAPAN (Suzukaland Circuit)

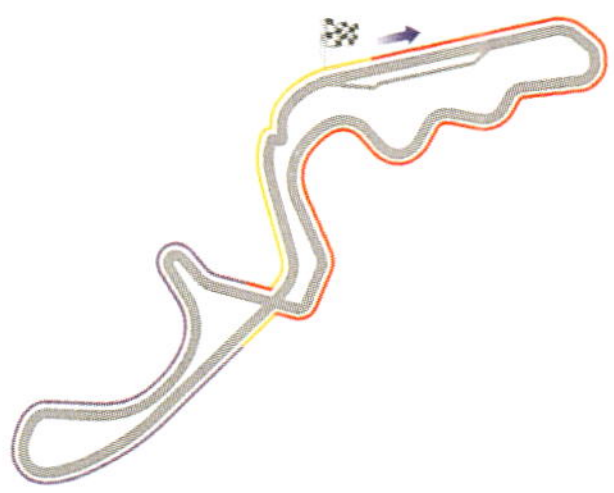

STRECKE

Ort und Datum	Suzuka, 8. Oktober
Wetter	warm, wechselnd bewölkt, Nieselregen ab Runde 28
Streckenlänge	5,864 km
Runden	53
Renndistanz	310,792 km
Bestehender Rundenrekord	1.38,942 = 213,361 km/h Heinz-Harald Frentzen, Williams-Renault FW19; GP 1997
GP-Sieger 1999	Mika Häkkinen, McLaren-Mercedes MP4/14 1:31.18,785 = 204,086 km/h

ERGEBNISSE UND AUSFÄLLE:

1. Michael Schumacher	Ferrari F1-2000	1:29.53,435 = 207,316 km/h
2. Mika Häkkinen	McLaren-Mercedes MP4/15	1,837 Sekunden zurück
3. David Coulthard	McLaren-Mercedes MP4/15	1.09,914 Minuten zurück
4. Rubens Barrichello	Ferrari F1-2000	1.19,190 Minuten zurück
5. Jenson Button	Williams-BMW FW22	1.25,694 Minuten zurück
6. Jacques Villeneuve	BAR-Honda 002	1 Runde zurück
7. Johnny Herbert	Jaguar-Cosworth R1	1 Runde zurück
8. Eddie Irvine	Jaguar-Cosworth R1	1 Runde zurück
9. Ricardo Zonta	BAR-Honda 002	1 Runde zurück
10. Mika Salo	Sauber-Petronas C19	1 Runde zurück
11. Pedro Diniz	Sauber-Petronas C19	1 Runde zurück
12. Pedro de la Rosa	Arrows-Supertec A21	1 Runde zurück
13. Jarno Trulli	Jordan-Mugen EJ10B	1 Runde zurück
14. Giancarlo Fisichella	Benetton-Playlife B200	1 Runde zurück
15. Gastón Mazzacane	Minardi-Fondmetal M02	2 Runden zurück

Marc Gené	Minardi-Fondmetal M02	47. Runde, Motor
Ralf Schumacher	Williams-BMW FW22	42. Runde, Dreher
Nick Heidfeld	Prost-Peugeot AP03	42. Runde, Handling
Alexander Wurz	Benetton-Playlife B200	38. Runde, Dreher
Heinz-Harald Frentzen	Jordan-Mugen EJ10B	30. Runde, Hydraulik
Jean Alesi	Prost-Peugeot AP03	20. Runde, Motor
Jos Verstappen	Arrows-Supertec A21	10. Runde, Elektronik

SCHNELLSTE RUNDE: (26. Runde) – Mika Häkkinen, McLaren-Mercedes MP4/15
1.39,189 = 212,830 km/h

STARTAUFSTELLUNG:

3 Michael Schumacher
Ferrari F1-2000 205
1.35,825

1 Mika Häkkinen
McLaren-Mercedes MP4/15-6
1.35,834

2 David Coulthard
McLaren-Mercedes MP4/15-7
1.36,236

4 Rubens Barrichello
Ferrari F1-2000 203
1.36,330

10 Jenson Button
Williams-BMW FW22-4
1.36,628

9 Ralf Schumacher
Williams-BMW FW22-6
1.36,788

7 Eddie Irvine
Jaguar-Cosworth R1-04
1.36,899

5 Heinz-Harald Frentzen
Jordan-Mugen EJ10B/006
1.37,243

22 Jacques Villeneuve
BAR-Honda 002/04
1.37,267

8 Johnny Herbert
Jaguar-Cosworth R1-06
1.37,329

12 Alexander Wurz
Benetton-Playlife B200/03
1.37,348

11 Giancarlo Fisichella
Benetton-Playlife B200/06
1.37,479

18 Pedro de la Rosa
Arrows-Supertec A21-02
1.37,652

19 Jos Verstappen
Arrows-Supertec A21-04
1.37,674

6 Jarno Trulli
Jordan-Mugen EJ10B/005
1.37,679

15 Nick Heidfeld
Prost-Peugeot AP03-02
1.38,141

14 Jean Alesi
Prost-Peugeot AP03-01
1.38,209

23 Ricardo Zonta
BAR-Honda 002/01
1.38,269

17 Mika Salo
Sauber-Petronas C19-06
1.38,490

16 Pedro Diniz
Sauber-Petronas C19-07
1.38,576

20 Marc Gené
Minardi-Fondmetal M02-03
1.39,972

21 Gastón Mazzacane
Minardi-Fondmetal M02-04
1.40,462

Schaulaufen des Meisters

Ralf Schumacher träumt nicht von Ferrari – Die Bitte des Jackie Stewart – Dennis geht auf dem Postweg nach Canossa – Bedeckter Himmel, trockene Luft – Startplatz fünf für Alex Wurz – Häkkinen beim Start zu schnell – Jean Alesi verliert Rückspiegel im Chaos – Der Champion setzt sich durch – Herbert mit Pantoffeln und Hund – Eine Explosion der Freude

Weil sich Michael Schumacher den Titel in Japan vorzeitig gesichert hat, kommt es zum Abschluss der Saison erstmals seit 1995 zu einem »Überhang-Grand Prix«. Aber aus mehreren Gründen erwartet niemand, dass es auf der Piste von Sepang einen »Spaziergang« geben wird. Zum einen hat McLaren-Mercedes im Kampf um die Konstrukteurs-Meisterschaft noch nicht aufgegeben. Zum anderen ist ein GP-Sieg für jeden der 22 Akteure derart verlockend, dass niemand den Gasfuß auch nur um einen Millimeter anheben wird.

Trotzdem: Die Malaysier hatten sich insgeheim auf den finalen Shoot-out um den Fahrertitel gefreut, und deshalb hält sich der Ansturm auf die Tickets jetzt in Grenzen. Bis hin nach Singapore werden im TV Werbespots geschaltet, um den schleppenden Absatz anzukurbeln. Auf »Kurzentschlossene« aus Japan und Europa wartet der Veranstalter natürlich vergeblich. Nicht zuletzt auch deshalb, weil Malaysia im Verlauf der letzten zwölf Monate für Besucher aus »Euro-Land« spürbar teurer geworden ist. Zahlten die Wechselstuben 1999 für 100 Mark noch 200 Ringgit, so sind es jetzt nur noch 160...

Als einer der ersten Piloten trifft Ralf Schumacher in Kuala Lumpur ein. Nach einigen Urlaubstagen hat ihn der Alltag wieder eingeholt: Autogramme schreiben und Fragen der einheimischen Presse beantworten. Dabei erweist sich »Schumi II« wieder einmal als ebenso fleißig wie originell. Als man von ihm wissen will, ob er eines Tages auch einmal – wie sein älterer Bruder – für Ferrari starten möchte, reagiert er mit Blick auf den aktuellen Arbeitgeber solidarisch: »Nein, ich zähle nicht zu denjenigen, die davon träumen, einen Vertrag in Maranello zu unterschreiben. Und außerdem ist der Ferrari ja ein italienisches Auto – die sind ja bekanntlich nicht besonders zuverlässig. Da bleibe ich lieber bei Williams-BMW.« Ab Freitag wird er weniger aufgekratzt sein, da ihn eine fiebrige Erkältung quälen wird.

Donnerstags hält der neue Champion im Hotel »The Pan Pacific« – unmittelbar am internationalen Flughafen

Malaysia boleh – Malaysia kann es. Stolz wird während der Auftakt-Zeremonie die Nationalflagge des Gastgeberlandes gezeigt

Abschiedsfeier für den unverwüstlichen Johnny Herbert. Ex-Chef Jackie Stewart schenkt dem Piloten eine Heckflügel-Endplatte des Stewart-Ford, an dessen Steuer der Engländer 1999 auf der GP-Piste des Nürburgrings siegte

Kurzweil vor dem Start – ein blitzschnell zusammengepuzzelter Monster-Bolide mit der Funktion eines Räucherstäbchens

KLA gelegen – gemeinsam mit Rubens Barrichello Hof. Geduldig bestätigt er zum wiederholten Mal, dass er sich sehr über den Gewinn des WM-Titels gefreut habe. Wird er seinem Teamkollegen im Rennen den Vortritt lassen, um ihm zum Sprung auf die oberste Stufe des Siegerpodests zu verhelfen? »Im Vordergrund«, stellt der Kerpener fest, »steht natürlich der Gewinn der Konstrukteurs-WM. Ob ein Geschenk für Rubens möglich ist, hängt ganz von der Konstellation während des Rennens ab. Aber ich habe den GP von Kanada nicht vergessen…«
Auch Barrichello wird mit diesem Thema konfrontiert. Verschmitzt lächelnd, antwortet der Brasilianer mit heiserer Stimme: »Wie soll mir Michael das Rennen schenken, wenn ich vor ihm liege?« Wie er denn, so lautet eine andere Frage im Verlauf der Pressekonferenz, mit den vielen Reisen und den damit verbundenen Klimawechseln klarkommt? »Das hören sie doch«, gibt Barrichello röchelnd zurück, »gar nicht. Ich bin furchtbar erkältet.«
Am ersten Trainingstag fährt Mika Häkkinen die schnellste Runde. Die malaysischen Zeitungen pushen den Grand Prix zur »WM-Revanche«. Der Finne ist jedenfalls bis in die Haarspitzen motiviert. Das Finale zu gewinnen, gilt als ganz besonderes Vergnügen, denn die Siegesfreude hält bekanntlich bis zur nächsten Niederlage an – und die gibt es, für wen auch immer, frühestens am 4. März 2001 in Melbourne.
Häkkinen vor »Schumi«, Coulthard und Barrichello. Wie erwartet, zeichnet sich ab, dass Ferrari locker jene drei WM-Punkte holen wird, die zur erfolgreichen Titelverteidigung des Konstrukteurs-Titels gebraucht werden. Ein japanischer Journalist möchte vor diesem Hintergrund von Coulthard wissen, wie McLaren seine Chance nutzen will. »Indem wir«, sagt der Schotte artig, »so viele Punkte holen wie möglich und gleichzeitig hoffen, dass Ferrari leer ausgeht.« Damit gibt sich der Fragesteller nicht zufrieden. Es muss doch einen Plan geben, um das in die Praxis umzusetzen… »DC« verneint: »Wir können nur alles geben und hoffen, dass es ausreicht.« Doch längst hat sich der Asiate festgebissen, er will konkrete Details hören. Coulthard resigniert: »Okay, wenn ich gewusst hätte, wie schwierig unsere Aufgabe ist, dann wären wir wohl besser zu Hause geblieben.«
Am späten Nachmittag findet die offizielle Abschiedsparty für Johnny Herbert statt. Zahlreiche Weggefährten und Kollegen marschieren auf und erinnern in kurzen »Festreden« an kleine Episoden aus der F1-Karriere des Jaguar-Piloten. Mika Häkkinen, der Anfang der 90er Jahre gemeinsam

mit Herbert bei Lotus unter Vertrag stand: »Das Team hatte nicht viel Geld, und deshalb waren wir immer in Doppelzimmern untergebracht. Einmal kam ich zurück ins Hotel und sah Johnny in der Badewanne – zusammen mit einer Plastik-Ente.« Heinz-Harald Frentzen, und nicht nur er, berichtet von Herberts Unsitte, während der Fahrt ins Cockpit zu pinkeln. »Rubinho« greift dieses Thema dankbar auf, bestätigt die Aussage, weist aber darauf hin, dass er dies noch nie getan hat. Was ihn in der Szene übrigens zu einer Ausnahmeerscheinung macht. Dann fährt er fort: »Bevor ich abtrete, werde ich es mir allerdings irgendwann erlauben.« Diese Ankündigung ruft Jackie Stewart auf den Plan: »Dann tu mir einen Gefallen und mach´s, solange du bei Ferrari fährst und nicht erst, wenn du wieder bei Jaguar bist.« Eine monströse Torte, der Song »Johnny be good« aus den Lautsprechern – da ist niemand, der es begrüßt, dass der dreifache GP-Sieger seinen letzten F1-Auftritt hat.

Samstags erschüttert eine »Briefbombe« das Fahrerlager. Die FIA verteilt ein Schreiben, das Präsident Max Mosley an McLaren-Boss Ron Dennis gesandt hat. Der »Dear-Ron-Letter« ist dreieinhalb Seiten lang und brisant wie Nitroglyzerin. Mosley kritisiert den Teamchef wegen dessen, in Suzuka geäußerten, Bedenken gegen Roberto Causo. Gnadenlos faltet der Präsident sein Opfer zusammen. Mosley erinnert daran, dass unter anderem die beiden FIA-Software-Spezialisten, der Spritexperte sowie der Präsident und der Inhaber der Kommerz-Rechte Briten seien... Und er, Ron Dennis, rege sich darüber auf, dass die FIA einen italienischen Steward berufen habe. Der Brief enthält auch den Vorschlag, der Teamchef aus Woking möge doch seine eigene Rennserie, mit eigenem Reglement und dessen Überwachung ins Leben rufen.

Das Schreiben enthält ein rundes Dutzend schallender Ohrfeigen. Wie wird sich Ron Dennis jetzt verhalten? Vor hundert Jahren hätte er den FIA-Obersten sicherlich zum Pistolen-Duell auf 30 Schritt gefordert. Der CEO der TAG McLaren-Gruppe reagiert schriftlich. Den Antwortbrief an Mosley verteilt er an die Presse. Der erste Satz enthält einen versteckten Vorwurf, indem darauf hingewiesen wird, dass Dennis den Brief zeitgleich mit der Öffentlichkeit erhalten hat. Es folgen 30 Deeskalations-Zeilen – Ron Dennis gibt sich zahm wie ein Stallhase. Nie habe er den Sport, dem er sein Arbeitsleben gewidmet habe, beschädigen wollen. Alles sei ohnehin nur ein Missverständnis, entfacht durch die Presse. Damit handelt Dennis, sicherlich ballt er die Faust in der Tasche, klug. Ein Konter in scharfem Ton hätte die Atmosphäre auf viele Monate hinaus zum Nachteil des Sports vergiftet. Unter vier Augen, ein Gespräch wird im Antwortschreiben angekündigt, wird der Mann aus Woking allerdings kaum seine bedingungslose Kapitulation wiederholen...

Im Qualifying muss Ron Dennis, dem nach eigener Aussage Niederlagen »körperliche Schmerzen« bereiten, eine weitere Schlappe einstecken. Mit 0,463 Sekunden Vorsprung vor Häkkinen sichert sich Michael Schumacher seine vierte Pole-Position in Folge und wundert sich: »Ich habe damit gerechnet, mir den besten Startplatz holen zu können. Aber mein Vorsprung ist unerwartet groß.« Der McLaren-Boss hat eine Erklärung für das Abschneiden Häkkinens: »Wir haben uns heute morgen zu sehr auf die Abstimmung für das Rennen konzentriert. Das spiegelt sich im Qualifying-Ergebnis wider. Hoffentlich zahlt sich unser Vorgehen morgen aus.«

Die Zuschauer in Sepang sind nicht auf die teuren Sitzplätze angewiesen. Auch von den Naturtribünen bietet sich eine ausgezeichnete Übersicht

Seit Tagen erreichen die Temperaturen Tageshöchstwerte von knapp über 30 Grad. Dicke Wolken bedecken den Himmel – nur selten kommt die Sonne durch. Im Vergleich zum Vorjahr ist es geradezu »herbstlich«. Was das Wetter für die Besucher aus gemäßigten Breiten so erträglich macht: Die Luftfeuchtigkeit ist wesentlich geringer als 1999.

Für den Renntag sagen die Meteorologen allerdings Temperaturen bis zu 37 Grad vorher. Prompt überarbeiten die Physiotherapeuten der Piloten ihre Getränkefahrpläne. Das Dehydrieren der Körper – nicht nur im »Fall Herbert« wird während der Grand Prix viel Flüssigkeit abgesondert – ist nicht ungefährlich. Selbst das Konditionswunder Michael Schumacher wird heute keinesfalls auf die Trinkflasche im Cockpit verzichten. Jacques Villeneuve will zusätzlich einen kühlen Kopf behalten: In der Balaclava des Kanadiers sind Kanäle für ein Kühlmittel eingearbeitet.

Aber zum Glück der Aktiven reißt die Wolkendecke nicht auf – die Temperaturen pendeln sich bei moderaten 32 Grad ein. Dass heute jemand »stehend k.o.« ins Ziel kommt – so wie Mika Häkkinen 1999 –, ist unwahrscheinlich.

Offiziell sind 90.000 Zuschauer aufmarschiert, um das Saisonfinale live mitzuerleben. Die Zahl wird vom Büro des Premierministers Mahathir Mohamad, der sich selbst gern als »Dr. M.« ansprechen lässt, herausgegeben. Die Angabe muss bezweifelt werden. Offenbar wurde aus Gründen der Sorgfaltspflicht zweimal gezählt, bevor man die beiden Summen dann versehentlich addierte…

Diejenigen, die den Weg auf das 450 Hektar große Gelände gefunden haben, bereuen die Anreise nicht. Im Warm-up werden sie Zeugen eines unerwarteten Auftritts von Ricardo Zonta. Der Südamerikaner, der für 2001 als Jordan-Testfahrer verpflichtet wurde, fährt Bestzeit vor Häkkinen. Auch Alexander Wurz, der sein bisher bestes F1-Weekend des Jahres erlebt und aus der dritten Startreihe ins Rennen gehen wird, überzeugt. Als Fünfter rangiert er immerhin vor Barrichello!

Die fünf roten Lichter sind noch nicht erloschen, als sich Mika Häkkinens Silberpfeil kriechend in Bewegung setzt. David Coulthard, schräg links hinter seinem Teamkollegen postiert, schießt nur ein Gedanke durch den Kopf: Jetzt kann McLaren den Konstrukteurs-Titel endgültig vergessen. Dem Schotten ist klar, dass der Finne mit einer Stop-and-Go-Strafe belegt werden wird.

Häkkinen übernimmt die Führung vor Coulthard. Michael Schumacher, der wieder einmal keineswegs weltmeisterlich startet, hält zunächst Platz drei. Und auch der ist gefährdet: Villeneuve, der sich erneut perfekt von der Linie katapultiert hat, attackiert den Rheinländer energisch. Aber der verteidigt sich erfolgreich, und dann trägt

Die einzigartige Dachkonstruktion soll an das exotische Laub einer Bananenstaude erinnern – an Rennwagen in der passenden Farbe fehlt es nicht

Kampf um Rang sechs in der Anfangsphase – Villeneuve vor Irvine, Frentzen und Herbert

es den Kanadier so weit nach außen, dass er von Barrichello und Wunder-Wurz überrannt wird.

Die erste Runde verläuft ohnehin extrem turbulent: Pedro Diniz und sein Namensvetter de la Rosa sowie Nick Heidfeld werden Opfer der Vorfahrtsfrage im Gedränge. Beinahe erwischt es auch Jean Alesi, doch der Franzose kommt glimpflich davon: Das abgerissene Rad eines der Havaristen schlägt einen Rückspiegel des Prost ab. Und Ralf Schumacher, trotz seines schweren Ein-Stopp-Williams gut gestartet, muss einem Jaguar ausweichen, rodelt durchs Gras und fällt deshalb vom siebten auf den 14. Platz zurück. Bis zu seinem Ausfall in der 44. Runde wird »Schumi II« nur eine Nebenrolle spielen.

Um die Trümmer der havarierten Dreierbande in Ruhe bergen zu können, wird das Safety-Car auf die Piste beordert. Eine Runde lang zuckelt die dezimierte Wagenkette hinter Bernd Mayländers Mercedes her, dann wird die Fahrt wieder freigegeben.

Jetzt lässt der Spitzenreiter seinen schottischen Teamkollegen vorbeischlüpfen. Und weil der Finne, der nach fünf Umläufen seine Zeitstrafe absitzen wird, niemandem im Weg stehen will, gibt er auch dem Ferrari-Duo den Vortritt. Damit sind die Punkteränge zunächst stabil besetzt: DC führt vor dem Champion, Barrichello, Wurz, Villeneuve und Irvine. Diese Reihenfolge hat bis zum Ende der 17. Runde Bestand, dann biegt Coulthard zum Boxenstopp ab, der ihn vorübergehend auf Platz sechs zurückwirft. An der Spitze wird er heute nicht mehr auftauchen.

Michael Schumacher übernimmt das Kommando. Sollte er tatsächlich viermal hintereinander siegen und gleichzeitig Malaysia als vorletzten weißen Flecken von seiner »Sieges-Landkarte« streichen? Ein lupenreiner »Vierer« im Verlauf einer Saison ist bisher lediglich sechs Piloten gelungen: Jim Clark, Jack Brabham, Jochen Rindt, zweimal Ayrton Senna, Alain Prost und Michael Schumacher. Brabham, Clark und Nigel Mansell schafften sogar »Fünfer« und Alberto Ascari einen »Sechser«.

Tatsächlich: Während sich Mika Häkkinen – »Ohne die Zeitstrafe wäre meine Einstopp-Taktik heute aufgegangen« – durch eine sehenswerte Aufholjagd vom letzten auf den vierten Rang nach vorn kämpft, fährt »Schumi« zehn weiteren WM-Punkten entgegen. Nach dem frühen Ausfall von Heidfeld und Frentzens Elektrikschaden in Runde acht mischen auf deutscher Seite nur noch die Shuey-Brothers mit. Und nach gut 76 Minuten Renndauer streikt auch der Bolide von Ralf Schumacher. Per Sprechfunk erhält der Pilot die Nachricht, er solle sein Auto in den Boxen abstellen. Per Telemetrie wurde erkannt, dass das Ölsystem nicht störungsfrei arbeitet. »Schumi II«: »Ich bin maßlos enttäuscht, denn eigentlich wollte ich zum Saisonabschluss noch einmal aufs Podest.«

Ab Runde 45 setzt Coulthard, inzwischen Zweiter, den deutschen Ferrari-Star unter Druck. 0,8 Sekunden trennen die beiden Führenden. Bis ins Ziel wird der Rückstand des Schotten nur für zwei Runden über eine Sekunde anwachsen. Ansonsten sind es immer nur wenige Zehntel, die zwischen den beiden liegen.

Der letzte Ausfall, sieht man vom letztlich klassierten Mazzacane ab, wird im Verlauf der 49. Runde registriert. Am Jaguar von Johnny Herbert reißt die rechte Antriebswelle und zerschlägt die Hinterradaufhängung. Der Engländer kann den R1 unmöglich unter Kontrolle halten und knallt in die Leitplanken. Den Aufprall bezahlt er mit Prellungen am linken Knie. Herbert wäre nicht Herbert, wenn er nicht trotz des bösen Abflugs scherzen könnte: »Meine F1-Karriere hat so geendet, wie sie begonnen hat. Bei meinem Debüt musste ich wegen meiner verletzten Beine zum Auto getragen werden – jetzt trug man mich von ihm weg…«

Dann wird die Flagge geschwenkt, die das Ende der Saison 2000 bedeutet. Anders als vor 14 Tagen, als der Pfarrer zunächst das Ende der Frühmesse

abwarten musste, werden jetzt die Glocken in Maranello pünktlich geläutet.
Beim obligatorischen Wiegen vor der Siegerehrung kommt es zwischen den beiden Tagesbesten zu einer versöhnlichen Geste: David Coulthard entschuldigt sich bei Michael Schumacher für die Kritik, die er im Verlauf des Jahres hinter dessen Rücken äußerte. Offenbar will jeder mit einem ruhigen Gewissen in den Winterurlaub fahren. Jacques Villeneuve, der bekanntlich auch nicht zu Schumachers engstem Freundeskreis zählt, hatte schon in Suzuka gesagt: »Michael ist ein würdiger Champion, der den Titel vollauf verdient hat.«
Nach der Siegerehrung gesteht Coulthard: »Ich hatte keine Chance, Michael zu überholen. Er hatte die Situation voll im Griff. Alles, was ich tun konnte, war, Druck auszuüben – zu hoffen, dass ihm ein Fehler unterläuft. Aber diesen Gefallen tat er mir nicht.« Häkkinen trauert dem verpassten Sieg nach: »Schade, so wie es gelaufen ist, war das nicht mein Tag. Ich fuhr in diesem Jahr schon spannendere Rennen. Aber heute war´s nicht so toll. Wenn im Dezember unser Kind auf die Welt kommt, wird das sicherlich ein weitaus aufregenderer Tag werden.« Auch Alexander Wurz sieht seine Erwartungen nicht erfüllt: »Zu Beginn lief es sehr gut. Aber dann bekam ich Probleme mit den Bremsen. Ich muss froh sein, wenigstens noch Siebter geworden zu sein.«
Willi Weber, der inzwischen die in Suzuka vermissten roten Weltmeisterkappen hat anfertigen lassen, ziert sich, diese innerhalb des Teams zu verteilen: »Ich warte die Protestfrist ab. Vorher wird kein Karton geöffnet.«
Der Sieger hat längst seine eigene »Kappe« – eine rote Perücke. Die meisten Mitglieder der Scuderia tragen diese neuen »Uniformteile«. Und sogar Coulthard spielt mit und stülpt

Der Champion des Jahres 2000 im Look einer Halbschwester von Steffi Graf

sich einen der farbigen Mopps über. Seit dessen Entschuldigung ist Schumacher auf den Schotten gut zu sprechen: »Das war sehr fair und nett von David. Wenn es in der Vergangenheit Reibereien zwischen uns gab, dann hat das sicherlich nicht nur an ihm gelegen. Wir konnten uns gegenseitig gewisse Dinge vorwerfen. Ich glaube, diese Animositäten können wir jetzt vergessen.«
Dann widmet er sich wieder ganz seiner neuen Liebe: Der Farbe Rot. »Mein Auto, mein Overall, das Team – alles ist rot. Am liebsten würde ich meine Mechaniker, meine Ingenieure und ganz Italien umarmen.« Aber in der Stunde des totalen Glücks, inzwischen sind auch die Weber´schen Kartons geöffnet, vergisst Michael Schumacher nicht, dass in wenigen Monaten die Titelverteidigung beginnt. »Ich glaube, dass es erneut sehr hart wird, und vermutlich heißt der stärkste Gegner wieder Mika Häkkinen. Aber wer weiß – vielleicht kann auch Williams ganz vorn mitfahren.« Was seinen Rennwagen betrifft, wünscht er sich die technischen Voraussetzungen für gute Starts: »Wenn Rubens und ich regelmäßig schlechter beschleunigen als Mika und David, dann muss das technische Ursachen haben. Ich glaube, auf diesem Sektor werden wir im Winter am härtesten arbeiten müssen.«
Zum Abschied wirft auch Johnny Herbert einen Blick in die Zukunft: »Nächstes Jahr werde ich mir den Grand Prix von Australien im Fernsehen anschauen. Dann werde ich im Sessel sitzen, Pantoffel an den Füßen und den Hund an der Seite. Ich werde sagen, schaut euch das an – das hätte ich doch viel besser gemacht.«
In der Nacht klingt die Saison mit einer Ferrari-Party aus, zu der auch die Rivalen geladen sind. Champion Michael Schumacher freut sich: »Auch sportliche Gegner können gemeinsam feiern. Vielleicht können Sportler anderer Disziplinen von uns lernen – es muss ja nicht überall Hass-Duelle geben.« Die Fete bezeichnet Schumacher als eine Explosion der Freude, und er begründet diese Aussage: »Anschließend sah unsere Kleidung jedenfalls aus, wie nach einer Explosion.«

GROSSER PREIS VON MALAYSIA
(Sepang International Circuit)

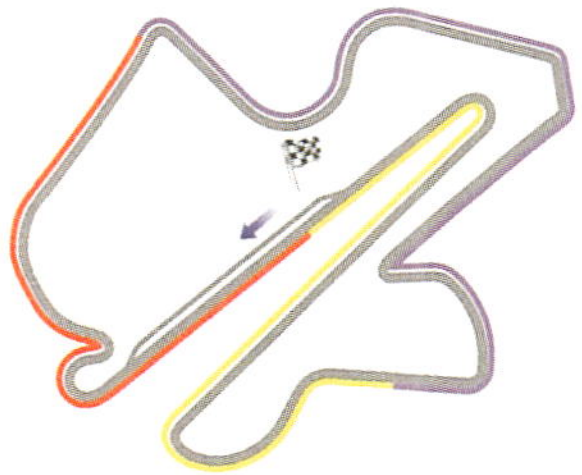

STRECKE

Ort und Datum	Sepang, 22. Oktober
Wetter	heiß, wechselnd bewölkt
Streckenlänge	5,543 km
Runden	56
Renndistanz	310,408 km
Bestehender Rundenrekord	1.40,267 = 198,980 km/h Michael Schumacher, Ferrari F399; GP 1999
GP-Sieger 1999	Eddie Irvine, Ferrari F399 1:36.38,494 = 192,682 km/h

ERGEBNISSE UND AUSFÄLLE:

1. Michael Schumacher	Ferrari F1-2000	1:35.54,235 = 194,199 km/h
2. David Coulthard	McLaren-Mercedes MP4/15	0,732 Sekunden zurück
3. Rubens Barrichello	Ferrari F1-2000	18,444 Sekunden zurück
4. Mika Häkkinen	McLaren-Mercedes MP4/15	35,269 Sekunden zurück
5. Jacques Villeneuve	BAR-Honda 002	1.10,692 Minuten zurück
6. Eddie Irvine	Jaguar-Cosworth R1	1.12,568 Minuten zurück
7. Alexander Wurz	Benetton-Playlife B200	1.29,314 Minuten zurück
8. Mika Salo	Sauber-Petronas C19	1 Runde zurück
9. Giancarlo Fisichella	Benetton-Playlife B200	1 Runde zurück
10. Jos Verstappen	Arrows-Supertec A21	1 Runde zurück
11. Jean Alesi	Prost-Peugeot AP03	1 Runde zurück
12. Jarno Trulli	Jordan-Mugen EJ10B	1 Runde zurück
13. Gastón Mazzacane *	Minardi-Fondmetal M02	6 Runden zurück/Motor
Johnny Herbert	Jaguar-Cosworth R1	49. Runde, Antriebswelle hinten rechts
Ricardo Zonta	BAR-Honda 002	47. Runde, Motor
Ralf Schumacher	Williams-BMW FW22	44. Runde, Ölsystem
Marc Gené	Minardi-Fondmetal M02	37. Runde, Motor
Jenson Button	Williams-BMW FW22	19. Runde, Motor
Heinz-Harald Frentzen	Jordan-Mugen EJ10B	8. Runde, Elektrik
Pedro de la Rosa	Arrows-Supertec A21	1. Runde, Unfall
Nick Heidfeld	Prost-Peugeot AP03	1. Runde, Unfall
Pedro Diniz	Sauber-Petronas C19	1. Runde, Unfall

* Nicht im Ziel, aber aufgrund der zurückgelegten Distanz gewertet

SCHNELLSTE RUNDE: (34. Rd.) – Mika Häkkinen, McLaren-Mercedes MP4/15
1.38,543 = 202,498 km/h
Neuer Rundenrekord

STARTAUFSTELLUNG:

3 Michael Schumacher
Ferrari F1-2000 205
1.37,397

1 Mika Häkkinen
McLaren-Mercedes MP4/15-6
1.37,860

2 David Coulthard
McLaren-Mercedes MP4/15-2
1.37,889

4 Rubens Barrichello
Ferrari F1-2000 200
1.37,896

12 Alexander Wurz
Benetton-Playlife B200/03
1.38,644

22 Jacques Villeneuve
BAR-Honda 002/04
1.38,653

7 Eddie Irvine
Jaguar-Cosworth R1-05
1.38,696

9 Ralf Schumacher
Williams-BMW FW22-6
1.38,739

6 Jarno Trulli
Jordan-Mugen EJ10B/005
1.38,909

5 Heinz-Harald Frentzen
Jordan-Mugen EJ10B/006
1.38,988

23 Ricardo Zonta
BAR-Honda 002/01
1.39,158

8 Johnny Herbert
Jaguar-Cosworth R1-06
1.39,331

11 Giancarlo Fisichella
Benetton-Playlife B200/06
1.39,387

18 Pedro de la Rosa
Arrows-Supertec A21-02
1.39,443

19 Jos Verstappen
Arrows-Supertec A21-04
1.39,489

10 Jenson Button
Williams-BMW FW22-4
1.39,563

17 Mika Salo
Sauber-Petronas C19-05
1.39,591

14 Jean Alesi
Prost-Peugeot AP03-01
1.40,065

15 Nick Heidfeld
Prost-Peugeot AP03-02
1.40,148

16 Pedro Diniz
Sauber-Petronas C19-07
1.40,521

20 Marc Gené
Minardi-Fondmetal M02-03
1.40,662

21 Gastón Mazzacane
Minardi-Fondmetal M02-04
1.42,078

GP Australien

	1	2	3	4	5	6	7	8	9	10	11	12	13	14	15	16	17	18	19	20	21	22	23	24	25	26	27	28	29	30	31	32	33	34	35	36	37
1 Mika Häkkinen	1	1	1	1	1	1	1	1	1	1	1	1	1	1	1	1	1	1	3	3	3	3	3	3	3	3	3	3	3	5	5	5	5	5	5	3	3
2 David Coulthard	2	2	2	2	2	2	2	2	2	2	3	3	3	3	3	3	3	3	5	5	5	5	5	5	5	5	5	5	5	4	4	4	3	3	3	22	9
3 Michael Schumacher	3	3	3	3	3	3	3	3	3	3	5	5	5	5	5	5	5	5	4	4	4	4	4	4	4	4	4	4	4	3	3	3	6	6	6	9	4
4 Rubens Barrichello	5	5	5	5	5	5	5	5	5	5	4	4	4	4	4	4	4	4	6	6	6	6	6	6	6	6	6	6	6	6	6	6	22	22	22	10	5
5 Heinz-Harald Frentzen	4	4	4	4	4	4	4	4	4	4	6	6	6	6	6	6	6	6	22	22	22	22	22	22	22	22	22	22	22	22	22	22	11	11	11	4	22
6 Jarno Trulli	6	6	6	6	6	6	6	6	6	6	22	22	22	22	22	22	22	22	17	17	17	17	17	17	17	17	17	17	17	11	11	11	9	9	9	5	11
7 Eddie Irvine	22	22	22	22	22	22	22	22	22	22	17	17	17	17	17	17	17	17	11	11	11	11	11	11	11	11	11	11	11	9	9	9	4	23	10	11	10
22 Jacques Villeneuve	17	17	17	17	17	17	17	17	17	17	11	11	11	11	11	11	11	11	9	9	9	9	9	9	9	9	9	9	9	23	23	23	23	12	4	23	17
11 Giancarlo Fisichella	7	19	19	19	19	19	11	11	11	11	9	9	9	9	9	9	9	9	23	23	23	23	23	23	23	23	23	23	23	12	12	12	12	10	23	17	23
17 Mika Salo	19	7	18	18	18	18	9	9	9	9	23	23	23	23	23	23	23	23	12	12	12	12	12	12	12	12	12	12	12	10	10	10	10	4	12	12	12
9 Ralf Schumacher	11	18	7	7	7	7	23	23	23	23	12	12	12	12	12	12	12	12	10	10	10	10	10	10	10	10	10	10	10	17	17	17	17	17	17	16	16
18 Pedro de la Rosa	18	11	11	11	11	11	12	12	12	12	10	10	10	10	10	10	10	10	14	14	15	15	21	21	21	21	21	21	21	21	21	21	21	21	21	21	21
19 Jos Verstappen	9	9	9	9	9	9	10	10	10	10	16	16	14	14	14	14	14	14	15	15	21	21	14	14	14	14	14	16	16	16	16	16	16	16	16	20	20
12 Alexander Wurz	23	23	23	23	23	23	16	16	16	16	14	14	16	16	16	16	16	16	21	21	14	14	16	16	16	16	16	20	20	20	20	20	20	20	20	15	15
15 Nick Heidfeld	10	10	12	12	12	12	15	15	15	15	15	15	15	15	15	15	15	15	16	16	16	16	20	20	20	20	20	15	15	15	15	15	15	15	15		
23 Ricardo Zonta	12	12	10	10	10	10	21	21	14	14	21	21	21	21	21	21	21	21	20	20	20	20	15	15	15	15	15										
14 Jean Alesi	16	16	16	16	16	16	14	14	21	21	2	20	20	20	20	20	20	20																			
20 Marc Gené	15	15	14	14	15	15	20	20	20	20	20	19	19	19	19	19																					
16 Pedro Diniz	21	14	15	15	21	21	19	19	19	19	19																										
8 Johnny Herbert	14	21	21	21	14	14																															
10 Jenson Button	8	20	20	20	20	20																															
21 Gastón Mazzacane	20																																				

GP Brasilien

	1	2	3	4	5	6	7	8	9	10	11	12	13	14	15	16	17	18	19	20	21	22	23	24	25	26	27	28	29	30	31	32	33	34	35	36	37
1 Mika Häkkinen	1	3	3	3	3	3	3	3	3	3	3	3	3	3	3	3	3	3	3	3	4	4	1	1	1	1	1	1	1	3	3	3	3	3	3	3	3
2 David Coulthard	3	1	1	1	1	1	1	1	1	1	1	1	1	1	4	4	4	4	4	4	1	1	3	3	3	3	3	3	3	1	2	2	2	2	2	2	2
3 Michael Schumacher	2	4	4	4	4	4	4	4	4	4	4	4	4	4	1	1	1	1	1	1	3	3	2	2	2	2	2	2	2	2	19	19	19	19	11	11	11
4 Rubens Barrichello	4	2	2	2	2	2	2	2	2	2	2	2	2	2	2	2	2	2	2	2	2	2	4	4	4	4	6	6	19	19	11	11	11	11	19	5	5
11 Giancarlo Fisichella	7	7	7	7	7	7	7	7	7	7	7	7	7	7	7	6	6	6	6	6	6	6	6	6	6	6	19	19	11	11	5	5	5	5	5	6	6
7 Eddie Irvine	11	11	11	11	11	11	6	6	6	6	6	6	6	6	6	7	7	7	7	7	19	19	19	19	19	19	11	11	5	5	6	6	6	6	6	9	9
5 Heinz-Harald Frentzen	5	5	5	6	6	6	11	11	11	11	19	19	19	19	19	19	19	19	19	19	11	11	11	11	11	11	5	5	6	6	9	9	9	9	9	18	10
23 Ricardo Zonta	23	6	6	5	5	5	19	19	19	19	11	11	11	11	11	11	11	11	11	11	5	5	5	5	5	5	4	9	9	9	18	18	18	18	18	10	18
10 Jenson Button	6	23	23	19	19	19	5	5	5	5	14	5	5	5	5	5	5	5	5	5	23	23	23	23	23	23	9	18	18	18	10	10	10	10	10	8	8
22 Jacques Villeneuve	22	22	19	23	23	23	23	23	14	14	5	23	23	23	23	23	23	23	23	23	9	9	9	9	9	9	10	10	10	10	8	8	8	8	8	19	19
9 Ralf Schumacher	19	19	22	14	14	14	14	14	23	23	23	9	9	9	9	9	9	9	9	9	10	10	10	10	10	10	18	8	8	8	20	21	21	21	21	21	21
6 Jarno Trulli	9	9	14	22	22	22	22	22	9	9	9	10	10	10	10	10	10	10	10	10	18	18	18	18	18	18	8	20	20	20	21	23	23	23	23	23	23
12 Alexander Wurz	10	14	9	9	9	9	9	9	10	10	10	22	22	22	22	22	18	18	18	18	8	8	8	8	8	8	20	21	21	21	23						
19 Jos Verstappen	14	10	10	10	10	10	10	10	22	22	22	8	8	8	18	18	8	8	8	8	20	20	20	20	20	20	23	23	23	23							
14 Jean Alesi	8	8	8	8	8	8	8	8	8	8	8	18	18	18	8	8	20	20	20	20	21	21	21	21	21	21	21										
18 Pedro de la Rosa	15	18	18	18	18	18	18	18	18	18	18	20	20	20	20	20	21	21	21	21																	
8 Johnny Herbert	18	15	15	15	15	15	15	15	15	20	20	21	21	21	21	21																					
20 Marc Gené	20	20	20	20	20	20	20	20	20	21	21																										
15 Nick Heidfeld	21	21	21	21	21	21	21	21	21																												
21 Gastón Mazzacane	12	12	12	12	12	12																															

41	42	43	44	45	46	47	48	49	50	51	52	53	54	55	56	57	58
3	3	3	3	4	3	3	3	3	3	3	3	3	3	3	3	3	3
4	4	4	4	3	4	4	4	4	4	4	4	4	4	4	4	4	4
9	9	9	9	9	9	9	9	9	9	9	9	9	9	9	9	9	9
22	22	22	22	22	22	22	22	22	22	22	22	22	22	22	22	22	22
11	11	11	11	11	11	11	11	11	11	11	11	11	11	11	11	11	11
10	10	10	10	10	10	23	23	23	17	17	17	17	17	17	17	17	17
23	23	23	23	23	23	17	17	17	23	23	23	23	23	23	23	23	23
17	17	17	17	17	17	12	12	12	12	12	12	12	12	12	12	12	12
12	12	12	12	12	12	20	20	20	20	20	20	20	20	20	20	20	
20	20	20	20	20	20	15	15	15	15	15	15	15	15	15	15		
16	15	15	15	15	15												
15																	

WERTUNGSPUNKTE:

Fahrer: M. Schumacher 10, Barrichello 6, R. Schumacher 4, Villeneuve 3, Fisichella 2, Zonta 1

Konstrukteure: Ferrari 16, Williams 4, BAR 4, Benetton 2

Erklärung zur Rundentabelle

Die Rundentabelle liest sich wie folgt:
In den senkrechten Spalten (unter den Rundenziffern 1 bis x) sind von oben nach unten die Startnummern der Teilnehmer – in der Reihenfolge, die jeweils bei Start-und-Ziel am Ende der Runde registriert wurde – aufgelistet.

Zeichenerklärung: _ = überrundet

○ = Ausfall

Die Boxenstopps sind unterstrichen

41	42	43	44	45	46	47	48	49	50	51	52	53	54	55	56	57	58	59	60	61	62	63	64	65	66	67	68	69	70	71
3	3	3	3	3	3	3	3	3	3	3	3	3	3	3	3	3	3	3	3	3	3	3	3	3	3	3	3	3	3	3
2	2	2	2	2	2	2	2	2	2	2	2	2	2	2	2	2	2	2	2	2	2	2	2	2	2	2	2	2	2	2
11	11	11	11	11	11	11	11	11	11	11	11	11	11	11	11	11	11	11	11	11	11	11	11	11	11	11	11	11	11	11
5	6	6	6	6	6	6	6	6	6	6	6	6	6	6	6	5	5	5	5	5	5	5	5	5	5	5	5	5	5	5
6	9	9	9	9	5	5	5	5	5	5	5	5	5	5	5	6	6	6	6	6	6	6	6	6	6	6	6	6	6	6
9	10	10	10	5	9	9	9	9	9	9	9	9	9	9	9	9	9	9	9	9	9	9	9	9	9	9	9	9	9	
10	5	5	5	19	19	19	19	19	19	19	19	19	19	19	10	10	10	10	10	10	10	10	10	10	10	10	10	10	10	
8	8	8	19	10	10	10	10	10	10	10	10	10	10	10	19	19	19	19	19	19	19	19	19	19	19	19	19	19	19	
19	19	19	8	18	18	18	18	18	18	18	18	18	18	18	18	18	18	18	18	18	18	18	18	18	18	18	18	18	18	
18	18	18	18	8	8	8	8	8	8	8	23	23	23	23	23	23	23	23	23	23	23	23	23	23	23	23	23	23		
21	21	21	21	21	21	21	21	21	21	21	21	21	21	21	21	21	21	21	21	21	21	21	21	21	21	21	21	21		
23	23	23	23	23	23	23	23	23	23	23																				

WERTUNGSPUNKTE:

Fahrer: M. Schumacher 20, Fisichella 8, Barrichello 6, R. Schumacher 6, Frentzen 4, Villeneuve 3, Trulli 3, Zonta 1, Button 1

Konstrukteure: Ferrari 26, Benetton 8, Williams 7, Jordan 7, BAR 4

GP San Marino

	1	2	3	4	5	6	7	8	9	10	11	12	13	14	15	16	17	18	19	20	21	22	23	24	25	26	27	28	29	30	31	32	33	34	35	36	37
1 Mika Häkkinen	1	1	1	1	1	1	1	1	1	1	1	1	1	1	1	1	1	1	1	1	1	1	1	1	1	1	1	1	1	1	1	1	1	1	1	1	1
3 Michael Schumacher	3	3	3	3	3	3	3	3	3	3	3	3	3	3	3	3	3	3	3	3	3	3	3	3	3	3	3	3	3	3	3	3	3	3	3	3	3
2 David Coulthard	4	4	4	4	4	4	4	4	4	4	4	4	4	4	4	4	4	4	4	4	4	4	4	4	4	4	4	4	9	4	4	4	4	4	4	4	4
4 Rubens Barrichello	2	2	2	2	2	2	2	2	2	2	2	2	2	2	2	2	2	2	2	2	2	2	2	2	2	22	22	22	4	2	2	2	2	2	2	2	2
9 Ralf Schumacher	22	22	22	22	22	22	22	22	22	22	22	22	22	22	22	22	22	22	22	22	22	22	22	22	22	9	9	9	2	22	22	22	22	22	22	22	22
5 Heinz-Harald Frentzen	6	6	6	6	6	6	6	6	6	6	6	6	6	6	6	6	6	6	6	6	6	6	6	9	9	17	2	2	23	9	9	9	9	9	9	9	9
7 Eddie Irvine	5	5	5	7	7	7	7	7	7	7	7	7	7	7	7	7	7	7	7	7	9	9	9	17	17	2	23	23	22	17	17	17	17	17	17	17	17
6 Jarno Trulli	7	7	7	9	9	9	9	9	9	9	9	9	9	9	9	9	9	9	9	9	17	17	17	16	16	23	17	17	17	6	6	6	6	6	6	6	6
22 Jacques Villeneuve	9	9	9	17	17	17	17	17	17	17	17	17	17	17	17	17	17	17	17	17	7	7	7	23	23	18	6	6	6	7	7	7	7	7	7	7	7
16 Pedro Diniz	17	17	17	19	19	19	19	19	19	19	23	23	23	23	23	23	23	23	23	23	23	23	16	18	18	6	7	7	7	23	23	23	23	23	23	23	23
12 Alexander Wurz	19	19	19	23	23	23	23	23	23	23	16	16	16	16	16	16	16	16	16	16	16	16	23	6	6	7	16	16	16	16	16	16	16	16	16	16	16
17 Mika Salo	23	23	23	16	16	16	16	16	16	16	14	14	14	14	14	14	14	14	14	18	18	18	18	7	7	16	12	12	12	12	12	12	12	12	12	12	12
18 Pedro de la Rosa	16	16	16	18	18	18	18	18	18	14	18	18	18	18	18	18	18	18	18	12	12	12	12	12	12	12	8	8	8	8	8	8	11	11	11	11	11
23 Ricardo Zonta	18	18	18	14	14	14	14	14	14	18	19	12	12	12	12	12	12	12	12	8	8	8	8	8	8	8	11	11	11	11	11	11	18	18	18	18	18
14 Jean Alesi	14	14	14	12	12	12	12	12	12	12	12	8	8	8	8	8	8	8	8	11	11	11	11	11	11	11	18	18	18	18	18	18	8	8	8	8	8
19 Jos Verstappen	12	12	12	5	10	8	8	8	8	8	8	11	11	11	11	11	11	11	11	14	14	14	14	14	14	21	21	21	21	21	21	21	21	21	21	21	21
8 Johnny Herbert	10	10	10	10	20	11	11	11	11	11	11	15	15	15	15	15	15	15	15	15	15	15	21	21	21	19	19	19	19	19	19	19	19	19	19	19	19
10 Jenson Button	20	20	20	20	8	15	15	15	15	15	15	21	21	21	21	21	21	21	21	21	21	21	19	19	19												
11 Giancarlo Fisichella	8	8	8	8	11	21	21	21	21	21	21	19	19	19	19	19	19	19	19	19	19	19															
21 Gastón Mazzacane	11	11	11	11	15																																
20 Marc Gené	21	21	15	15	21																																
15 Nick Heidfeld	15	15	21	21																																	

GP England

	1	2	3	4	5	6	7	8	9	10	11	12	13	14	15	16	17	18	19	20	21	22	23	24	25	26	27	28	29	30	31	32	33	34	35	36	37
4 Rubens Barrichello	4	4	4	4	4	4	4	4	4	4	4	4	4	4	4	4	4	4	4	4	4	4	4	4	4	4	4	4	4	4	2	2	4	4	4	3	3
5 Heinz-Harald Frentzen	5	5	5	5	5	5	5	5	5	5	5	5	5	5	5	5	5	5	5	5	5	5	5	2	2	2	2	2	2	2	4	4	2	3	3	5	5
1 Mika Häkkinen	2	2	2	2	2	2	2	2	2	2	2	2	2	2	2	2	2	2	2	2	2	2	2	1	1	1	1	1	1	1	1	22	3	5	5	2	2
2 David Coulthard	1	1	1	1	1	1	1	1	1	1	1	1	1	1	1	1	1	1	1	1	1	1	1	10	10	22	22	22	22	22	22	3	5	2	2	9	9
3 Michael Schumacher	10	10	10	10	10	10	10	10	10	10	10	10	10	10	10	10	10	10	10	10	10	10	10	5	22	3	3	3	3	3	3	5	22	9	9	10	10
10 Jenson Button	22	9	9	9	9	9	9	9	9	9	9	9	9	9	9	9	9	9	9	9	9	9	9	9	3	5	5	5	5	5	5	9	9	10	10	1	1
9 Ralf Schumacher	9	22	22	22	22	22	22	22	22	22	22	22	22	22	22	22	22	22	22	22	22	22	22	22	5	9	9	9	9	9	9	10	10	1	1	6	6
19 Jos Verstappen	3	3	3	3	3	3	3	3	3	3	3	3	3	3	3	3	3	3	3	3	3	3	3	3	9	10	10	10	10	10	10	1	1	6	6	22	22
7 Eddie Irvine	19	19	19	19	19	19	19	19	19	19	19	19	19	19	19	19	19	19	19	6	6	6	6	6	6	6	6	6	6	6	6	6	6	22	22	11	11
22 Jacques Villeneuve	6	6	6	6	6	6	6	6	6	6	6	6	6	6	6	6	6	6	6	7	7	7	7	7	7	23	23	23	11	11	11	11	11	11	11	7	7
6 Jarno Trulli	11	11	11	11	11	11	11	11	11	11	11	11	11	11	11	11	11	7	7	14	14	14	23	23	23	8	8	11	17	17	17	17	17	17	17	23	14
11 Giancarlo Fisichella	7	7	7	7	7	7	7	7	7	7	7	7	7	7	7	7	7	14	14	23	23	23	8	8	8	7	11	17	12	12	12	12	12	12	7	14	16
16 Pedro Diniz	14	17	17	17	17	17	17	17	17	17	17	17	17	17	14	14	14	23	23	18	18	18	16	16	16	16	17	12	7	7	7	7	7	7	12	16	8
8 Johnny Herbert	17	14	14	14	14	14	14	14	14	14	14	14	14	14	23	23	23	18	18	8	8	8	15	15	11	11	12	7	23	23	23	23	23	23	23	8	20
14 Jean Alesi	23	23	23	23	12	12	12	12	12	12	12	12	12	23	18	18	18	11	8	16	16	16	14	11	17	17	7	14	14	14	14	14	14	14	14	20	15
23 Ricardo Zonta	16	12	12	12	23	23	23	23	23	23	23	23	23	18	8	8	8	8	16	15	15	15	18	17	12	12	14	16	16	16	16	16	16	16	16	15	21
15 Nick Heidfeld	18	18	18	18	18	18	18	18	18	18	18	18	18	8	16	16	16	16	15	20	20	20	20	12	14	14	16	8	8	8	8	8	8	8	8	21	17
17 Mika Salo	12	8	8	8	8	8	8	8	8	8	8	8	8	16	17	15	15	15	20	21	21	11	11	14	20	20	20	20	20	20	20	20	20	20	20	17	12
18 Pedro de la Rosa	8	16	16	16	16	16	16	16	16	16	16	16	16	15	15	20	20	20	21	11	11	17	17	20	15	15	15	15	15	15	15	15	15	15	15	12	
12 Alexander Wurz	15	15	15	15	15	15	15	15	15	15	15	15	15	20	20	21	21	21	11	17	17	12	12	21	21	21	21	21	21	21	21	21	21	21	21		
20 Marc Gené	20	20	20	20	20	20	20	20	20	20	20	20	20	12	21	17	17	17	17	12	12	21	21	18	18	18											
21 Gastón Mazzacane	21	21	21	21	21	21	21	21	21	21	21	21	21	21	12	12	12	12	12	19																	

41	42	43	44	45	46	47	48	49	50	51	52	53	54	55	56	57	58	59	60	61	62
1	1	1	1	3	3	3	3	3	3	3	3	3	3	3	3	3	3	3	3	3	3
3	3	3	3	1	1	1	1	1	1	1	1	1	1	1	1	1	1	1	1	1	1
4	4	4	4	4	4	2	2	2	2	2	2	2	2	2	2	2	2	2	2	2	2
2	2	2	2	2	2	4	4	4	4	4	4	4	4	4	4	4	4	4	4	4	4
22	22	22	9	(9)	22	22	22	22	22	22	22	22	22	22	22	22	22	22	22	22	
9	9	9	6	22	17	17	17	17	17	17	17	17	17	17	17	17	17	17	17	17	
17	17	6	7	17	6	6	6	6	6	6	6	6	6	6	6	6	6	7	7	7	
6	6	7	22	6	7	7	7	7	7	7	7	7	7	7	7	7	7	16	16	16	
7	7	17	17	7	16	16	16	16	16	16	16	16	16	16	16	16	16	12	12	12	
16	16	16	16	23	12	12	12	12	12	12	12	12	12	12	12	12	12	8	8	8	
23	23	23	23	16	8	8	8	8	8	8	8	8	8	8	8	8	8	11	11	11	
18	18	18	18	12	11	11	11	11	11	11	11	11	11	11	11	11	11	23	23	23	
12	12	12	12	8	18	18	18	(18)	23	23	23	23	23	23	23	23	23	21	21		
8	8	8	8	11	23	23	23	23	21	21	21	21	21	21	21	21	21	19			
11	11	11	11	18	21	21	21	21	19	19	19	19	19	19	19	19	19				
21	21	21	21	21	19	19	19	19													
19	19	19	19	19																	

WERTUNGSPUNKTE:

Fahrer: M. Schumacher 30, Barrichello 9, Fisichella 8, Häkkinen 6, R. Schumacher 6, Villeneuve 5, Frentzen 4, Coulthard 4, Trulli 3, Zonta 1, Button 1, Salo 1

Konstrukteure: Ferrari 39, McLaren 10, Benetton 8, Jordan 7, Williams 7, BAR 6, Sauber 1

41	42	43	44	45	46	47	48	49	50	51	52	53	54	55	56	57	58	59	60
5	2	2	2	2	2	2	2	2	2	2	2	2	2	2	2	2	2	2	2
2	5	9	9	9	9	1	1	1	1	1	1	1	1	1	1	1	1	1	1
9	9	10	10	10	1	9	3	3	3	3	3	3	3	3	3	3	3	3	3
10	10	1	1	1	10	3	5	5	5	9	9	9	9	9	9	9	9	9	9
1	1	3	3	3	3	5	9	9	9	5	10	10	10	10	10	10	10	10	10
3	3	5	5	5	5	10	10	10	10	10	5	5	22	22	6	6	6	6	6
22	22	22	22	22	22	22	22	22	22	22	22	22	6	6	22	11	11	11	
6	6	6	6	6	6	6	6	6	6	6	6	6	5	11	11	17	17	17	
7	7	7	7	7	7	8	11	11	11	11	11	11	11	17	17	12	12	12	
14	14	14	8	8	8	11	17	17	17	17	17	17	17	12	12	14	14	14	
16	16	8	14	11	11	17	12	12	12	12	12	12	12	14	14	16	16	16	
8	8	16	11	17	17	12	14	14	14	14	14	14	14	16	16	8	8	8	
11	11	11	17	12	12	14	16	16	16	16	16	16	16	8	8	7	7	7	
21	17	17	12	14	14	16	8	8	8	8	8	8	8	7	7	20	20	20	
17	21	12	16	16	16	15	15	15	15	(15)	7	7	7	20	20	21	21	21	
12	12	15	15	15	15	7	7	7	7	7	20	20	20	21	21				
15	15	20	20	20	20	20	20	20	20	20	21	21	21						
20	20	21	21	21	21	21	21	21	21	21									

WERTUNGSPUNKTE:

Fahrer: M. Schumacher 34, Coulthard 14, Häkkinen 12, Barrichello 9, R. Schumacher 9, Fisichella 8, Villeneuve 5, Frentzen 4, Trulli 4, Button 3, Zonta 1, Salo 1

Konstrukteure: Ferrari 43, McLaren 26, Williams 12, Benetton 8, Jordan 8, BAR 6, Sauber 1

GP Spanien

	1	2	3	4	5	6	7	8	9	10	11	12	13	14	15	16	17	18	19	20	21	22	23	24	25	26	27	28	29	30	31	32	33	34	35	36	3
3 Michael Schumacher	3	3	3	3	3	3	3	3	3	3	3	3	3	3	3	3	3	3	3	3	3	3	3	1	1	1	3	3	3	3	3	3	3	3	3	3	3
1 Mika Häkkinen	1	1	1	1	1	1	1	1	1	1	1	1	1	1	1	1	1	1	1	1	1	1	1	3	4	3	1	1	1	1	1	1	1	1	1	1	1
4 Rubens Barrichello	9	9	9	9	9	9	9	9	9	9	9	9	9	9	9	9	9	9	9	9	9	9	2	4	3	9	9	9	9	9	9	9	9	9	9	9	9
2 David Coulthard	2	2	2	2	2	2	2	2	2	2	2	2	2	2	2	2	2	2	2	2	2	2	4	2	9	4	4	4	4	4	4	4	4	4	4	4	4
9 Ralf Schumacher	4	4	4	4	4	4	4	4	4	4	4	4	4	4	4	4	4	4	4	4	4	4	9	9	2	2	2	2	2	2	2	2	2	2	2	2	2
22 Jacques Villeneuve	22	22	22	22	22	22	22	22	22	22	22	22	22	22	22	22	22	22	22	22	5	5	5	5	5	5	17	10	10	10	10	10	10	10	10	10	10
6 Jarno Trulli	5	5	5	5	5	5	5	5	5	5	5	5	5	5	5	5	5	5	5	5	6	6	17	17	17	17	10	5	5	5	5	5	5	5	5	5	5
5 Heinz-Harald Frentzen	6	6	6	6	6	6	6	6	6	6	6	6	6	6	6	6	6	6	6	6	22	17	23	23	19	10	5	17	17	17	17	17	17	17	17	17	17
7 Eddie Irvine	10	10	10	10	10	10	10	10	10	10	10	10	10	10	10	10	10	10	17	17	17	23	19	19	10	23	23	23	23	23	23	23	23	23	23	23	23
10 Jenson Button	17	17	17	17	17	17	17	17	17	17	17	17	17	17	17	17	17	17	23	23	23	19	10	10	23	12	12	12	12	12	12	12	12	12	12	12	12
19 Jos Verstappen	23	23	23	23	23	23	23	23	23	23	23	23	23	23	23	23	23	23	19	19	19	10	12	12	12	11	11	11	11	11	11	11	11	11	11	11	11
17 Mika Salo	7	19	19	19	19	19	19	19	19	19	19	19	19	19	19	19	19	19	7	7	7	21	11	11	11	7	7	7	7	7	7	7	7	7	7	7	7
11 Giancarlo Fisichella	19	7	7	7	7	7	7	7	7	7	7	7	7	7	7	7	7	7	8	10	10	12	7	7	7	8	8	8	8	8	8	8	8	8	8	8	8
8 Johnny Herbert	12	12	12	12	12	12	12	12	12	12	12	12	12	12	12	12	8	8	10	21	21	11	8	8	8	6	6	6	6	6	6	6	6	6	6	6	6
16 Pedro Diniz	8	8	8	8	8	8	8	8	8	8	8	8	8	8	8	8	11	11	21	12	12	7	15	15	15	15	15	15	15	15	15	15	15	15	15	15	15
23 Ricardo Zonta	11	11	11	11	11	11	11	11	11	11	11	11	11	11	11	11	12	21	12	11	11	8	20	6	6	21	21	21	21	21	21	21	21	21	21	21	21
14 Jean Alesi	14	20	20	20	20	20	20	20	20	20	20	20	20	20	20	20	20	12	11	8	8	15	6	21	21	20	20	20	20	20	20	20	20	20	20	20	20
12 Alexander Wurz	18	15	15	15	15	15	15	15	15	15	15	15	15	15	15	15	15	15	15	15	15	20	21	20	20												
15 Nick Heidfeld	20	21	21	21	21	21	21	21	21	21	21	21	21	21	21	21	21	20	20	20	20																
20 Marc Gené	15																																				
21 Gastón Mazzacane	21																																				
18 Pedro de la Rosa																																					

GP Europa

	1	2	3	4	5	6	7	8	9	10	11	12	13	14	15	16	17	18	19	20	21	22	23	24	25	26	27	28	29	30	31	32	33	34	35	36	37
2 David Coulthard	1	1	1	1	1	1	1	1	1	1	3	3	3	3	3	4	3	3	3	3	3	3	3	3	3	3	3	3	3	3	3	3	3	3	3	1	1
3 Michael Schumacher	3	3	3	3	3	3	3	3	3	3	1	1	1	1	1	9	2	2	2	2	1	1	1	1	1	1	1	1	1	1	1	1	1	1	1	3	3
1 Mika Häkkinen	2	2	2	2	2	2	2	2	2	2	2	4	4	4	4	3	1	1	1	1	2	2	2	2	2	2	2	2	2	2	2	2	2	2	2	2	2
4 Rubens Barrichello	4	4	4	4	4	4	4	4	4	4	4	2	2	2	9	2	18	18	11	11	11	11	11	11	11	11	11	11	11	11	11	4	4	11	11	11	11
9 Ralf Schumacher	22	22	22	22	22	22	22	22	11	11	11	11	11	11	11	10	11	11	18	18	18	18	4	4	4	4	4	4	4	4	4	11	11	18	18	18	18
6 Jarno Trulli	9	9	9	11	11	11	11	11	22	22	22	22	22	9	14	14	10	7	7	7	7	4	18	18	18	18	18	18	18	18	18	18	18	4	4	4	4
11 Giancarlo Fisichella	11	11	11	9	9	18	18	18	18	18	18	18	18	22	10	1	7	19	19	19	4	7	7	7	7	7	7	7	7	8	8	8	8	8	8	8	8
7 Eddie Irvine	7	7	7	18	18	9	9	9	9	9	9	7	7	14	2	18	19	4	4	4	19	19	19	19	19	19	19	19	19	22	22	22	22	22	22	22	22
22 Jacques Villeneuve	19	18	18	7	7	7	7	7	7	7	7	9	9	18	22	11	4	8	8	8	8	8	8	8	9	9	9	9	9	14	14	14	10	10	10	10	10
5 Heinz-Harald Frentzen	18	19	19	19	19	19	19	19	19	19	19	14	14	7	12	7	8	9	9	9	9	9	9	9	8	8	8	8	8	10	10	10	14	12	12	12	12
10 Jenson Button	12	12	12	12	12	12	12	12	12	12	12	12	10	10	18	19	9	22	22	22	22	22	22	22	22	22	22	22	22	12	12	12	12	14	14	14	14
18 Pedro de la Rosa	5	5	14	14	14	14	14	14	14	14	14	10	12	12	7	8	22	14	14	14	14	14	14	14	14	14	14	14	14	23	23	23	23	23	23	23	23
19 Jos Verstappen	10	14	10	10	10	10	10	10	10	10	10	20	19	23	19	22	14	17	17	17	17	17	17	17	17	17	17	10	10	20	20	20	20	20	20	20	20
12 Alexander Wurz	14	10	20	20	20	20	20	20	20	20	20	19	23	21	8	17	17	23	23	23	23	23	10	10	10	10	10	12	12	16	16	16	16	16	16	16	16
16 Pedro Diniz	16	16	17	17	17	17	17	17	17	17	17	17	17	19	17	23	23	10	10	10	10	10	23	12	12	12	12	23	23	21	21	21	21	21	21	21	21
8 Johnny Herbert	17	17	8	8	8	8	8	8	8	8	8	23	16	8	21	12	12	12	12	12	12	12	12	23	23	23	23	20	20								
14 Jean Alesi	20	20	23	23	23	23	23	23	23	23	23	8	21	17	23	21	20	20	20	20	20	20	20	20	20	20	20	16	16								
23 Ricardo Zonta	8	8	21	21	21	21	21	21	21	21	21	21	20	16	20	20	21	21	21	16	16	16	16	16	16	16	16	21	21								
17 Mika Salo	23	23	16	16	16	16	16	16	16	16	16	16	8	20	16	16	16	16	16	21	21	21	21	21	21	21	21										
20 Marc Gené	21	21																																			
21 Gastón Mazzacane																																					

41	42	43	44	45	46	47	48	49	50	51	52	53	54	55	56	57	58	59	60	61	62	63	64	65
3	1	1	1	1	1	1	1	1	1	1	1	1	1	1	1	1	1	1	1	1	1	1	1	1
1	3	3	3	3	3	3	2	2	2	2	2	2	2	2	2	2	2	2	2	2	2	2	2	2
2	2	2	2	2	2	2	3	3	4	4	4	4	4	4	4	4	4	4	4	4	4	4	4	4
9	9	9	9	9	9	9	9	9	9	9	9	9	9	9	9	9	9	9	9	9	9	9	9	9
4	4	4	4	4	4	4	4	4	3	3	3	3	3	3	3	3	3	3	3	3	3	3	3	3
10	17	17	17	17	10	10	10	10	10	10	10	10	10	10	10	10	10	10	10	10	5	5	5	5
17	23	23	23	23	5	5	5	5	5	5	5	5	5	5	5	5	5	5	5	5	17	17	17	
23	10	10	10	10	17	17	17	17	17	17	17	17	17	17	17	17	17	17	17	17	23	23	23	
11	5	5	5	5	23	23	23	23	23	23	23	23	23	23	23	23	23	23	23	23	11	11	11	
5	6	6	6	11	11	11	11	11	11	11	11	11	11	11	11	11	11	11	11	11	12	12	12	
6	11	11	11	12	12	12	12	12	12	12	12	12	12	12	12	12	12	12	12	12	7	7	7	
12	12	12	12	7	7	7	7	7	7	7	7	7	7	7	7	7	7	7	7	7	6	6	6	
7	7	7	7	8	8	8	8	8	8	8	8	8	8	8	8	8	8	6	6	6	8	8	8	
8	8	8	8	6	6	6	6	6	6	6	6	6	6	6	6	6	6	8	8	8	20	20		
21	21	20	20	20	20	20	20	20	20	20	20	20	20	20	20	20	20	20	20	20	21	21		
15	20	21	21	21	21	21	21	21	21	21	21	21	21	21	21	21	21	21	21	21	15			
20	15	15	15	15	15	15	15	15	15	15	15	15	15	15	15	15	15	15	15	15				

WERTUNGSPUNKTE:

Fahrer: M. Schumacher 36, Häkkinen 22, Coulthard 20, Barrichello 13, R. Schumacher 12, Fisichella 8, Frentzen 5, Villeneuve 5, Trulli 4, Button 3, Zonta 1, Salo 1

Konstrukteure: Ferrari 49, McLaren 42, Williams 15, Jordan 9, Benetton 8, BAR 6, Sauber 1

0	41	42	43	44	45	46	47	48	49	50	51	52	53	54	55	56	57	58	59	60	61	62	63	64	65	66	67
1	1	1	1	1	1	3	3	3	3	3	3	3	3	3	3	3	3	3	3	3	3	3	3	3	3	3	3
3	3	3	3	3	3	1	1	1	1	1	1	1	1	1	1	1	1	1	1	1	1	1	1	1	1	1	1
2	2	2	2	2	2	18	18	4	4	4	4	2	2	2	2	2	2	2	2	2	2	2	2	2	2	2	
8	18	18	18	18	18	4	4	18	2	2	2	4	4	4	4	4	4	4	4	4	4	4	4	4	4	4	
4	4	4	4	4	4	2	2	2	11	11	11	11	11	11	11	11	11	11	11	11	11	11	11	11	11	11	
1	11	11	11	11	11	11	11	11	18	18	18	18	18	18	18	18	18	18	18	18	18	18	18	18	18	18	
2	22	22	22	22	22	22	8	8	8	8	8	8	8	8	8	8	8	8	8	8	8	10	16	16	16		
3	8	8	8	8	8	8	10	10	10	10	10	10	10	10	10	10	10	10	10	10	12	16	21	21	21		
2	10	10	10	10	10	10	12	12	12	12	12	12	12	12	12	12	12	12	12	12	10	21	14	14	14		
0	14	12	12	12	12	12	23	23	23	16	16	16	16	16	16	16	16	16	16	16	16	14					
4	12	14	14	14	23	23	16	16	16	23	23	21	21	21	21	21	21	21	21	21	21						
3	23	23	23	23	14	16	14	14	21	21	21	14	14	14	14	14	14	14	14	14	14						
0	16	16	16	16	16	14	20	21	14	14	14																
6	20	21	21	20	20	20	21																				
1	21	20	20	21	21	21																					

WERTUNGSPUNKTE:

Fahrer: M. Schumacher 46, Häkkinen 28, Coulthard 24, Barrichello 16, R.Schumacher 12, Fisichella 10, Frentzen 5, Villeneuve 5, Trulli 4, Button 3, Zonta 1, Salo 1, de la Rosa 1

Konstrukteure: Ferrari 62, McLaren 52, Williams 15, Benetton 10, Jordan 9, BAR 6, Sauber 1, Arrows 1

GP Monaco

	1	2	3	4	5	6	7	8	9	10	11	12	13	14	15	16	17	18	19	20	21	22	23	24	25	26	27	28	29	30	31	32	33	34	35	36	37
3 Michael Schumacher	3	3	3	3	3	3	3	3	3	3	3	3	3	3	3	3	3	3	3	3	3	3	3	3	3	3	3	3	3	3	3	3	3	3	3	3	3
6 Jarno Trulli	6	6	6	6	6	6	6	6	6	6	6	6	6	6	6	6	6	6	6	6	6	6	6	6	6	6	6	6	6	6	6	6	6	6	6	6	2
2 David Coulthard	2	2	2	2	2	2	2	2	2	2	2	2	2	2	2	2	2	2	2	2	2	2	2	2	2	2	2	2	2	2	2	2	2	2	2	2	5
5 Heinz-Harald Frentzen	5	5	5	5	5	5	5	5	5	5	5	5	5	5	5	5	5	5	5	5	5	5	5	5	5	5	5	5	5	5	5	5	5	5	5	5	9
1 Mika Häkkinen	1	1	1	1	1	1	1	1	1	1	1	1	1	1	1	1	1	1	1	1	1	1	1	1	1	1	1	1	1	1	1	1	1	1	1	9	4
4 Rubens Barrichello	9	9	9	9	9	9	9	9	9	9	9	9	9	9	9	9	9	9	9	9	9	9	9	9	9	9	9	9	9	9	9	9	9	9	9	4	11
14 Jean Alesi	14	14	14	14	14	14	14	14	14	14	14	14	14	14	14	14	14	14	14	14	14	14	14	14	14	14	14	14	14	4	4	4	4	4	4	11	7
11 Giancarlo Fisichella	4	4	4	4	4	4	4	4	4	4	4	4	4	4	4	4	4	4	4	4	4	4	4	4	4	4	4	4	4	11	11	11	11	11	11	7	17
9 Ralf Schumacher	11	11	11	11	11	11	11	11	11	11	11	11	11	11	11	11	11	11	11	11	11	11	11	11	11	11	11	11	11	7	7	7	7	7	7	17	19
7 Eddie Irvine	8	8	8	8	8	8	8	8	8	8	8	8	8	8	8	8	8	8	7	7	7	7	7	7	7	7	7	7	7	17	17	17	17	17	17	19	22
8 Johnny Herbert	7	7	7	7	7	7	7	7	7	7	7	7	7	7	7	7	7	7	8	8	8	8	8	8	8	8	17	17	17	19	19	19	19	19	19	22	23
12 Alexander Wurz	17	17	17	17	17	17	17	17	17	17	17	17	17	17	17	17	17	17	17	17	17	17	17	17	17	17	19	19	19	16	22	22	22	22	22	23	15
17 Mika Salo	19	19	19	19	19	19	19	19	19	19	19	19	19	19	19	19	19	19	19	19	19	19	19	19	19	19	16	16	16	22	23	23	23	23	23	15	1
10 Jenson Button	16	16	16	16	16	16	16	16	16	16	16	16	16	16	16	16	16	16	16	16	16	16	16	16	16	16	22	22	22	23	15	15	15	15	15	1	8
19 Jos Verstappen	22	22	22	22	22	22	22	22	22	22	22	22	22	22	22	22	22	22	22	22	22	22	22	22	22	22	23	23	23	15	8	8	8	8	8	8	
22 Jacques Villeneuve	23	23	23	23	23	23	23	23	23	23	23	23	23	23	23	23	23	23	23	23	23	23	23	23	23	23	15	15	15	8							
15 Nick Heidfeld	21	21	21	21	21	21	21	21	21	21	12	12	12	12	12	12	12	12	21	21	21	21	15	15	15	15	8	8	8								
16 Pedro Diniz	12	12	12	12	12	12	12	12	12	12	21	21	21	21	21	21	21	21	20	20	20	15															
23 Ricardo Zonta	10	10	10	10	10	10	10	10	10	10	10	10	10	10	10	10	20	20	15	15	15																
20 Marc Gené	20	20	20	20	20	20	20	20	20	20	20	20	20	20	20	20	15	15																			
21 Gastón Mazzacane	15	15	15	15	15	15	15	15	15	15	15	15	15	15	15	15																					

GP Kanada

	1	2	3	4	5	6	7	8	9	10	11	12	13	14	15	16	17	18	19	20	21	22	23	24	25	26	27	28	29	30	31	32	33	34	35	36	37
3 Michael Schumacher	3	3	3	3	3	3	3	3	3	3	3	3	3	3	3	3	3	3	3	3	3	3	3	3	3	3	3	3	3	3	3	3	3	3	4	4	4
2 David Coulthard	2	2	2	2	2	2	2	2	2	2	2	2	2	22	22	22	22	22	22	22	22	22	22	22	4	4	4	4	4	4	4	4	4	4	3	3	3
4 Rubens Barrichello	22	22	22	22	22	22	22	22	22	22	22	22	22	4	4	4	4	4	4	4	4	4	4	4	22	22	22	22	22	22	22	22	22	22	1	1	1
1 Mika Häkkinen	4	4	4	4	4	4	4	4	4	4	4	4	4	1	1	1	1	1	1	1	1	1	1	1	1	1	1	1	1	1	1	1	1	1	22	22	22
5 Heinz-Harald Frentzen	1	1	1	1	1	1	1	1	1	1	1	1	1	18	18	18	18	18	18	5	5	5	5	5	5	5	6	6	6	6	6	6	6	6	6	6	6
22 Jacques Villeneuve	5	18	18	18	18	18	18	18	18	18	18	18	18	5	5	5	5	5	5	23	23	23	23	6	6	6	5	5	5	5	5	23	23	23	23	23	23
6 Jarno Trulli	18	5	5	5	5	5	5	5	5	5	5	5	5	23	23	23	23	23	23	6	6	6	6	23	23	23	23	23	23	23	23	5	11	11	11	11	11
23 Ricardo Zonta	23	23	23	23	23	23	23	23	23	23	23	23	23	6	6	6	6	6	6	19	19	19	19	11	11	11	11	11	11	11	11	11	9	9	9	9	9
18 Pedro de la Rosa	6	6	6	6	6	6	6	6	6	6	6	6	6	19	19	19	19	19	19	2	2	2	2	9	9	9	9	9	9	9	9	9	14	14	14	2	2
11 Giancarlo Fisichella	11	11	11	19	19	19	19	19	19	19	19	19	19	2	2	2	2	2	2	11	11	11	11	14	14	14	14	14	14	14	14	14	2	2	2	12	12
8 Johnny Herbert	19	19	19	11	11	11	11	11	11	11	11	11	11	11	11	11	11	11	11	9	9	9	9	2	2	2	2	2	2	2	2	2	12	12	12	18	18
9 Ralf Schumacher	8	8	8	8	8	8	8	8	8	8	8	8	9	9	9	9	9	9	9	14	14	14	14	12	12	12	12	12	12	12	12	12	18	18	18	17	17
19 Jos Verstappen	9	9	9	9	9	9	9	9	9	9	9	9	8	14	14	14	14	14	14	18	12	12	12	18	18	18	18	18	18	18	18	18	17	17	17	16	16
12 Alexander Wurz	12	12	12	12	12	12	12	12	12	12	12	12	12	12	12	12	12	12	12	12	17	17	18	17	17	17	17	17	17	17	17	17	16	16	16	10	10
17 Mika Salo	14	14	14	14	14	14	14	14	14	14	14	14	14	8	17	17	17	17	17	17	18	18	17	16	16	16	16	16	16	16	16	16	15	10	10	20	20
7 Eddie Irvine	17	17	17	17	17	17	17	17	17	17	17	17	17	17	16	16	16	16	16	16	16	16	16	15	15	15	15	15	15	15	15	15	10	20	20	19	19
14 Jean Alesi	16	16	16	16	16	16	16	16	16	16	16	16	16	16	15	15	15	15	15	15	15	15	15	10	10	10	10	10	10	10	10	10	20	19	19	21	21
10 Jenson Button	15	15	15	15	15	15	15	15	15	15	15	15	15	15	10	10	10	10	10	10	10	10	10	20	20	20	20	20	20	20	20	20	19	21	21	14	14
16 Pedro Diniz	10	10	10	10	10	10	10	10	10	10	10	10	10	10	20	20	20	20	20	20	20	20	20	19	19	19	19	19	19	19	19	19	21	15	7	7	7
20 Marc Gené	20	20	20	20	20	20	20	20	20	20	20	20	20	20	21	21	21	21	21	21	21	21	21	21	21	21	21	21	21	21	21	21	7	7			
15 Nick Heidfeld	21	21	21	21	21	21	21	21	21	21	21	21	21	21	7	7	7	7	7	7	7	7	7	7	7	7	7	7	7	7	7	7					
21 Gastón Mazzacane	7	7	7	7	7	7	7	7	7	7	7	7	7	7																							

41	42	43	44	45	46	47	48	49	50	51	52	53	54	55	56	57	58	59	60	61	62	63	64	65	66	67	68	69	70	71	72	73	74	75	76	77	78
3	3	3	3	3	3	3	3	3	3	3	3	3	3	3	2	2	2	2	2	2	2	2	2	2	2	2	2	2	2	2	2	2	2	2	2	2	2
2	2	2	2	2	2	2	2	2	2	2	2	2	2	2	5	5	5	5	5	5	5	5	5	5	5	5	5	5	5	4	4	4	4	4	4	4	4
5	5	5	5	5	5	5	5	5	5	5	5	5	5	5	4	4	4	4	4	4	4	4	4	4	4	4	4	4	4	11	11	11	11	11	11	11	11
4	4	4	4	4	4	4	4	4	4	4	4	4	4	4	11	11	11	11	11	11	11	11	11	11	11	11	11	11	11	7	7	7	7	7	7	7	7
11	11	11	11	11	11	11	11	11	11	11	11	11	11	11	7	7	7	7	7	7	7	7	7	7	7	7	7	7	7	17	17	17	17	17	17	17	17
7	7	7	7	7	7	7	7	7	17	17	17	7	7	7	17	17	17	17	17	17	17	17	17	17	17	17	17	17	17	1	1	1	1	1	1	1	
17	17	17	17	17	17	17	17	17	7	7	7	17	17	17	1	1	1	1	1	1	1	1	1	1	1	1	1	1	1	22	22	22	22	22	22	22	
22	22	22	22	22	22	22	22	22	22	22	22	22	1	1	22	22	22	22	22	22	22	22	22	22	22	22	22	22	22	15	15	15	15	15	15	15	
23	23	23	23	1	1	1	1	1	1	1	1	1	22	22	19	19	19	19	19	15	15	15	15	15	15	15	15	15	15	8	8	8	8	8	8		
15	15	15	15	23	23	23	23	19	19	19	19	19	19	19	15	15	15	15	15	8	8	8	8	8	8	8	8	8	8								
19	1	1	1	15	19	19	19	15	15	15	15	15	15	15	8	8	8	8	8																		
1	19	19	19	19	15	15	15	8	8	8	8	8	8	8																							
8	8	8	8	8	8	8	8																														

WERTUNGSPUNKTE:

Fahrer: M. Schumacher 46, Coulthard 34, Häkkinen 29, Barrichello 22, Fisichella 14, R. Schumacher 12, Frentzen 5, Villeneuve 5, Trulli 4, Irvine 3, Button 3, Salo 3, de la Rosa 1, Zonta 1

Konstrukteure: Ferrari 68, McLaren 63, Williams 15, Benetton 14, Jordan 9, BAR 6, Jaguar 3, Sauber 3, Arrows 1

40	41	42	43	44	45	46	47	48	49	50	51	52	53	54	55	56	57	58	59	60	61	62	63	64	65	66	67	68	69
4	4	4	3	3	3	3	3	3	3	3	3	3	3	3	3	3	3	3	3	3	3	3	3	3	3	3	3	3	3
3	3	3	4	4	1	11	4	4	4	4	4	4	4	4	4	4	4	4	4	4	4	4	4	4	4	4	4	4	4
[illegible]	1	22	22	1	11	4	11	11	11	11	11	11	11	11	11	11	11	11	11	11	11	11	11	11	11	11	11	11	11
22	22	23	11	11	4	1	1	1	1	1	1	1	1	1	1	1	1	1	1	1	1	1	1	1	1	1	1	1	1
23	23	11	1	22	6	6	6	6	6	6	6	6	6	6	6	6	6	6	6	19	19	19	19	19	19	19	19	19	19
11	11	2	12	6	12	12	12	12	12	12	12	12	12	12	12	12	19	19	19	6	6	6	6	6	6	6	6	6	6
9	9	1	6	23	22	22	19	19	19	19	19	19	19	19	19	19	12	12	12	12	12	12	12	12	12	12	12	2	2
2	2	12	23	2	19	19	9	9	9	9	9	9	9	9	9	9	9	9	9	9	9	9	9	9	2	2	2	23	23
12	12	6	2	9	9	9	2	2	2	2	2	2	2	2	2	2	2	2	2	2	2	2	2	2	23	23	23	12	12
16	16	9	9	16	2	2	22	22	22	22	22	22	22	22	22	22	22	22	22	22	22	22	22	22	16	16	16	16	16
6	6	19	19	18	23	23	23	23	23	23	23	23	23	23	23	23	23	23	23	23	23	23	23	23	10	10	10	10	
10	19	16	16	12	16	16	18	18	16	16	16	16	16	16	16	16	16	16	16	16	16	16	16	16	21	21	21	21	
19	17	17	18	19	18	18	16	16	20	20	20	20	20	20	20	20	20	20	20	20	20	20	10	10	7	7			
17	18	18	10	20	20	20	20	20	10	10	10	10	10	10	10	10	10	10	10	10	10	10	20	20					
18	10	10	20	10	10	10	10	10	21	21	21	21	21	21	21	21	21	21	21	21	21	21	21	21					
20	20	20	21	21	21	21	21	21	7	7	7	7	7	7	7	7	7	7	7	7	7	7	7	7					
21	21	21	7	7	7	7	7	7																					
7	7	7																											

WERTUNGSPUNKTE:

Fahrer: M. Schumacher 56, Coulthard 34, Häkkinen 32, Barrichello 28, Fisichella 18, R. Schumacher 12, Frentzen 5, Villeneuve 5, Trulli 5, Irvine 3, Button 3, Salo 3, Verstappen 2, Zonta 1, de la Rosa 1

Konstrukteure: Ferrari 84, McLaren 66, Benetton 18, Williams 15, Jordan 10, BAR 6, Jaguar 3, Sauber 3, Arrows 3

GP Frankreich

	1	2	3	4	5	6	7	8	9	10	11	12	13	14	15	16	17	18	19	20	21	22	23	24	25	26	27	28	29	30	31	32	33	34	35	36	37
3 Michael Schumacher	3	3	3	3	3	3	3	3	3	3	3	3	3	3	3	3	3	3	3	3	3	3	3	3	2	3	3	3	3	3	3	3	3	3	3	3	3
2 David Coulthard	4	4	4	4	4	4	4	4	4	4	4	4	4	4	4	4	4	4	4	4	4	2	2	2	4	2	2	2	2	2	2	2	2	2	2	2	2
4 Rubens Barrichello	2	2	2	2	2	2	2	2	2	2	2	2	2	2	2	2	2	2	2	2	2	4	4	4	3	1	1	1	1	1	1	1	1	1	1	1	1
1 Mika Häkkinen	1	1	1	1	1	1	1	1	1	1	1	1	1	1	1	1	1	1	1	1	1	1	1	1	1	4	4	4	4	4	4	4	4	4	4	4	4
9 Ralf Schumacher	22	22	22	22	22	22	22	22	22	22	22	22	22	22	22	22	22	22	22	22	22	22	10	22	22	22	22	22	22	22	22	22	22	22	22	22	22
7 Eddie Irvine	5	5	5	5	5	5	5	5	5	5	5	5	5	5	5	5	5	5	5	5	5	10	22	6	6	6	6	6	6	6	6	6	6	6	6	6	6
22 Jacques Villeneuve	9	6	9	9	9	9	9	9	9	9	9	9	9	9	9	9	9	9	9	9	9	5	17	5	5	5	5	5	5	5	5	5	5	5	5	5	5
5 Heinz-Harald Frentzen	6	9	6	6	6	6	6	6	6	6	6	6	6	6	6	6	6	6	6	6	10	9	6	9	9	9	9	9	9	9	9	9	9	9	9	9	9
6 Jarno Trulli	17	17	17	17	17	17	17	17	17	17	17	17	10	10	10	10	10	10	10	10	6	17	5	10	10	10	10	10	10	10	10	10	10	10	10	10	10
10 Jenson Button	7	7	7	7	7	7	7	7	7	7	7	10	17	17	17	17	17	17	17	17	17	7	9	17	16	16	11	11	11	11	11	11	11	11	11	11	11
8 Johnny Herbert	10	10	10	10	10	10	10	10	10	10	10	7	7	7	7	7	7	7	7	7	7	6	7	18	11	11	16	17	17	17	17	17	17	17	17	17	17
17 Mika Salo	8	8	8	8	8	8	8	8	8	8	8	8	8	8	8	8	8	18	18	18	18	18	18	16	17	17	17	18	18	18	18	18	18	18	18	18	18
18 Pedro de la Rosa	18	18	18	18	18	18	18	18	18	18	18	18	18	18	18	18	18	15	15	19	19	19	19	11	18	18	18	16	16	16	16	16	16	16	16	16	16
11 Giancarlo Fisichella	15	14	14	14	14	14	14	14	14	14	14	15	15	15	15	15	15	11	19	16	16	16	16	19	19	15	15	15	15	15	15	15	15	15	15	15	15
16 Pedro Diniz	14	15	15	11	11	11	11	11	11	11	11	11	11	11	11	11	11	19	11	20	20	11	11	15	15	14	14	14	14	14	14	14	14	14	14	14	14
15 Nick Heidfeld	11	11	11	15	15	15	15	15	15	15	15	19	19	19	19	19	19	8	16	12	11	21	21	14	14	12	12	12	12	12	12	12	12	12	20	20	20
12 Alexander Wurz	19	19	19	19	19	19	19	19	19	19	19	23	23	23	23	23	14	16	12	21	21	15	15	12	12	20	20	20	20	20	20	20	20	20	7	7	7
14 Jean Alesi	23	23	23	23	23	23	23	23	23	23	23	14	14	14	14	14	16	12	20	11	15	14	14	20	20	21	21	7	7	7	7	7	7	7			
23 Ricardo Zonta	16	16	16	16	16	16	16	16	16	16	16	16	16	16	16	16	12	14	21	15	14	12	12	21	21	7	7	21	21	21	21						
19 Jos Verstappen	12	12	12	12	12	12	12	12	12	12	12	12	12	12	12	12	20	20	14	14	12	20	20	7	7												
20 Marc Gené	20	20	20	20	20	20	20	20	20	20	20	20	20	20	20	20	21	21	8	8																	
21 Gastón Mazzacane	21	21	21	21	21	21	21	21	21	21	21	21	21	21	21	21																					

GP Österreich

	1	2	3	4	5	6	7	8	9	10	11	12	13	14	15	16	17	18	19	20	21	22	23	24	25	26	27	28	29	30	31	32	33	34	35	36	37
1 Mika Häkkinen	1	1	1	1	1	1	1	1	1	1	1	1	1	1	1	1	1	1	1	1	1	1	1	1	1	1	1	1	1	1	1	1	1	1	1	1	1
2 David Coulthard	2	2	2	2	2	2	2	2	2	2	2	2	2	2	2	2	2	2	2	2	2	2	2	2	2	2	2	2	2	2	2	2	2	2	2	2	2
4 Rubens Barrichello	17	17	17	18	18	18	18	18	18	18	18	18	18	18	18	18	18	18	18	18	18	18	18	18	18	18	18	18	18	18	18	4	4	4	4	4	4
3 Michael Schumacher	18	18	18	17	17	17	17	4	4	4	4	4	4	4	4	4	4	4	4	4	4	4	4	4	4	4	4	4	4	4	4	18	17	17	17	17	17
6 Jarno Trulli	19	8	8	8	4	4	4	17	17	17	17	17	17	17	17	17	17	17	17	17	17	17	17	17	17	17	17	17	17	17	17	17	8	8	8	8	8
23 Ricardo Zonta	8	10	4	4	8	8	8	8	8	8	8	8	8	8	8	8	8	8	8	8	8	8	8	8	8	8	8	8	8	8	8	8	10	10	10	10	10
22 Jacques Villeneuve	10	4	5	5	10	10	10	10	10	10	10	10	10	10	10	10	10	10	10	10	10	10	10	10	10	10	10	10	10	10	10	10	20	20	20	20	20
11 Giancarlo Fisichella	4	5	10	10	20	20	20	20	20	20	20	20	20	20	20	20	20	20	20	20	20	20	20	20	20	20	20	20	20	20	20	20	12	15	15	15	15
17 Mika Salo	5	20	20	20	12	12	12	12	12	12	12	12	12	12	12	14	14	14	14	14	14	14	14	12	12	12	12	12	12	12	12	12	15	22	22	22	22
19 Jos Verstappen	20	12	12	12	15	15	14	14	14	14	14	14	14	14	14	12	12	12	12	12	12	12	12	14	15	15	15	15	15	15	15	15	22	12	12	12	12
16 Pedro Diniz	12	21	15	15	14	14	15	15	15	15	15	15	15	15	15	15	15	15	15	15	15	15	15	15	22	22	22	22	22	22	22	22	7	7	7	7	7
18 Pedro de la Rosa	21	15	14	14	22	22	22	22	22	22	22	22	22	22	22	22	22	22	22	22	22	22	22	22	7	7	7	7	7	7	7	7	14	14	14	16	16
15 Nick Heidfeld	15	19	22	22	23	23	23	23	23	23	23	23	23	23	23	23	23	7	7	7	7	7	7	7	14	14	14	14	14	14	14	14	16	16	16	23	23
12 Alexander Wurz	14	14	7	7	7	7	7	7	7	7	7	7	16	16	16	16	16	21	21	21	21	21	21	21	16	16	16	16	16	16	16	16	23	23	23	14	14
5 Heinz-Harald Frentzen	22	22	23	23	9	9	9	21	16	16	16	16	7	7	7	7	7	23	23	23	23	23	23	23	23	23	23	23	23	23	23	23	21	21	21	21	21
8 Johnny Herbert	7	7	9	9	21	21	21	16	21	21	21	21	19	21	21	21	21	16	16	16	16	16	16	16	21	21	21	21	21	21	21	21	9	9	9	9	9
14 Jean Alesi	23	23	21	21	16	16	16	9	19	19	19	19	21	19	9	9	9	9	9	9	9	9	9	9	9	9	9	9	9	9	9	9					
10 Jenson Button	9	9	16	16	19	19	19	19	9	9	9	9	9	9																							
9 Ralf Schumacher	16	16	19	19																																	
20 Marc Gené																																					
7 Luciano Burti																																					
21 Gastón Mazzacane																																					

41	42	43	44	45	46	47	48	49	50	51	52	53	54	55	56	57	58	59	60	61	62	63	64	65	66	67	68	69	70	71	72
2	2	2	2	2	2	2	2	2	2	2	2	2	2	2	2	2	2	2	2	2	2	2	2	2	2	2	2	2	2	2	2
3	3	4	4	3	3	3	3	3	3	3	3	3	3	3	3	3	3	1	1	1	1	1	1	1	1	1	1	1	1	1	1
1	1	3	3	1	1	1	1	1	1	1	1	1	1	1	1	1	1	4	4	4	4	4	4	4	4	4	4	4	4	4	4
4	4	1	1	4	4	4	4	4	4	4	4	4	4	4	4	4	4	22	22	22	22	22	22	22	22	22	22	22	22	22	22
22	22	22	9	9	9	9	22	22	22	22	22	22	22	22	22	22	22	9	9	9	9	9	9	9	9	9	9	9	9	9	9
6	6	9	22	22	22	22	6	6	6	6	9	9	9	9	9	9	9	6	6	6	6	6	6	6	6	6	6	6	6	6	6
9	9	6	6	6	6	6	9	9	9	9	6	6	6	6	6	6	6	5	5	5	5	5	5	5	5	5	5	5	5	5	
11	11	11	5	5	5	5	5	5	5	5	5	5	5	5	5	5	5	10	10	10	10	10	10	10	10	10	10	10	10	10	
5	5	5	10	10	10	10	10	10	10	10	10	10	10	10	10	10	10	11	11	11	11	11	11	11	11	11	11	11	11	11	
10	10	10	11	11	11	11	11	11	11	11	11	11	11	11	11	11	11	17	17	17	17	17	17	17	17	17	17	17	17	17	
17	17	17	17	17	16	16	17	17	17	17	17	17	17	17	17	17	17	7	16	16	16	7	7	7	7	7	7	16	16	16	
16	16	16	16	16	17	17	16	16	16	16	16	16	16	7	7	7	7	16	15	7	7	16	16	16	16	16	16	15	15	15	
15	15	15	15	15	14	15	15	15	15	15	15	7	7	16	16	16	16	15	7	15	15	15	15	15	15	15	15	7	7		
18	18	18	18	14	15	7	7	7	7	7	7	15	15	15	15	15	15	14	14	14	14	14	14	14	14	14	14	14	14		
14	14	14	14	20	7	14	14	14	14	14	14	14	14	14	14	14	14	20	20	20	20	20	20	20	20	20	20	20	20		
20	20	20	20	7	20	20	20	20	20	20	20	20	20	20	20	20	20														
7	7	7	7	18																											

WERTUNGSPUNKTE:

Fahrer: M. Schumacher 56, Coulthard 44, Häkkinen 38, Barrichello 32, Fisichella 18, R. Schumacher 14, Villeneuve 8, Trulli 6, Frentzen 5, Irvine 3, Salo 3, Button 3, Verstappen 2, Zonta 1, de la Rosa 1

Konstrukteure: Ferrari 88, McLaren 82, Benetton 18, Williams 17, Jordan 11, BAR 9, Jaguar 3, Sauber 3, Arrows 3

0	41	42	43	44	45	46	47	48	49	50	51	52	53	54	55	56	57	58	59	60	61	62	63	64	65	66	67	68	69	70	71
	2	2	1	1	1	1	1	1	1	1	1	1	1	1	1	1	1	1	1	1	1	1	1	1	1	1	1	1	1	1	1
	1	1	2	2	2	2	2	2	2	2	2	2	2	2	2	2	2	2	2	2	2	2	2	2	2	2	2	2	2	2	2
	4	4	4	4	4	4	4	4	4	4	4	4	4	4	4	4	4	4	4	4	4	4	4	4	4	4	4	4	4	4	4
7	17	17	17	8	10	10	22	22	22	22	22	22	22	22	22	22	22	22	22	22	22	22	22	22	22	22	22	22	22	22	
	8	8	8	10	8	22	10	12	12	10	10	10	10	10	10	10	10	10	10	10	10	10	10	10	10	10	10	10	10	10	
0	10	10	10	17	22	12	12	10	10	17	17	17	17	17	17	17	17	17	17	17	17	17	17	17	17	17	17	17	17	17	
0	20	22	22	22	12	17	17	17	17	8	8	8	8	8	8	8	8	8	8	8	8	8	8	8	8	8	8	8	8	8	
2	22	20	20	12	17	8	8	8	8	20	20	20	20	20	20	20	20	20	20	20	20	20	20	20	20	20	20	20	20	20	
2	12	12	12	23	23	20	20	20	20	12	12	12	12	12	12	12	12	12	12	12	12	12	12	12	12	12	12	12	12	16	
	7	16	23	20	20	16	16	16	16	16	16	16	16	16	16	16	16	16	16	16	16	16	16	16	16	16	16	16	16	12	
6	16	23	16	16	16	23	23	23	23	23	23	23	23	23	23	23	23	23	7	7	7	7	7	7	7	7	7	7	7		
3	23	7	7	7	7	7	7	7	7	7	7	7	7	7	7	7	7	7	21	21	21	21	21	21	21	21	21	21			
5	15	21	21	21	21	21	21	21	21	21	21	21	21	21	21	21	21	21													
4	14	9	9	9	9	9	9	9	9	9	9	9																			
1	21																														
	9																														

WERTUNGSPUNKTE:

Fahrer: M. Schumacher 56, Coulthard 50, Häkkinen 48, Barrichello 36, Fisichella 18, R. Schumacher 14, Villeneuve 11, Trulli 6, Frentzen 5, Button 5, Salo 4, Irvine 3, Verstappen 2, Zonta 1, de la Rosa 1

Konstrukteure: Ferrari 92, McLaren 88, Williams 19, Benetton 18, BAR 12, Jordan 11, Sauber 4, Jaguar 3, Arrows 3

GP Deutschland

	1	2	3	4	5	6	7	8	9	10	11	12	13	14	15	16	17	18	19	20	21	22	23	24	25	26	27	28	29	30	31	32	33	34	35	36	37
2 David Coulthard	1	1	1	1	1	1	1	1	1	1	1	1	1	1	1	1	1	1	1	1	1	1	1	1	1	2	2	1	1	1	1	1	1	1	1	4	4
3 Michael Schumacher	2	2	2	2	2	2	2	2	2	2	2	2	2	2	2	2	2	2	2	2	2	2	2	2	2	1	1	6	6	6	6	6	6	6	4	2	2
11 Giancarlo Fisichella	6	6	6	6	6	6	6	6	6	6	6	6	6	6	4	4	4	6	6	6	6	6	6	6	6	4	6	4	4	4	4	4	4	4	6	5	5
1 Mika Häkkinen	18	18	18	18	18	18	18	18	18	18	18	4	4	4	6	6	6	18	18	18	18	18	18	18	4	5	4	18	18	18	18	18	18	18	2	23	23
18 Pedro de la Rosa	7	8	8	8	8	4	4	4	4	4	4	18	18	18	18	18	18	5	4	4	4	4	4	4	18	6	18	5	5	5	5	5	5	2	5	1	1
6 Jarno Trulli	8	19	19	19	4	8	8	8	8	8	5	5	5	5	5	5	5	4	5	5	5	5	5	5	5	18	5	2	2	2	2	2	2	5	18	9	18
12 Alexander Wurz	19	7	4	4	19	19	19	19	19	5	8	19	19	19	19	19	19	19	19	19	19	19	22	22	22	23	10	9	22	22	22	22	22	22	23	6	6
8 Johnny Herbert	22	4	7	7	7	7	7	7	5	19	19	8	7	7	7	7	7	7	7	7	7	22	7	23	23	10	9	22	9	23	23	23	23	23	17	18	10
22 Jacques Villeneuve	23	22	22	22	22	22	22	5	7	7	7	7	22	22	22	22	22	22	22	22	22	7	19	12	12	20	22	23	23	12	17	17	17	17	9	10	17
7 Eddie Irvine	4	23	23	23	23	23	5	22	22	22	22	22	9	9	9	9	9	9	9	9	9	23	23	17	17	9	23	19	19	17	12	10	10	10	19	17	9
19 Jos Verstappen	9	9	9	9	9	5	23	23	23	23	9	9	23	23	23	23	23	23	23	23	23	12	12	7	20	22	19	17	17	10	10	20	20	19	10	19	19
23 Ricardo Zonta	12	12	12	12	12	9	9	9	9	9	23	23	12	12	12	12	12	12	12	12	12	17	17	20	10	19	17	12	12	20	20	19	19	9	22	22	22
15 Nick Heidfeld	15	15	15	5	5	12	12	12	12	12	12	12	16	16	16	17	17	17	17	17	17	15	15	15	14	17	12	10	10	7	7	7	7	21	21	15	15
9 Ralf Schumacher	17	17	5	15	15	15	15	15	15	15	15	16	17	17	17	16	16	16	16	16	15	20	20	14	21	12	20	20	20	19	19	21	21	7	15	21	21
17 Mika Salo	16	5	17	17	17	17	17	17	17	17	16	17	15	15	15	15	15	15	15	15	16	14	14	10	9	7	7	7	7	21	21	15	9	15	7	7	7
10 Jenson Button	5	16	16	16	16	16	16	16	16	16	17	15	20	20	20	20	20	20	20	20	20	10	10	21	19	16	16	16	16	15	15	9	15				
5 Heinz-Harald Frentzen	20	20	20	20	20	20	20	20	20	20	20	20	14	14	14	14	14	14	14	14	14	21	21	9	7	15	15	15	14	9	9						
4 Rubens Barrichello	14	14	14	14	14	14	14	14	14	14	14	14	10	10	10	10	10	10	10	10	10	9	9	19	16	14	14	14	15								
16 Pedro Diniz	10	10	10	10	10	10	10	10	10	10	10	10	21	21	21	21	21	21	21	21	21	16	16	16	15	21	21	21	21								
14 Jean Alesi	21	21	21	21	21	21	21	21	21	21	21	21																									
21 Gastón Mazzacane																																					
20 Marc Gené																																					

GP Ungarn

	1	2	3	4	5	6	7	8	9	10	11	12	13	14	15	16	17	18	19	20	21	22	23	24	25	26	27	28	29	30	31	32	33	34	35	36	37
3 Michael Schumacher	1	1	1	1	1	1	1	1	1	1	1	1	1	1	1	1	1	1	1	1	1	1	1	1	1	1	1	1	1	1	1	2	1	1	1	1	1
2 David Coulthard	3	3	3	3	3	3	3	3	3	3	3	3	3	3	3	3	3	3	3	3	3	3	3	3	3	3	3	2	2	2	2	1	3	3	3	3	3
1 Mika Häkkinen	2	2	2	2	2	2	2	2	2	2	2	2	2	2	2	2	2	2	2	2	2	2	2	2	2	2	2	4	3	3	3	3	2	2	2	2	2
9 Ralf Schumacher	9	9	9	9	9	9	9	9	9	9	9	9	9	9	9	9	9	9	9	9	9	9	9	9	9	9	9	3	4	5	5	5	4	4	4	4	4
4 Rubens Barrichello	4	4	4	4	4	4	4	4	4	4	4	4	4	4	4	4	4	4	4	4	4	4	4	4	4	4	4	9	5	10	10	4	9	9	9	9	9
5 Heinz-Harald Frentzen	5	5	5	5	5	5	5	5	5	5	5	5	5	5	5	5	5	5	5	5	5	5	5	5	5	5	5	5	10	4	4	9	5	5	5	5	5
11 Giancarlo Fisichella	11	11	11	11	11	11	11	7	7	7	7	7	7	7	7	7	7	7	7	7	7	7	7	10	10	10	10	10	9	9	9	10	10	10	10	10	10
10 Jenson Button	10	10	10	10	10	10	10	10	10	10	10	10	10	10	10	10	10	10	10	10	10	10	10	7	12	12	12	12	12	12	12	12	7	7	7	7	7
17 Mika Salo	7	7	7	7	7	7	7	12	12	12	12	12	12	12	12	12	12	12	12	12	12	12	12	12	17	17	17	17	17	17	7	7	6	6	6	6	6
7 Eddie Irvine	12	12	12	12	12	12	12	17	17	17	17	17	17	17	17	17	17	17	17	17	17	17	17	17	16	16	16	16	7	7	6	6	17	17	17	17	17
12 Alexander Wurz	17	17	17	17	17	17	17	16	16	16	16	16	16	16	16	16	16	16	16	16	16	16	16	16	7	7	7	7	16	6	17	17	12	12	12	12	12
6 Jarno Trulli	16	16	16	16	16	16	16	6	6	6	6	6	6	6	6	6	6	6	6	6	6	6	6	6	6	6	6	6	6	16	16	16	16	16	16	16	16
16 Pedro Diniz	6	6	6	6	6	6	6	14	11	11	11	8	8	8	8	8	8	8	8	8	8	8	8	8	8	8	8	22	22	8	8	8	8	8	8	8	8
14 Jean Alesi	14	14	14	14	14	14	14	11	8	8	8	11	11	11	23	23	23	23	23	23	23	23	23	23	23	23	23	23	8	19	19	19	19	19	19	19	19
18 Pedro de la Rosa	8	8	8	8	8	8	8	8	23	23	23	23	23	23	15	15	15	15	15	15	15	15	19	19	20	20	20	20	19	23	23	23	23	22	22	22	22
22 Jacques Villeneuve	23	23	23	23	23	23	23	23	14	15	15	15	15	15	11	19	19	19	19	19	19	19	20	20	19	22	22	8	23	22	22	22	22	23	23	23	23
8 Johnny Herbert	15	15	15	15	15	15	15	15	15	19	19	19	19	19	19	20	20	20	20	20	20	20	22	22	22	19	19	19	20	20	20	20	20	20	20	20	20
23 Ricardo Zonta	19	19	19	19	19	19	19	19	19	20	20	20	20	20	20	21	21	21	21	22	22	22	21	21	21	21	21	21	21	21	21	21	21	21	21	21	21
15 Nick Heidfeld	20	20	20	20	20	20	20	20	20	21	21	21	21	21	21	11	11	11	22	21	21	21	11	11	11	11	18	18	18	18	18	18	18	18	18	18	18
19 Jos Verstappen	21	21	21	21	21	21	21	21	21	22	22	22	22	22	22	22	22	22	11	11	11	11	18	18	18	18	11	11	11	11	11						
20 Marc Gené	22	18	18	18	18	18	18	18	22	18	18	18	18	18	18	18	18	18	18	18	18	18															
21 Gastón Mazzacane	18	22	22	22	22	22	22	22	18	14	14																										

41	42	43	44	45
4	4	4	4	4
1	1	1	1	1
2	2	2	2	2
17	17	10	10	10
10	10	17	17	17
18	18	18	18	18
9	9	9	9	9
22	22	22	22	22
6	6	6	6	6
21	7	7	7	7
7	21	21	21	21

WERTUNGSPUNKTE:

Fahrer: M. Schumacher 56, Coulthard 54, Häkkinen 54, Barrichello 46, Fisichella 18, R. Schumacher 14, Villeneuve 11, Button 8, Trulli 6, Salo 6, Frentzen 5, Irvine 3, Verstappen 2, de la Rosa 2, Zonta 1

Konstrukteure: Ferrari 102, McLaren 98, Williams 22, Benetton 18, BAR 12, Jordan 11, Sauber 6, Arrows 4, Jaguar 3

WERTUNGSPUNKTE:

Fahrer: Häkkinen 64, M. Schumacher 62, Coulthard 58, Barrichello 49, Fisichella 18, R. Schumacher 16, Villeneuve 11, Button 8, Frentzen 6, Trulli 6, Salo 6, Irvine 3, Verstappen 2, de la Rosa 2, Zonta 1

Konstrukteure: McLaren 112, Ferrari 111, Williams 24, Benetton 18, Jordan 12, BAR 12, Sauber 6, Arrows 4, Jaguar 3

40	41	42	43	44	45	46	47	48	49	50	51	52	53	54	55	56	57	58	59
1	1	1	1	1	1	1	1	1	1	1	1	1	1	1	1	1	1	1	1
3	3	3	3	3	3	3	3	3	3	2	2	3	3	3	3	3	3	3	3
2	2	2	2	2	2	2	2	2	2	3	3	2	2	2	2	2	2	2	2
4	4	4	4	4	4	4	4	9	9	9	4	4	4	4	4	4	4	4	4
9	9	9	9	9	9	9	9	4	4	4	5	5	5	5	5	5	9	9	9
5	5	5	5	5	5	5	5	5	5	5	9	9	9	9	9	9	5	5	5
10	10	10	10	10	10	10	10	10	10	10	10	10	10	10	10	10	10	10	10
7	7	7	7	7	7	7	7	7	7	16	16	16	16	16	6	6	6	6	6
6	6	6	17	17	17	16	16	16	16	7	6	6	6	6	16	16	16	16	16
17	17	17	12	12	16	17	6	6	6	6	7	7	7	7	7	7	7	7	7
12	12	12	6	16	12	6	17	17	17	17	17	17	17	17	17	17	17	17	17
16	16	16	16	6	6	12	12	12	12	12	12	12	12	12	12	12	12	12	12
8	8	8	8	8	8	8	8	8	22	22	8	8	8	8	8	8	8	8	22
19	19	19	19	19	19	19	22	22	8	8	22	22	22	22	22	22	22	22	8
22	22	22	22	22	22	22	19	23	23	23	19	19	19	19	19	19	19	19	19
23	23	23	23	23	23	23	23	19	19	19	23	23	23	23	23	23	23	23	23
20	20	20	20	20	20	20	20	20	20	20	21	21	20	20	20	20	20	20	20
21	21	21	21	21	21	21	21	21	21	21	20	20	21	21	21	21	21	21	21
18	18	18	18	18	18	18	18	18	18	18	18	18	18	18	18	18	18	18	18

60	61	62	63	64	65	66	67	68	69	70	71	72	73	74	75	76	77
1	1	1	1	1	1	1	1	1	1	1	1	1	1	1	1	1	1
3	3	3	3	3	3	3	3	3	3	3	3	3	3	3	3	3	3
2	2	2	2	2	2	2	2	2	2	2	2	2	2	2	2	2	2
4	4	4	4	4	4	4	4	4	4	4	4	4	4	4	4	4	4
9	9	9	9	9	9	9	9	9	9	9	9	9	9	9	9	9	9
5	5	5	5	5	5	5	5	5	5	5	5	5	5	5	5	5	5
10	10	10	10	10	10	10	10	10	10	10	10	10	10	6	6	6	
6	6	6	6	6	6	6	6	6	6	6	6	6	6	10	7	7	
16	16	16	7	7	7	7	7	7	7	7	7	7	7	7	10	10	
7	7	7	17	17	17	17	17	17	17	17	17	17	17	17	17	17	
17	17	17	12	12	12	12	12	12	12	12	12	12	12	12	12	12	
12	12	12	22	22	22	22	22	22	22	22	22	22	22	22	22		
22	22	22	8	8	8	8	19	19	19	19	19	19	19	19	19		
8	8	8	19	19	19	19	8	23	23	23	23	23	23	23	23		
19	19	19	23	23	23	23	23	20	20	20	20	20	20	20			
23	23	23	20	20	20	20	20	21	18	18	18	18	18				
20	20	20	21	21	21	21	21	18									
21	21	21	18	18	18	18	18										
18	18	18															

GP Belgien

	1	2	3	4	5	6	7	8	9	10	11	12	13	14	15	16	17	18	19	20	21	22	23	24	25	26	27	28	29	30	31	32	33	34	35	36	37
1 Mika Häkkinen	1	1	1	1	1	1	1	1	1	1	1	1	3	3	3	3	3	3	3	3	3	3	1	1	1	1	1	3	3	3	3	3	3	3	3	3	3
6 Jarno Trulli	6	6	6	6	3	3	2	3	3	3	3	3	1	1	1	1	1	1	1	1	1	1	9	9	3	3	3	1	1	1	1	1	1	1	1	1	1
10 Jenson Button	10	10	10	3	2	2	10	2	9	9	9	9	9	9	9	9	9	9	9	9	9	9	3	3	9	10	9	9	9	9	9	9	9	9	9	9	9
3 Michael Schumacher	3	3	3	10	9	10	3	9	14	14	14	14	14	14	14	14	14	14	10	10	10	10	10	10	10	9	5	5	4	4	4	4	10	10	10	10	2
2 David Coulthard	2	2	2	2	10	9	7	14	10	10	10	10	10	10	10	10	10	10	22	22	22	22	22	5	5	5	2	2	14	14	10	10	2	2	2	2	10
9 Ralf Schumacher	9	9	9	9	22	7	9	10	22	22	22	22	22	22	22	22	22	22	4	5	5	5	5	2	2	2	14	4	10	10	14	2	5	5	5	5	5
22 Jacques Villeneuve	22	22	22	22	5	22	17	22	4	4	4	4	4	4	4	4	4	4	5	2	2	2	2	22	14	14	4	14	2	2	2	5	22	22	22	22	22
5 Heinz-Harald Frentzen	5	5	5	5	4	5	14	5	5	5	5	5	5	5	5	5	5	5	2	4	14	14	14	14	4	4	10	10	5	5	5	22	17	8	8	8	8
8 Johnny Herbert	8	4	4	4	8	4	22	4	2	2	2	2	2	2	2	2	2	2	16	16	16	8	4	4	8	8	8	8	22	22	22	14	8	17	17	17	17
4 Rubens Barrichello	4	8	8	8	11	17	5	16	16	16	16	16	16	16	16	16	16	16	14	14	8	4	8	8	22	22	22	22	8	16	16	17	7	7	7	7	7
11 Giancarlo Fisichella	11	11	11	11	7	8	4	8	8	8	8	8	8	8	8	8	8	8	8	8	4	7	7	7	7	7	7	7	7	17	17	16	16	16	16	16	16
7 Eddie Irvine	7	7	7	7	23	11	16	7	7	7	7	7	7	7	7	7	7	7	17	17	17	17	16	16	16	16	16	16	16	7	8	8	23	23	23	23	23
23 Ricardo Zonta	23	23	23	23	17	23	8	23	23	23	23	23	17	17	17	17	17	17	7	7	7	23	17	17	17	17	17	17	17	8	7	7	12	12	12	12	12
15 Nick Heidfeld	15	15	15	15	15	14	23	17	17	17	17	17	23	23	23	23	23	23	23	23	23	16	23	23	23	23	23	23	23	23	23	23	20	20	20	20	20
16 Pedro Diniz	18	18	14	17	18	18	20	20	20	20	20	20	20	20	20	20	20	20	20	20	20	20	20	12	12	18	20	20	20	20	20	20	19	19	19	19	19
18 Pedro de la Rosa	16	14	17	14	12	16	11	11	19	18	18	18	18	12	12	12	12	12	12	12	12	12	12	20	18	20	21	12	12	12	12	12	18	18	18	18	18
14 Jean Alesi	14	17	18	18	14	12	19	19	18	15	15	15	12	18	18	18	18	18	18	18	18	18	18	18	20	21	12	21	19	19	19	19	21	21	21	21	21
17 Mika Salo	17	19	19	19	16	21	18	18	15	19	12	12	19	19	19	19	19	19	19	19	19	19	19	19	21	12	19	19	18	18	18	18					
12 Alexander Wurz	12	12	12	12	19	20	15	15	12	12	19	19	21	21	21	21	21	21	21	21	21	21	21	21	19	19	18	18	21	21	21	21					
19 Jos Verstappen	19	20	20	20	20	19	21	12	21	21	21	21																									
20 Marc Gené	20	21	21	21	21	15	12	21																													
21 Gastón Mazzacane	21	16	16	16																																	

GP Italien

	1	2	3	4	5	6	7	8	9	10	11	12	13	14	15	16	17	18	19	20	21	22	23	24	25	26	27	28	29	30	31	32	33	34	35	36	37
3 Michael Schumacher	3	3	3	3	3	3	3	3	3	3	3	3	3	3	3	3	3	3	3	3	3	3	3	3	3	3	3	3	3	3	3	3	3	3	3	3	3
4 Rubens Barrichello	1	1	1	1	1	1	1	1	1	1	1	1	1	1	1	1	1	1	1	1	1	1	1	1	1	1	1	1	1	1	1	1	1	1	1	1	1
1 Mika Häkkinen	22	22	22	22	22	22	22	22	22	22	22	22	22	22	9	19	19	19	19	19	23	23	23	19	19	19	19	19	19	19	19	19	9	9	9	9	9
22 Jacques Villeneuve	9	9	9	9	9	9	9	9	9	9	9	9	9	9	19	23	23	23	23	23	19	19	19	9	9	9	9	9	9	9	9	9	11	11	11	11	11
2 David Coulthard	11	11	11	11	11	11	11	11	11	11	11	11	11	11	11	9	9	9	9	9	9	9	9	11	11	11	11	11	11	11	11	11	12	12	12	12	12
6 Jarno Trulli	10	10	10	10	10	10	10	10	10	10	12	19	19	19	23	11	11	11	11	11	11	11	11	12	17	17	17	17	17	12	12	12	23	23	23	23	19
9 Ralf Schumacher	12	12	12	12	12	12	12	12	12	12	19	12	12	23	12	12	12	12	12	12	12	12	12	17	12	12	12	12	12	23	23	23	19	19	19	19	16
5 Heinz-Harald Frentzen	19	19	19	19	19	19	19	19	19	19	20	20	20	12	20	20	20	20	20	20	17	17	17	20	20	20	20	20	23	20	20	20	16	16	16	16	23
11 Giancarlo Fisichella	20	20	20	20	20	20	20	20	20	20	15	15	23	20	15	21	17	17	17	17	20	20	20	21	21	21	21	23	20	16	16	16	20	17	17	17	17
18 Pedro de la Rosa	15	15	15	15	15	15	15	15	15	15	21	23	15	15	21	17	21	21	21	21	21	21	21	16	16	16	23	21	16	17	17	17	17	20	20	20	20
19 Jos Verstappen	21	21	21	21	21	21	21	21	21	21	16	21	21	21	17	16	16	16	16	16	16	16	16	23	23	23	16	16	21	21	21	21	21	21	21	21	21
10 Jenson Button	16	16	16	16	16	16	17	16	16	16	23	16	16	16	16	14	14	14	14	14	14	14	14	14	14	14	14	14	14	14	14	14	14	14	14	14	14
12 Alexander Wurz	23	23	23	23	23	23	16	23	23	23	17	17	17	17	14																						
7 Eddie Irvine	17	17	17	17	17	17	23	17	17	17	14	14	14	14																							
17 Mika Salo	8	14	14	14	14	14	14	14	14	14																											
16 Pedro Diniz	14																																				
23 Ricardo Zonta																																					
8 Johnny Herbert																																					
14 Jean Alesi																																					
15 Nick Heidfeld																																					
20 Marc Gené																																					
21 Gastón Mazzacane																																					

41	42	43	44
1	1	1	1
3	3	3	3
9	9	9	9
2	2	2	2
10	10	10	10
5	5	5	5
22	22	22	22
8	8	8	8
17	17	17	17
7	7	7	7
16	16	16	16
23	23	23	
12	12	12	
20	20	20	
19	19	19	
18	18		
21	21		

WERTUNGSPUNKTE:

Fahrer: Häkkinen 74, M. Schumacher 68, Coulthard 61, Barrichello 49, R. Schumacher 20, Fisichella 18, Villeneuve 11, Button 10, Frentzen 7, Trulli 6, Salo 6, Irvine 3, Verstappen 2, de la Rosa 2, Zonta 1

Konstrukteure: McLaren 125, Ferrari 117, Williams 30, Benetton 18, Jordan 13, BAR 12, Sauber 6, Arrows 4, Jaguar 3

41	42	43	44	45	46	47	48	49	50	51	52	53
1	1	3	3	3	3	3	3	3	3	3	3	3
3	3	1	1	1	1	1	1	1	1	1	1	1
9	9	9	9	9	9	9	9	9	9	9	9	9
11	11	11	19	19	19	19	19	19	19	19	19	19
12	12	19	12	12	12	12	12	12	12	12	12	12
19	19	12	23	23	23	23	23	23	23	23	23	23
23	23	23	17	17	17	17	17	17	17	17	17	
17	17	17	16	16	16	16	16	16	16	16	16	
16	16	16	20	20	20	20	20	20	20	20	20	
20	20	20	21	21	21	21	21	21	21	21	21	
21	21	21	11	11	11	11	11	11	11	11	11	
14	14	14	14	14	14	14	14	14	14	14		

WERTUNGSPUNKTE:

Fahrer: Häkkinen 80, M. Schumacher 78, Coulthard 61, Barrichello 49, R. Schumacher 24, Fisichella 18, Villeneuve 11, Button 10, Frentzen 7, Trulli 6, Salo 6, Verstappen 5, Irvine 3, Wurz 2, Zonta 2, de la Rosa 2

Konstrukteure: McLaren 131, Ferrari 127, Williams 34, Benetton 20, Jordan 13, BAR 13, Arrows 7, Sauber 6, Jaguar 3

GP USA

	1	2	3	4	5	6	7	8	9	10	11	12	13	14	15	16	17	18	19	20	21	22	23	24	25	26	27	28	29	30	31	32	33	34	35	36	37
3 Michael Schumacher	2	2	2	2	2	2	3	3	3	3	3	3	3	3	3	3	3	3	3	3	3	3	3	3	3	3	3	3	3	3	3	3	3	3	3	3	3
2 David Coulthard	3	3	3	3	3	3	2	5	5	5	5	5	5	5	1	1	1	1	1	1	1	1	1	1	1	9	9	9	9	9	9	9	9	9	9	9	9
1 Mika Häkkinen	1	1	1	1	1	1	22	16	16	16	16	21	21	1	9	9	9	9	9	9	9	9	9	9	9	5	5	5	5	5	5	5	5	5	5	5	5
4 Rubens Barrichello	4	4	4	4	4	22	5	21	21	21	21	1	1	9	5	5	5	5	5	5	5	5	5	5	5	19	19	19	19	19	19	19	19	19	22	22	22
6 Jarno Trulli	6	22	22	22	22	5	16	2	1	1	1	16	9	16	16	16	19	19	19	19	19	19	19	19	19	8	22	22	22	22	22	22	22	22	4	4	4
10 Jenson Button	10	5	5	5	5	9	18	1	22	22	22	9	16	22	19	19	16	8	8	8	8	8	8	8	8	22	4	4	4	4	4	4	4	4	16	16	16
5 Heinz-Harald Frentzen	22	9	9	9	9	23	1	22	4	4	9	22	22	19	22	22	8	22	22	22	22	22	22	22	22	4	16	16	16	16	16	16	16	16	18	18	2
22 Jacques Villeneuve	9	23	23	23	23	16	20	18	9	9	4	4	19	10	4	8	22	16	4	4	4	4	4	4	4	16	18	18	18	18	18	18	18	18	2	2	18
16 Pedro Diniz	5	16	16	16	16	19	21	4	19	19	19	19	4	4	8	4	4	4	16	16	16	16	16	16	16	18	7	2	2	2	2	2	2	2	7	7	7
9 Ralf Schumacher	16	19	19	19	19	18	9	9	8	8	8	8	8	8	18	18	18	18	7	7	18	18	18	18	18	7	2	7	7	7	7	7	7	7	23	23	23
12 Alexander Wurz	23	7	7	7	7	7	4	19	18	10	10	10	10	18	23	23	7	7	18	18	7	7	7	7	7	2	23	23	23	23	23	23	23	23	20	20	20
23 Ricardo Zonta	12	12	12	18	18	12	19	8	23	23	18	18	18	23	7	7	23	23	23	23	23	23	2	2	2	23	20	20	20	20	20	20	20	20	15	15	15
19 Jos Verstappen	7	15	18	12	12	20	23	23	10	18	23	23	23	7	20	20	20	20	20	20	2	2	23	23	23	20	15	15	15	15	15	15	15	15	14	14	14
17 Mika Salo	19	18	15	15	17	21	7	20	7	7	7	7	7	20	2	2	2	2	2	2	20	20	20	20	20	14	14	14	14	14	14	14	14	14	12	21	21
11 Giancarlo Fisichella	15	17	17	17	20	4	8	7	2	20	20	20	20	21	14	14	14	14	14	14	14	14	14	14	14	15	12	12	12	12	12	12	12	12	21	12	12
15 Nick Heidfeld	17	14	14	20	11	8	12	10	20	2	2	2	2	2	21	17	17	17	15	15	15	15	15	15	15	12	21	21	21	21	21	21	21	21	8	8	8
7 Eddie Irvine	18	11	20	11	21	17	17	17	17	17	17	17	17	17	17	21	15	15	12	12	12	12	12	12	12	21	8	8	8	8	8	8	8	8	11	11	11
18 Pedro de la Rosa	14	20	11	21	8	15	10	15	15	15	15	15	15	14	15	15	21	12	21	21	21	21	21	21	21	11	11	11	11	11	11	11	11	11			
8 Johnny Herbert	11	21	21	8	15	10	15	12	6	6	6	14	14	15	12	12	12	21	11	11	11	11	11	11	11												
14 Jean Alesi	20	8	8	14	14	11	6	6	12	14	14	12	12	12	11	11	11	11																			
21 Gastón Mazzacane	21	10	10	10	10	14	14	14	14	12	12	11	11	11																							
20 Marc Gené	8	6	6	6	6	6	11	11	11	11	11	6																									

GP Japan

	1	2	3	4	5	6	7	8	9	10	11	12	13	14	15	16	17	18	19	20	21	22	23	24	25	26	27	28	29	30	31	32	33	34	35	36	37
3 Michael Schumacher	1	1	1	1	1	1	1	1	1	1	1	1	1	1	1	1	1	1	1	1	1	3	3	2	1	1	1	1	1	1	1	1	1	1	1	1	3
1 Mika Häkkinen	3	3	3	3	3	3	3	3	3	3	3	3	3	3	3	3	3	3	3	3	3	1	2	1	3	3	3	3	3	3	3	3	3	3	3	3	1
2 David Coulthard	2	2	2	2	2	2	2	2	2	2	2	2	2	2	2	2	2	2	2	2	2	2	1	3	2	2	2	2	2	2	2	2	2	2	2	2	2
4 Rubens Barrichello	9	9	9	9	9	9	9	9	9	9	9	9	9	9	9	9	9	9	9	4	4	4	4	4	4	4	4	4	4	4	4	4	4	4	4	4	4
10 Jenson Button	7	7	7	7	7	7	7	7	7	7	7	7	7	7	7	4	4	4	4	10	9	9	9	9	9	9	9	9	9	10	10	10	10	10	10	10	10
9 Ralf Schumacher	4	4	4	4	4	4	4	4	4	4	4	4	4	4	4	10	10	10	10	9	10	10	10	10	10	10	10	10	10	9	9	9	9	9	22	22	9
7 Eddie Irvine	10	10	10	10	10	10	10	10	10	10	10	10	10	10	10	7	22	22	22	7	7	7	7	22	22	22	22	22	22	22	22	22	22	22	9	9	22
5 Heinz-Harald Frentzen	8	8	8	8	8	8	22	22	22	22	22	22	22	22	22	22	8	8	5	22	22	22	22	7	7	7	7	7	7	7	7	7	7	8	8	8	8
22 Jacques Villeneuve	22	22	22	22	22	22	8	8	8	8	8	8	8	8	8	8	5	5	7	8	8	8	8	8	8	8	8	8	8	8	8	8	8	7	7	7	7
8 Johnny Herbert	19	19	19	19	19	19	19	19	6	6	6	6	6	6	5	5	7	7	14	23	23	23	5	5	5	5	5	5	5	23	23	23	23	23	23	23	23
12 Alexander Wurz	5	5	5	5	5	5	6	6	5	5	5	5	5	5	6	18	18	18	8	5	5	5	6	6	6	6	6	6	23	17	17	17	17	17	18	18	18
11 Giancarlo Fisichella	6	6	6	6	6	6	5	5	18	18	18	18	18	18	18	12	12	14	23	6	6	6	16	16	16	16	16	16	17	18	18	18	18	18	17	17	17
18 Pedro de la Rosa	18	18	18	18	18	18	18	18	12	12	12	12	12	12	12	17	17	23	18	16	16	16	23	23	23	23	23	23	16	6	6	6	6	15	15	15	15
19 Jos Verstappen	12	12	12	12	12	12	12	12	17	17	17	17	17	17	17	14	14	12	6	17	17	17	17	17	17	17	17	17	18	15	15	15	15	6	6	16	16
6 Jarno Trulli	17	17	17	17	17	17	17	17	14	14	14	14	14	14	14	15	15	11	11	18	18	18	18	18	18	18	18	18	6	16	16	16	16	16	16	6	6
15 Nick Heidfeld	14	14	14	14	14	14	14	14	15	15	15	15	15	15	15	23	23	6	20	15	15	15	15	15	15	15	15	15	15	11	11	11	11	11	11	11	11
14 Jean Alesi	15	15	15	15	15	15	15	15	23	23	23	23	23	23	23	11	11	17	16	12	11	11	11	11	11	11	11	11	11	20	20	20	20	20	20	20	20
23 Ricardo Zonta	23	23	23	23	23	23	23	23	16	16	16	16	11	11	11	6	6	15	17	11	20	20	20	20	20	20	20	20	20	12	12	12	12	12	12	12	12
17 Mika Salo	16	16	16	16	16	16	16	16	11	11	11	11	16	20	20	20	20	20	15	20	12	12	12	12	12	12	12	12	12	21	21	21	21	21	21	21	21
16 Pedro Diniz	11	11	11	11	11	11	11	11	20	20	20	20	20	16	16	16	16	16	12	21	21	21	21	21	21	21	21	21	21								
20 Marc Gené	20	20	20	20	20	20	20	20	21	21	21	21	21	21	21	21	21	21	21																		
21 Gastón Mazzacane	21	21	21	21	21	21	21	21	19																												

41	42	43	44	45	46	47	48	49	50	51	52	53	54	55	56	57	58	59	60	61	62	63	64	65	66	67	68	69	70	71	72	73
3	3	3	3	3	3	3	3	3	3	3	3	3	3	3	3	3	3	3	3	3	3	3	3	3	3	3	3	3	3	3	3	3
5	5	5	5	5	5	5	5	5	4	4	4	4	4	4	4	4	4	4	4	4	4	4	4	4	4	4	4	4	4	4	4	4
4	4	4	4	4	4	4	4	4	22	22	5	5	5	5	5	5	5	5	5	5	5	5	5	5	5	5	5	5	5	5	5	5
22	22	22	22	22	22	22	22	22	5	5	22	22	22	22	22	22	22	22	22	22	22	22	22	22	22	22	22	22	22	22	22	22
16	16	16	16	16	16	16	16	16	16	2	2	2	2	2	2	2	2	2	2	2	2	2	2	2	2	2	2	2	2	2	2	2
9	23	23	23	23	23	23	23	2	2	16	16	16	16	16	16	16	23	23	23	23	23	23	23	23	23	23	23	23	23	23	23	23
23	20	20	20	14	14	2	2	23	23	23	23	23	23	23	23	23	7	7	7	7	7	7	7	7	7	7	7	7	7	7	7	7
20	15	14	14	2	2	7	7	7	7	7	7	7	7	7	7	7	16	14	14	14	14	14	14	15	15	16	16	16	16	16	16	
15	14	2	2	7	7	14	14	14	14	14	14	14	14	14	14	14	14	15	15	15	15	15	15	16	16	15	15	15	15	15	15	
14	2	7	7	15	15	21	21	9	9	9	9	15	15	15	15	15	15	16	16	16	16	16	16	12	12	12	12	12	12	12	12	
2	7	18	18	21	21	15	9	15	15	15	15	12	12	12	12	12	12	12	12	12	12	12	12	8	8	8	8	8	8	8	8	
7	18	15	15	9	9	9	15	12	12	12	12	8	8	8	8	8	8	8	8	8	8	8	8	20	20	20	20	20	20	20	20	
18	21	21	21	18	12	12	12	8	8	8	8	20	20	20	20	20	20	20	20	20	20	20	20									
21	9	9	9	20	8	8	8	20	20	20	20	9	9	9	9	9	9	21														
12	12	12	12	12	20	20	20	21	21	21	21	21	21	21	21	21	21															
8	8	8	8	8																												
11	11	11	11																													

WERTUNGSPUNKTE:

Fahrer: M. Schumacher 88, Häkkinen 80, Coulthard 63, Barrichello 55, R. Schumacher 24, Fisichella 18, Villeneuve 14, Frentzen 11, Button 10, Trulli 6, Salo 6, Verstappen 5, Irvine 3, Zonta 3, Wurz 2, de la Rosa 2

Konstrukteure: Ferrari 143, McLaren 133, Williams 34, Benetton 20, Jordan 17, BAR 17, Arrows 7, Sauber 6, Jaguar 3

0	41	42	43	44	45	46	47	48	49	50	51	52	53
	3	3	3	3	3	3	3	3	3	3	3	3	3
	1	1	1	1	1	1	1	1	1	1	1	1	1
	2	2	2	2	2	2	2	2	2	2	2	2	2
	4	4	4	4	4	4	4	4	4	4	4	4	4
0	10	10	10	10	10	10	10	10	10	10	10	10	10
	9	22	22	22	22	22	22	22	22	22	22	22	
2	22	8	8	8	8	8	8	8	8	8	8	8	
	8	7	7	7	7	7	7	7	7	7	7	7	
	7	23	23	23	23	23	23	23	23	23	23	23	
3	23	17	17	17	17	17	17	17	17	17	17	17	
7	17	16	16	16	16	16	16	16	16	16	16	16	
5	16	6	6	6	6	6	6	18	18	18	18	18	
	6	11	18	18	18	18	18	6	6	6	6	6	
1	11	18	11	11	11	11	11	11	11	11	11	11	
8	18	20	20	20	20	20	21	21	21	21	21		
0	20	21	21	21	21	21							
5	21												
1	15												

WERTUNGSPUNKTE:

Fahrer: M. Schumacher 98, Häkkinen 86, Coulthard 67, Barrichello 58, R. Schumacher 24, Fisichella 18, Villeneuve 15, Button 12, Frentzen 11, Trulli 6, Salo 6, Verstappen 5, Irvine 3, Zonta 3, Wurz 2, de la Rosa 2

Konstrukteure: Ferrari 156, McLaren 143, Williams 36, Benetton 20, BAR 18, Jordan 17, Arrows 7, Sauber 6, Jaguar 3

GP Malaysia

	1	2	3	4	5	6	7	8	9	10	11	12	13	14	15	16	17	18	19	20	21	22	23	24	25	26	27	28	29	30	31	32	33	34	35	36	3
3 Michael Schumacher	1	1	2	2	2	2	2	2	2	2	2	2	2	2	2	2	2	3	3	3	3	3	3	3	4	3	3	3	3	3	3	3	3	3	3	3	3
1 Mika Häkkinen	2	2	3	3	3	3	3	3	3	3	3	3	3	3	3	3	3	4	4	4	4	4	4	4	3	2	2	2	2	2	2	2	2	2	2	2	2
2 David Coulthard	3	3	4	4	4	4	4	4	4	4	4	4	4	4	4	4	4	12	12	22	22	22	2	2	2	4	4	4	4	4	4	4	4	4	4	4	4
4 Rubens Barrichello	4	4	1	1	12	12	12	12	12	12	12	12	12	12	12	12	12	22	22	12	2	2	23	8	8	8	8	19	19	1	1	1	1	1	1	22	22
12 Alexander Wurz	12	12	12	12	22	22	22	22	22	22	22	22	22	22	22	22	22	7	7	2	23	23	8	19	19	19	19	8	22	22	22	22	22	22	22	7	7
22 Jacques Villeneuve	22	22	22	22	7	7	7	7	7	7	7	7	7	7	7	7	7	2	2	23	8	8	19	12	12	22	22	22	1	12	12	12	12	12	12	1	1
7 Eddie Irvine	7	7	7	7	1	23	23	23	23	23	23	23	23	23	23	23	23	23	23	8	19	19	12	22	22	1	1	1	12	7	7	7	7	7	7	23	23
9 Ralf Schumacher	5	5	5	5	23	8	8	8	17	17	17	17	17	17	17	17	8	8	8	19	12	12	22	1	1	12	12	12	7	11	11	11	23	23	23	17	12
6 Jarno Trulli	8	8	8	23	8	17	17	17	8	8	8	8	8	8	8	8	19	19	19	7	7	7	7	7	7	7	7	7	11	23	23	23	17	17	17	12	19
5 Heinz-Harald Frentzen	10	10	10	8	17	10	10	10	10	10	10	19	19	19	19	19	10	10	11	11	1	1	1	23	23	23	11	11	23	17	17	17	19	19	19	19	11
23 Ricardo Zonta	17	17	23	17	10	11	19	19	19	19	19	10	10	10	10	10	11	11	1	1	11	11	11	11	11	11	23	23	17	19	19	19	11	11	11	11	8
8 Johnny Herbert	23	23	17	10	11	19	11	11	11	11	11	11	11	11	11	11	1	1	17	17	17	17	17	17	17	17	17	17	8	8	8	8	8	8	8	8	17
11 Giancarlo Fisichella	11	11	11	11	19	9	9	9	20	14	14	14	14	14	14	14	17	17	20	20	20	20	20	20	20	20	20	20	14	14	14	14	14	14	14	9	9
18 Pedro de la Rosa	9	9	9	9	5	20	20	20	14	20	20	20	20	20	1	1	20	20	9	9	9	9	9	9	9	9	9	9	20	9	9	9	9	9	9	14	14
19 Jos Verstappen	20	20	20	19	9	14	14	14	9	9	9	9	1	1	20	20	9	9	21	21	21	21	21	21	21	21	14	14	9	20	20	20	20	20	20	20	6
10 Jenson Button	6	21	19	20	20	21	21	6	6	1	1	1	9	9	9	9	21	21	14	14	14	14	14	14	14	14	21	21	21	6	6	6	6	6	6	6	21
17 Mika Salo	21	19	21	21	21	6	6	21	21	21	21	21	21	21	21	21	14	14	6	6	6	6	6	6	6	6	6	6	6	21	21	21	21	21	21	21	
14 Jean Alesi	19	14	14	14	14	1	1	1	1	6	6	6	6	6	6	6	6	6																			
15 Nick Heidfeld	14	6	6	6	6	5	5																														
16 Pedro Diniz																																					
20 Marc Gené																																					
21 Gastón Mazzacane																																					

Fahrer-Weltmeisterschaft 2000

	Gesamtpunkte	*Australien, 12. März*	*Brasilien, 26. März*	*San Marino, 9. April*	*England, 23. April*	*Spanien, 7. Mai*	*Europa, 21. Mai*	*Monaco, 4. Juni*	*Kanada, 18. Juni*	*Frankreich, 2. Juli*	*Österreich, 16. Juli*	*Deutschland, 30. Juli*	*Ungarn, 13. August*	*Belgien, 27. August*	*Italien, 10. September*	*USA, 24. September*	*Japan, 8. Oktober*	*Malaysia, 22. Oktober*
1. Michael Schumacher	**108**	10	10	10	4	2	10	-	10	-	-	-	6	6	10	10	10	10
2. Mika Häkkinen	**89**	-	-	6	6	10	6	1	3	6	10	6	10	10	6	-	6	3
3. David Coulthard	**73**	-	-	4	10	6	4	10	-	10	6	4	4	3	-	2	4	6
4. Rubens Barrichello	**62**	6	-	3	-	4	3	6	6	4	4	10	3	-	-	6	3	4
5. Ralf Schumacher	**24**	4	2	-	3	3	-	-	-	2	-	-	2	4	4	-	-	-
6. Giancarlo Fischella	**18**	2	6	-	-	-	2	4	4	-	-	-	-	-	-	-	-	-
7. Jacques Villeneuve	**17**	3	-	2	-	-	-	-	-	3	3	-	-	-	-	3	1	2
8. Jenson Button	**12**	-	1	-	2	-	-	-	-	-	2	3	-	2	-	-	2	-
9. Heinz-Harald Frentzen	**11**	-	4	-	-	1	-	-	-	-	-	-	1	1	-	4	-	-
10. Jarno Trulli	**6**	-	3	-	1	-	-	-	1	1	-	-	-	-	-	-	-	-
11. Mika Salo	**6**	-	-	1	-	-	-	2	-	-	1	2	-	-	-	-	-	-
12. Jos Verstappen	**5**	-	-	-	-	-	-	-	2	-	-	-	-	-	3	-	-	-
13. Eddie Irvine	**4**	-	-	-	-	-	-	3	-	-	-	-	-	-	-	-	-	1
14. Ricardo Zonta	**3**	1	-	-	-	-	-	-	-	-	-	-	-	-	1	1	-	-
15. Alexander Wurz	**2**	-	-	-	-	-	-	-	-	-	-	-	-	-	2	-	-	-
16. Pedro de la Rosa	**2**	-	-	-	-	-	1	-	-	-	-	1	-	-	-	-	-	-

41	42	43	44	45	46	47	48	49	50	51	52	53	54	55	56
4	3	3	3	3	3	3	3	3	3	3	3	3	3	3	3
3	2	2	2	2	2	2	2	2	2	2	2	2	2	2	2
2	4	4	4	4	4	4	4	4	4	4	4	4	4	4	4
1	1	1	1	1	1	1	1	1	1	1	1	1	1	1	1
22	22	22	22	22	22	22	22	22	22	22	22	22	22	22	22
7	7	7	7	7	7	7	7	7	7	7	7	7	7	7	7
12	12	12	12	12	12	12	12	12	12	12	12	12	12	12	12
19	19	19	19	19	19	19	19	19	19	19	19	19	19	17	
23	23	23	23	23	23	17	17	17	17	17	17	17	17	11	
17	17	17	17	17	17	8	8	11	11	11	11	11	11	19	
8	8	8	8	8	8	11	11	14	14	14	14	14	14	14	
11	11	11	11	11	11	14	14	6	6	6	6	6	6	6	
9	9	9	14	14	14	6	6	21	21						
14	14	14	6	6	6	21	21								
21	6	6	21	21	21										
6	21	21													

WERTUNGSPUNKTE:

Fahrer: M. Schumacher 108, Häkkinen 89, Coulthard 73, Barrichello 62, R. Schumacher 24, Fisichella 18, Villeneuve 17, Button 12, Frentzen 11, Trulli 6, Salo 6, Verstappen 5, Irvine 4, Zonta 3, Wurz 2, de la Rosa 2

Konstrukteure: Ferrari 170, McLaren 152, Williams 36, Benetton 20, BAR 20, Jordan 17, Arrows 7, Sauber 6, Jaguar 4

Formel 1-Konstrukteurs-Weltmeisterschaft

	Gesamtpunkte	Australien, 12. März	Brasilien, 26. März	San Marino, 9. April	England, 23. April	Spanien, 7. Mai	Europa, 21. Mai	Monaco, 4. Juni	Kanada, 18. Juni	Frankreich, 2. Juli	Österreich, 16. Juli	Deutschland, 30. Juli	Ungarn, 13. August	Belgien, 27. August	Italien, 10. September	USA, 24. September	Japan, 8. Oktober	Malaysia, 22. Oktober
1. Ferrari	**170**	16	10	13	4	6	13	6	16	4	4	10	9	6	10	16	13	14
2. McLaren	**152**	-	-	10	16	16	10	11	3	16	6	10	14	13	6	2	10	9
3. Williams	**36**	4	3	-	5	3	-	-	-	2	2	3	2	6	4	-	2	-
4. Benetton	**20**	2	6	-	-	-	2	4	4	-	-	-	-	-	2	-	-	-
5. BAR	**20**	4	-	2	-	-	-	-	-	3	3	-	-	-	1	4	1	2
6. Jordan	**17**	-	7	-	1	1	-	-	1	1	-	-	1	1	-	4	-	-
7. Arrows	**7**	-	-	-	-	-	1	-	2	-	-	1	-	-	3	-	-	-
8. Sauber	**6**	-	-	1	-	-	-	2	-	-	1	2	-	-	-	-	-	-
9. Jaguar	**4**	-	-	-	-	-	-	3	-	-	-	-	-	-	-	-	-	1

„Hast du an die Ringe gedacht?“
„Am 24. Juni Nürburgring.
Und am 5. August Hockenheim.“
Was wirklich wichtig ist.
sport
Spider